यहाँ-वहाँ से

यहाँ-वहाँ से

ब्रजेन्द्र रेही

Lenin Media

लेनिन मीडिया प्राइवेट लिमिटेड

प्रकाशक
लेनिन मीडिया प्राइवेट लिमिटेड
204-205 द्वितीय तल, दुर्गा कॉम्प्लेक्स
सेन्टर शॉपिंग कॉम्प्लेक्स
मयूर विहार-2, नई दिल्ली-110091
Email: leninmediapublishers@gmail.com
www.leninmedia.com

शाखा कार्यालय
एस-202, 4832/24, अंसारी रोड,
दरियागंज, दिल्ली-110002
Email: leninmediapublishers@rediffmail.com
Phone:011-45795251

प्रथम संस्करण
2016

लेज़र टाइपसेटिंग और डिजाइन
दर्पण वीडियो इण्डिया

ISBN: 978-93-85160-67-7

मूल्य : ₹395

मुद्रक
इंटरग्राफिक रीप्रोडक्शन्स प्रा.लि.,
ए-11, डीडीए शेड्स, ओखला इण्डस्ट्रियल एरिया-1,
नई दिल्ली-110020

‘यहाँ–वहाँ से’
उन सभी के नाम
जिनके साथ बीते थे वे पल,
इतिहास के आइने में
अंकित हैं उनकी छवियां,
स्मृति में आज भी हैं
उस काल–खण्ड की
खट्टी–मीठी यादें,
और है उनकी गवाही
जो थे, जो हैं, जो रहेंगे......
इस दस्तावेज़ में!

अपनी बात

'यहाँ–वहाँ से' विभिन्न पत्र–पत्रिकाओं में प्रकाशित राजनीतिक और शोधपरक लेखों आदि का संकलन है। इनमें से अनेक लेख एवं टिप्पणियां ऐसी भी हैं जिन्हें उन दिनों पाठकों ने न केवल सराहा था बल्कि व्यापक चर्चा भी की थी। एक प्रकार से कहा जा सकता है कि इस पुस्तक में संकलित लेख, रिपोर्ट, फीचर, टिप्पणियां आदि उस कालखण्ड की विभिन्न गतिविधियों का दस्तावेज़ है।

यह पुस्तक कतिपय राजनेताओं के आचरण और संस्थाओं के कार्यकलापों को भी सामने लाती है। मुझे विश्वास है कि आज के संदर्भ में भी पाठक इस पुस्तक में प्रकाशित सामग्री को रुचि के साथ पढ़ेंगे।

मैं लेनिन मीडिया और श्री एस.पी. सिंह का आभारी हूँ कि वे इस पुस्तक को प्रकाशित कर पाठकों तक पहुंचा रहे हैं।

सितम्बर, 2015

–बृजेन्द्र रेही
bbrehi@gmail.com

अनुक्रम

राजनीति

1

हम कितने राष्ट्रीय?

(जुलाई, 1971)

अभी हाल ही की बात है। एक मंत्री महोदय ने एक समारोह में शिक्षा–प्रणाली के सम्बन्ध में अपना गहरा असंतोष व्यक्त करते हुए कहा–''पाठ्यक्रम समय की आवश्यकता के अनुकूल नहीं है। गांवों में नेहरू–गांधी को लोग भूलते जा रहे हैं। किसान अपने बच्चे को पाठशाला में भेजने से कतराता है क्योंकि उसे इस बात का भय है कि शिक्षा प्राप्त करने के बाद वह खेती के काम का नहीं रहेगा।''

प्रश्न निस्संदेह गंभीर है, जिस पर शिक्षाशास्त्री और उनसे भी ज्यादा शासन चलाने वालों को चिन्तन करना चाहिए और दिशा निर्धारित की जानी चाहिए। आज देश में एक विशेष प्रकार का आक्रोश फैलता जा रहा है और सामान्य नागरिक अपनी आकांक्षाओं की हत्या प्रति क्षण देख रहा है। प्रश्न उठता है कि यह सब क्यों है?

हमने जनतंत्रात्मक शासन प्रणाली को स्वीकार करते हुए देश की जनता को उसके उज्ज्वल भविष्य का आश्वासन दिया था, फिर क्या हुआ?

यह सच है कि हमने एक लम्बी दूरी तय की है, हम गतिमान हैं। जो कुछ प्रगति या विकास हमने भौतिक संसाधनों के क्षेत्र में किया है, उनकी ओर से हम आँख मूंद कर नहीं रह सकते, न निराशा की गहरी और अंधेरी खाइयों में अपने आपको ढकेल सकते हैं।

(शेष पृष्ठ 4 पर)

आज का ज्वलंत प्रश्न

हम कितने राष्ट्रीय ?

अभी हालही की बात है। एक मन्त्री महोदय ने एक समारोह में शिक्षा-प्रणाली के सम्बन्ध में अपना गहरा असंतोष व्यक्त करते हुए कहा–"पाठ्यक्रम समय की आवश्यकता के अनुकूल नहीं है। गांवों में नेहरू-गांधी को लोग भूलते जा रहे हैं। किसान अपने बच्चे को पाठशाला में भेजने से कतराता है क्योंकि उसे इस बात का भय है कि शिक्षा प्राप्त करने के बाद वह लड़का कृषि के काम का नहीं रहेगा।"

प्रश्न निस्संदेह गंभीर है, जिन पर शिक्षा शास्त्री और उनसे भी ज्यादा शासन चलाने वालों को चिन्तन करना चाहिये और दिशानिर्धारित की जानी चाहिए। आज देश में चारों ओर एक विशेष प्रकार का आक्रोश फैलता जा रहा है और सामान्य नागरिक अपनी आकांक्षाओं की हत्या प्रतिक्षण देखता है। प्रश्न उठता है कि यह सब क्यों है ?

हमने जनतन्त्रात्मक शासन-प्रणाली को स्वीकार करते हुए देशकी करोड़-करोड़जनता को उनके विकास और उन्नयन का आश्वासन दिया। फिर क्या हुआ ? यह सच हैं कि हमने एक लम्बी दूरी तय की है, हम गतिमान हैं। जो कुछ प्रगति या विकास हमने भौतिक साधनों के क्षेत्र में किया है, उनकी ओर से हम आंख मूंद कर नहीं रह सकते, न निराशा की गहरी और अंधेरी खाईयों में अपने आपको ढकेलना है।

गांधी ने कहा था

शताब्दियों पूर्व ऋषियों ने कहा था–'यतेमहि स्वराज्य', अर्थात हम स्वराज्य के लिए सदा यत्न करें। महात्मा गांधी ने भी यही कहा था। स्वराज्य प्राप्ति के महायज्ञ में न जाने कितने-कितने पुत्रों ने अपनी आहूति दी, लेकिन आजादी के 25 वर्ष बीतने के बाद रोगों ने घेर लिया। आज भ्रष्टाचार, भाईभतीजावाद, रिश्वतखोरी, चोरबाजारी और कालाबाजारी के विषाणुओं ने हमारी सांस्कृतिक धरोहर और राष्ट्रीय कार्यप्रणाली को विषमय कर दिया। हिंसा, जातिवाद और वर्ग संघर्ष समाज के प्रत्येक

हसामुदाः।
अक्षुध्या अतृष्यासो गृहा मास्मद विभीतन ॥

अर्थात जिन घरों में रहने वाले परस्पर मधुर और शिष्ट संभाषण करते हैं, जिनमें सब तरह का सौभाग्य निवास करता है, जो प्रीतिभोजों से संयुक्त है, जिनमें सब हंसी खुशी से रहते हैं, जहां कोई न भूखा न प्यासा है, उन घरों में कहीं से भय का संचार न हो।

घरों की आत्मीयता और ऊपर कही गई बातें आज हमारे सामाजिक जीवन में मुश्किल से मिलती हैं। यह सब तभी हो सकता हैं जबकि हमारा आचरण हिंसात्मक और दूसरे के अधिकारों का हनन करने वाला न हो। ऊंचे आदर्शों की बातचीत तो

ब्रजेन्द्र रेही

की जा सकती किन्तु उनका व्यवहारिक स्वरूप क्या होना चाहिए, इसकी चिन्ता नये उद्धारक राजनेताओं को नहीं।

एक उदाहरण

राष्ट्रीयता के सम्बन्ध में मैं एक उदाहरण नीचे दे रहा हूं। द्वितीय महायुद्ध का समय था और युद्धरत एक राष्ट्र को पेट्रोल की अधिक आवश्यकता महसूस हुई। वहां की सर्वोच्च सत्ता ने नागरिकों से अपील की कि पैट्रोल का उपयोग कम कर बचत करें। इसका प्रभाव यह हुआ कि तब कोटा में सेवारत एक लेडी डाक्टर ने निजी कार का उपयोग बन्द कर दिया और वह अपनी ड्यूटी पर पैदल ही जाने लगी। जब उनसे नागरिकों ने पूछा–आप पैदल क्यों जाती हैं। आपकी कार का क्या हुआ। तो पहले दो-तीन दिन तो उन्होंने कोई उत्तर नहीं दिया और बात को टाल दिया। जब प्रश्नकर्त्ता उन्हें परेशान करने लगे तो डाक्टर ने कहा–मेरा देश युद्धरत है, उसे

लोगों को जितना मिला, अधिकाधिक में घरों और गोदामों में जमा करने के प्रयास किये गये।

कसौटी क्या ?

ऊपर के दो उदाहरण देकर मैं यह नहीं कहना चाहता हूं कि हम राष्ट्रद्रोही है और देशभक्ति का ज्वाजल्यमान नक्षत्र विदेशी राष्ट्र ही है। मात्र स्थिति की स्पष्टता के लिए ही उपर्युक्त उदाहरण मैंने प्रस्तुत किये।

प्रश्न यह उठता है कि हमारा राष्ट्रीय जीवन आजादी के बाद कितना उन्नत हुआ है। यदि विश्लेषण किया जाय तो स्थिति की गम्भीरता का अनुमान सहज ही लगाया जा सकता है। जिस देश में सैनिकों के लिए एकत्रित और भेंट में आई सामग्रियों बाजार में बिकने चली आएं, जहां सिक्कों का कालाबाजार हो, दवाओं से लगाकर सामान्य खाद्य पदार्थ की शुद्धता एक समस्या बन जाय, रेल, डाकघर, स्टेशन और सार्वजनिक स्थानों को तोड़फोड़ और आगजनी का शिकार बनाया जाय, नागरिकों के हित में निर्मित छोटे-बड़े पुल, बांध और इमारतें इसलिए ढह जायें कि उनमें आवश्यक पदार्थ की चोरी की गई हो, मन्त्रियों और जनप्रतिनिधियों द्वारा सार्वजनिक धन का खुला दुरुपयोग किया जाता हो तो निस्संदेह यह प्रश्न पूछा जा सकता है कि हमारी राष्ट्रीयता की कसौटी क्या है ?

दिशा विहीनता

दुर्भाग्य तो यह है कि हमारी जनतान्त्रिक सरकार ने जनता को नारे दिये, आवाजें दी, लेकिन वह दिशा नहीं दी जिसके कारण वह एक 'राष्ट्रीय चेतना के शाश्वत स्वर के रूप में मुखरित होने वाले पथ की ओर अग्रसर होती। दायित्वहीनता की इस अंधी दौड़ में जिसने चाहा, लाभ कमाया, चाहे समाज का अहित हो या

शताब्दियों पूर्व ऋषियों ने कहा था– 'यतेमहि स्वराज्य' अर्थात हम स्वराज्य के लिए सदा यत्न करें। महात्मा गांधी ने भी यही कहा था। स्वराज्य प्राप्ति के महायज्ञ में अनगिनत लोगों ने अपनी आहूति दी, लेकिन आजादी के 25 वर्ष बीतने के बाद जब मूल्यांकन करते हैं तो लगता है कि हमको अनेक रोगों ने घेर लिया है। भ्रष्टाचार, भाई–भतीजावाद, रिश्वतखोरी, चोरबाजारी और कालाबाजारी के विषाणुओं ने हमारी सांस्कृतिक धरोहर और राष्ट्रीय कार्यप्रणाली को विषमय बना दिया है। हिंसा, जातिवाद और वर्ग–संघर्ष समाज के प्रत्येक हिस्से में देखा जा सकता है। इस सबका कारण इस प्रश्न में निहित है कि हम कितने राष्ट्रीय हैं?

जब मैं राष्ट्रीयता की बात करता हूँ तो उसका तात्पर्य विचारयुक्त जन कल्याणकारी गतिमान भावना से है। अथर्ववेद में एक स्थान पर कहा गया है–

सूनृतावन्तः सुभगा इरावन्तो हसामुदाः।
अक्षुध्या अतुष्यासी गृहा मास्मद विभीतन।।

अर्थात जिन घरों में रहने वाले परस्पर मधुर और शिष्ट संभाषण करते हैं, जिनमें सब तरह का सौभाग्य निवास करता है, जो प्रीतिभोजों से संयुक्त है, जिनमें सब हंसी–खुशी से रहते हैं, जहां कोई न भूखा है न प्यासा है, उन घरों में कहीं से भय का संचार न हो।

घरों की आत्मीयता और ऊपर कही गई बातें आज हमारे सामाजिक जीवन में मुश्किल से मिलती हैं। यह सब तभी हो सकता है जबकि हमारा आचरण हिंसात्मक और दूसरे के अधिकारों का हनन करने वाला न हो। ऊंचे आदर्शों की बात तो की जा सकती है किन्तु उनका व्यावहारिक स्वरूप क्या होना चाहिए, इसकी चिन्ता उद्धारक राजनेताओं को नहीं।

एक उदाहरण

राष्ट्रीयता के सम्बन्ध में मैं एक उदाहरण नीचे दे रहा हूं। द्वितीय महायुद्ध का समय था और युद्धरत एक राष्ट्र को पेट्रोल की अधिक आवश्यकता महसूस हुई। वहाँ की सर्वोच्च सत्ता ने नागरिकों से अपील की कि पेट्रोल का उपयोग कम से कम करें और बचत करें। इसका प्रभाव यह हुआ कि तब एक शहर में सेवारत एक लेडी डाक्टर ने निजी कार का उपयोग बन्द कर दिया और वह अपनी ड्यूटी पर पैदल ही जाने लगी। जब उनसे नागरिकों ने पूछा– "आप पैदल क्यों जाती हैं? आपकी कार का क्या हुआ?" तो पहले दो–तीन दिन तो उन्होंने कोई उत्तर नहीं दिया और बात टाल दी। जब प्रश्नकर्त्ता उन्हें परेशान करने लगे तो एकदिन डाक्टर ने कहा– 'मेरा देश युद्धरत है, उसे पेट्रोल की जरूरत है। इसलिए मैंने कार में आना–जाना बन्द कर दिया है।'

एक और उदाहरण भी दृष्टव्य है। सन् 1965 का भारत–पाक युद्ध। तत्कालीन वित्तमंत्री ने जनता से अपील की कि घासलेट और पेट्रोलियम का आवश्यक उपयोग ही किया जाए। इधर रेडियो से प्रसारण हुआ उधर बाजार से घासलेट गायब हो गया। लोगों ने जितना मिला, अधिकाधिक घरों और गोदामों में जमा करने के प्रयास किया।

कसौटी क्या ?

ऊपर के दो उदाहरण देकर मैं यह नहीं कहना चाहता हूं कि हम राष्ट्रद्रोही हैं और देशभक्ति का ठेका दूसरे देशों ने ले रखा है। यहाँ स्थिति की स्पष्टता के लिए ही मैंने उपयुक्त उदाहरण प्रस्तुत किए हैं।

प्रश्न यह उठता है कि आजादी के बाद हमारा राष्ट्रीय जीवन कितना उन्नत हुआ है?

यदि विश्लेषण किया जाए तो स्थिति की गम्भीरता का अनुमान सहज ही लगाया जा सकता है। जिस देश में सैनिकों के लिए एकत्रित और भेंट में आई सामग्रियां बाजार में बिकने चली जाएं, जहां सिक्कों का कालाबाजार हो, दवाओं से लेकर सामान्य खाद्य पदार्थों की शुद्धता एक समस्या बन जाए.... रेल, डाकघर, स्टेशन और सार्वजनिक स्थानों को तोड़फोड़ और आगजनी का शिकार बनाया जाए, नागरिकों के लिए निर्मित छोटे–बड़े पुल, बांध और इमारतें इसलिए ढह जाएं कि उनके निर्माण में आवश्यक पदार्थों की चोरी की गई हो, मन्त्रियों और जनप्रतिनिधियों द्वारा सार्वजनिक धन का खुला दुरुपयोग किया जाए तो निस्संदेह यह पूछा जा सकता है कि हमारी राष्ट्रीयता की कसौटी क्या है?

दिशाविहीनता

दुर्भाग्य तो यह है कि हमारी जनतान्त्रिक सरकारों ने जनता को नारे दिए, आज़ादी दी, लेकिन वह दिशा नहीं दी जिसके कारण वह एक 'राष्ट्रीय चेतना के शाश्वत स्वर' के रूप में मुखरित होने वाले पथ की ओर अग्रसर होती। दायित्वहीनता की अंधी दौड़ में जिसने चाहा, लाभ कमाया, चाहे समाज का अहित हो या राष्ट्र का। मात्र भौतिक समृद्धि की लालसा के मृगमरीचिकावत् नारों और सरकारी प्रचारतन्त्रों ने जनमानस के मस्तिष्क को खोखला ही नहीं किया वरन् उसे पंगु भी बना दिया है। क्या साहित्यकार और क्या पत्रकार, सभी की आंखों पर चश्में चढ़ गए हैं और उनकी कलमें सरकारी प्रचार के गीत रचने में अपना सौभाग्य मान बैठी। जो कुछ मुक्त और स्वतन्त्र चिन्तक और सर्जक थे वे भी इस आपाधापी से निराश हो कूपमंडूक बन गए हैं। स्थिति यहां तक पहुंच गई कि हमारे घरों की आत्मीयता बिखर कर चौराहों तक आ गई और सामाजिक तथा राजनीतिक चेतना के नाम से उगाए गए वृक्ष हमारे आंगन में कड़वे फल देने लगे हैं।

यह सब गम्भीर है, चिन्तनीय है। एक पूरी की पूरी जवान पीढ़ी हमारे सामने खड़ी है दिशाहीन और पंगु। यदि इस पीढ़ी की आकांक्षाओं को नहीं समझा गया और राष्ट्र के प्रति निष्ठा और कर्म के मन्त्र नहीं फूंके गये तथा 'अपनी कुर्सी सलामत रहे' की जोड़तोड़ में नेता–वर्ग व्यस्त रहा तो कोई आश्चर्य नहीं कि घुटन में जी रही यह पीढ़ी दिशाहीन हो आग उगलने लग जाए और उच्छश्रृंखलता का लावा अपने पर ही उंडेल लगे।

इन सारे संदर्भों में यह प्रश्न निस्संदेह अपने विराट आकार में फैलता हुआ चुनौती दे रहा है और पूछ रहा है कि हम कितने राष्ट्रीय हैं?

28 Agust 1971

दैनिक नवज्योति

युद्ध कितना सस्ता ?

बंगलादेश की समस्या आज भारत के लिए निजी मामला बन गई है, यह बात देश के सभी तबको में महसूस की जा रही है। शरणार्थियों की बाढ़ ने भारत के लिए एक नये प्रकारके शीत युद्धको जन्म दिया है। हमारी अर्थ व्यवस्था न केवल प्रभावित ही हुई है अपितु देश की भावी विकास योजनाओं पर इसका असर पड़े बिना रहेगा। इस सम्भावना से कोई इन्कार नही कर सकता कि भारत में आने वाले शरणार्थियों की संख्या एक करोड़ तक पहुंच जाय। इस समय देश को लगभग 3 करोड़ रुपया प्रति दिन शरणार्थियों पर खर्च करना पड़ रहा है। यह अत्यन्त गम्भीर व चिन्ताजनक बात है। इस स्थिति को देखते हुए नागरिकों में यह चर्चा सुनी जाती है कि भारत को इस समस्या में उलझने की जगह पाकिस्तान से युद्ध-भूमि में मोर्चा लेना चाहिये।

युद्ध कोई सामान्य बात नहीं है। जितना ऊपरी दिखावे पर हमें यह सस्ता दिखाई दे रहा है अन्दर यह उतना ही महगा और देश के विकास के मार्ग में बाधक भी है। इसी सन्दर्भ में विश्व में हुए कुछ युद्धों और पाकिस्तान व भारत के बीच सन 65 में हुए युद्ध की समीक्षा आवश्यक है। निम्न आंकड़े यह बता देंगे कि युद्ध कितना सस्ता है ?

-ब्रजेन्द्र रेही

प्रथम विश्व युद्ध में ब्रिटेन, जर्मनी, इटली, रूस और अमेरिका ने युद्ध मे जब हिस्सा लिया तो प्राप्त जानकारी के अनुसार उसमे दैनिक खर्चा 17 करोड़ 45 लाख डालर था। इसमें ब्रिटेन ने 3करोड़ [illegible] जर्मनी ने 3करोड़

सन् 1950 में अमेरिका, चीन और उत्तरकोरिया के बीच हुई लड़ाई में 164 अरब डालर पानी की तरह बहाया गया।

वियतनाम में अमेरिका की खर्चा 400 अरब डालर तक पहुंच गया है और यही स्थिति रही तो कोई आश्चर्य नही कि अमेरिका को 700 अरब डालर भी खच करना पड़े।

भारत पाक युद्ध

सन् 1965 में भारत और पाकिस्तान के बीच हुए युद्ध में, मिले आंकड़ों के अनुसार लगभग 500 करोड़ रुपया खर्च हुआ था। युद्ध केवल 22 दिन चला। इस युद्ध में 128 बख्तरबंद गाड़ियां, 85 लडाकू विमान और लगभग 50 करोड़ रुपये के शस्त्र स्वाहा हुए।

युद्धों में ऊपर वर्णित सारे आंकडे भौतिक सामग्रियों के व्यय के हैं। आप कल्पना कीजिये जन-हानि की कीमत क्या होगी। यह चौंका देने वाली बात नहीं है कि 65 के युद्ध में जिन वीर जवानो ने बलिदान दिये उनके परिवारों को दी गई सहायता की राशि 200 करोड़ रुपये के लगभग थी।

अब जरा सैन्य सामग्रियो के मूल्यों का जायज भी लिया जाय। नये शस्त्रों से सज्जित एक बख्तर-बंद गाड़ीकी कीमत 16से 20लाख रुपया, सुपरसोनिक लड़ाकू विमानकी कीमत 70 लाख रुपया और युद्ध में काम आने वाले सी-किंग हैली-

(शेष पृष्ठ 6 पर)

(शेष पृष्ठ 3 का)

कोप्टर की कीमत 10 लाख रुपये तक आंकी जाती है।

युद्ध लड़ना आसान खेल नही है। इसके लिए पहले से तैयारियो की जरूरत है। इन तैयारियों में मित्र राष्ट्रों के सहयोग भी अपेक्षित हैं। अन्य उत्पादन और विकास के कार्यों को छोड़कर शस्त्र उत्पादन पर भी भारी व्यय करना होता हैं।

इस तथ्य से कोई इनकार नहीं कर सकता कि भारत की सैनिक ताकत पाकिस्तान के मुकाबले में अधिक सुदृढ़ है। लेकिन युद्ध के परिणामा से कोई भी राष्ट्र बच नही सकता -

2

युद्ध कितना सस्ता?

(अगस्त, 1971)

बांग्लादेश की समस्या आज भारत के लिए निजी मामला बन गई है, यह बात देश के सभी तबकों में महसूस की जा रही है। शरणार्थियों की बाढ़ ने भारत के लिए एक नए प्रकार के शीत युद्ध को जन्म दिया है। हमारी अर्थव्यवस्था न केवल प्रभावित हुई है बल्कि देश की भावी विकास योजनाओं पर भी इसका असर पड़े बिना नहीं रहेगा। इस सम्भावना से कोई इन्कार नहीं कर सकता कि भारत में आने वाले शरणार्थियों की संख्या एक करोड़ तक पहुंच जाएगी। इस समय देश को लगभग 3 करोड़ रुपया प्रति दिन शरणार्थियों पर खर्च करना पड़ रहा है। यह अत्यन्त गम्भीर व चिन्ताजनक बात है। इस स्थिति को देखते हुए नागरिकों में यह चर्चा सुनी जाती है कि भारत को इस समस्या से उलझने की जगह पाकिस्तान से युद्ध–भूमि में मोर्चा लेना चाहिए।

युद्ध कोई सामान्य बात नहीं है। जितना ऊपर से देखने पर यह हमें सस्ता दिखाई दे रहा है, अन्दर यह उतना ही महंगा और देश के विकास के मार्ग में बाधक भी है। इसी सन्दर्भ में विश्व में हुए कुछ युद्धों और पाकिस्तान व भारत के बीच सन् 1965 में हुए युद्ध की समीक्षा आवश्यक है। निम्न आंकड़े यह बता देंगे कि युद्ध कितना सस्ता है?

प्रथम विश्व युद्ध में ब्रिटेन, जर्मनी, इटली, रूस और अमेरिका ने युद्ध में जब हिस्सा लिया तो प्राप्त जानकारी के अनुसार उसमें दैनिक खर्चा 17 करोड़ 45 लाख डालर था। इसमें ब्रिटेन ने 3 करोड़ 25 लाख डालर, जर्मनी ने 3 करोड़ 45 लाख डालर, इटली ने 1 करोड़ 5 लाख डालर, रूस ने 4 करोड़ 70 लाख डालर और अमेरिका ने 5 करोड़ डालर खर्च किया। हालांकि भारत पराधीन था लेकिन सन् 1914 से 1918 के बीच के इस काल में भारत को 58 करोड़ 40 लाख डालर का नुकसान हुआ।

इसी प्रकार दूसरे विश्व युद्ध में अमेरिका, जर्मनी, रूस, ब्रिटेन, इटली और जापान ने कुल मिलाकर 1,111 अरब डालर खर्च किया। इसमें अमेरिका ने 387 अरब डालर, जर्मनी ने 272 अरब डालर, रूस ने 192 अरब डालर, ब्रिटेन ने 120 अरब डालर, इटली ने 84 अरब डालर और जापान ने 56 अरब डालर खर्च किया।

सन् 1950 में अमेरिका, चीन और उत्तर कोरिया के बीच हुई लड़ाई में 164 अरब डालर पानी की तरह बहाया गया।

वियतनाम में अमेरिका का खर्चा 400 अरब डालर तक पहुंच गया है और यही स्थिति रही तो कोई आश्चर्य नहीं कि अमेरिका को 700 अरब डालर भी खर्च करना पड़े।

भारत पाक युद्ध

सन् 1965 में भारत और पाकिस्तान के बीच हुए युद्ध में, प्राप्त आंकड़ों के अनुसार लगभग 500 करोड़ रुपया खर्च हुआ था। युद्ध केवल 22 दिन चला। इस युद्ध में 128 बख्तरबंद गाड़ियां, 85 लड़ाकू विमान और लगभग 50 करोड़ रुपए के शस्त्र स्वाहा हुए।

युद्धों में ऊपर वर्णित सारे आंकड़े भौतिक सामग्रियों के व्यय के हैं। आप कल्पना कीजिए जनहानि की कीमत क्या होगी। क्या यह चौंका देने वाली बात नहीं है कि 65 के युद्ध में जिन वीर जवानों ने बलिदान दिए उनके परिवारों को दी गई सहायता की राशि 200 करोड़ रुपए के लगभग थी।

अब जरा सैन्य सामग्रियों के मूल्यों का जायजा भी लिया जाए। नये शस्त्रों से सज्जित एक बख्तरबंद गाड़ी की कीमत 16 से 20 लाख रुपया, सुपरसोनिक लड़ाकू विमान की कीमत 70 लाख रुपया और युद्ध में काम आने वाले सी–किंग हैलीकाप्टर की कीमत 10 लाख रुपए तक आंकी जाती है।

युद्ध लड़ना आसान खेल नहीं है। इसके लिए पहले से तैयारियों की जरूरत है। इन तैयारियों में मित्र राष्ट्रों का सहयोग भी अपेक्षित है। अन्य उत्पादन और विकास के कार्यों को छोड़कर शस्त्र उत्पादन पर भी भारी व्यय करना होता है।

इस तथ्य से कोई इनकार नहीं कर सकता कि भारत की सैनिक ताकत पाकिस्तान के मुकाबले में अधिक सुदृढ़ है। लेकिन युद्ध के परिणाम से कोई राष्ट्र बच नहीं सकता। युद्ध से किसी भी समस्या का समाधान आसान नहीं क्योंकि आज युद्ध लड़ना सबसे मंहगा है।

क्या युद्ध ही समाधान है ?

ब्रजेन्द्र रेही

भारत-पाक सीमा क्षेत्र इस समय पाकिस्तान की युद्धोन्मादी गतिविधियों के केन्द्र बन गये हैं और जो समाचार मिल रहे हैं उससे साफ जाहिर है कि पाकिस्तान के विरुद्ध सीमांत क्षेत्रों में व्यापक पैमाने पर अघोषित युद्ध छेड़ दिया है। पाकिस्तान रेडियो निरन्तर बेबुनियादी और मनगढ़न्त समाचारों का प्रसारण कर रहा है और इनमें उसका मूल स्वर यही रहता है कि पाकिस्तान के जांबाज जवानों ने हिन्दुस्तानी घुस पैठियों के छक्के छुड़ा दिए हैं। स्थिति बिल्कुल ही इसके विपरीत है। पाकिस्तान के खिसियाये और चिड़चिड़े तानाशाह शासक अब इस स्थिति में पहुंच गये हैं कि किसी तरह बंगला देश की समस्या का फंदा उनके गले से उतरे और क्रूर अमानुषिक अत्याचारों के कारण जो बदनामी विश्व में हुई है उससे विश्व जनमत का ध्यान हटा, भारत से युद्ध कर अपने पापों पर परदा डाल दिया जाय। आज पाकिस्तान की अर्थ-व्यवस्था चौपट हो रही है और बंगला देश में मुक्तिवाहिनी की तेज-तर्रार्ट कार्यवाहियों के सामने पाक सैनिक घुटने टेकते नजर आ रहे हैं। मार्शल-लॉ प्रशासक इस बात से बेहद परेशान है कि किस प्रकार सैनिकों का हौसला बुलन्द रखा जाय। दूसरी ओर सैनिकों की स्थिति भी संशयमय है। 25 मार्च से मार्शल-लॉ प्रशासकों के आदेश पर जारी किये गये नरमेध बलात्कारों और अमानुषिक कृत्यों के कारण सैनिकों के मस्तिष्क भी अन्दर ही अन्दर प्रशासन विरोधी बन गये हों तो कोई आश्चर्य नहीं।

अब तक 96 लाख से अधिक शरणार्थी बंगला देश से भारत में पहुंच चुके हैं और भारत को अब 3.5 करोड़ रुपया प्रतिदिन खर्च करना पड़ रहा है। विदेशों से केवल 26.36 करोड़ की सहायता मिली है जो ऊंट के मुंह में जीरे के ... ने अमरीका और पश्चिमी यूरोपीय देशों की यात्रा पर जाना श्रेयस्कर समझा। वैसे इन देशों की यात्राओं के लिए उन्हें पहले से ही निमंत्रण ही मिल चुके थे। प्रधानमन्त्री की यह यात्रा भारत-पाक सम्बन्धों के संदर्भ में शांति का अन्तिम प्रयास है। ब्रिटेन के एक प्रमुख लिबरल विचारक श्री जॉन ग्रिग का यह कथन निःसंदेह वजनदार है कि श्रीमती गांधी शांतिदूत हैं लेकिन उस दूत के पंजे काफी तेज हैं यदि उनकी ताजा विदेश-यात्रा का शांति-मिशन विफल हो गया तो वह युद्ध करने से पीछे नहीं हटेंगी और इसके लिए उन्हें दोषी नहीं ठहराया जा सकता।

'वाशिंगटन पोस्ट' में प्रकाशित कथित पूर्वी पाकिस्तान के गवर्नर के सलाहकार मेजर जनरल फरमान अली खां का यह वक्तव्य भी निस्संदेह पाक की आक्रामक नीतियों की कलई खोलने के लिए काफी है जिसमें उन्होंने कहा है कि पाक सेना को पूर्वी सीमा पर इस लिए तैनात किया है कि भारत नवम्बर के प्रथम सप्ताह में हमला करेगा। फरमान अली खां के इस वक्तव्य से ऐसा आभास होता है कि पाकिस्तान, बंगला देश में मुक्तिवाहिनी की भीतर मार से त्रस्त होकर भारतीय सीमा के निकट 70,000 (सत्तर हजार) सैनिक लेकर डटा हुआ है और इस प्रकार के मौके की तलाश में है कि किसी तरह युद्ध का दोष भारत के साथ माथे मंढ़ दिया जाय।

जैसा कि हम सभी जानते हैं भारत एक विकासशील देश है जो अपने विकास के कार्यों और राष्ट्रीय समस्याओं में वैसे ही उलझा हुआ है बेरोजगारी की समस्या एक ओर मुंह बाये खड़ी है तो दूसरी ओर जनसंख्या वृद्धि पर नियन्त्रण पाने के लिए जमीन आसमान एक करना पड़ रहा है ऐसी स्थितियों में पाकिस्तान द्वारा लाखों शरणार्थियों को ... गई हैं जिनको दूर करने में हमारी दिन दिनी ताकत लगी हुई है।

प्राप्त आंकड़ों के अनुसार 25 मार्च के बाद से भारत आने वाले शरणार्थियों पर अब तक 400 करोड़ रुपयों के लगभग खर्च किया जा चुका है और यदि ऐसी ही स्थिति रही तो खर्चा कितना और कब तक होगा, कहा नहीं जा सकता। सन् 1965 के भारत-पाक युद्ध में 500 करोड़ रुपया खर्च हुआ था। अब शरणार्थियों को भेज कर जहां पाकिस्तान ने एक छद्म आक्रमण किया है, वहां गत कुछ दिनों से उसने सीधे आक्रमण की धमकियां देना भी प्रारम्भ कर दिया है।

इन गम्भीरतम क्षणों में क्या यह विचार नहीं होता कि पाकिस्तान की इस प्रकार की गतिविधियों और समस्याओं का स्थाई समाधान 'युद्ध' ही हो। इसके मूल में भारत की आर्थिक प्रगति का प्रश्न अपने पूरे स्वरूप में सुलग रहा है। खाद्यान्न, आवास, सुरक्षा, कूटनीति आदि क्षेत्रों में बंगला देश की समस्या के कारण बढ़े हुए खर्चों ने हमें इस बात के लिए विवश कर दिया है कि पाकिस्तान की घिनौनी हरकतों का स्थाई समाधान कर ही दिया जाय। इन सारी परिस्थितियों के बीच भारत फिर भी संयमित है।

युद्ध किसी भी देश के लिए शुभ नहीं कहा जा सकता। किन्तु इसके परिणाम भविष्य के विकास में बाधक हैं किन्तु जब कोई उन्मादी और उच्छृंखल देश किसी स्वाभिमानी और विकासशील राष्ट्र के सामान्य नागरिक जीवन को प्रभावित करना प्रारम्भ कर दे, उसके सम्मान को चोट पहुंचाए तो निस्संदेह उसका समाधान 'युद्ध' ही होता है यह इसलिए भी जरूरी है कि पाक जैसे छिछोरे और तानाशाह देश के शासकों को हमेशा के लिए यह अच्छा सबक भी सिखा दिया जाय ताकि उसे इस फलफ बात का प्रत्यक्ष उत्तर भी मिल जाय कि बर्र के छत्ते में हाथ डालना

3

क्या युद्ध ही समाधान है?

(नवम्बर, 1971)

इस समय भारत–पाक सीमा पाकिस्तान की युद्धोन्मादी गतिविधियों की केन्द्र बन गई हैं। जो समाचार मिल रहे हैं उससे साफ जाहिर है कि पाकिस्तान ने भारत के विरुद्ध सीमांत क्षेत्रों में व्यापक पैमाने पर अघोषित युद्ध छेड़ दिया है। पाकिस्तान रेडियो निरन्तर बेबुनियादी और मनगढ़न्त समाचारों का प्रसारण कर रहा है और इसमें उसका मूल स्वर यही है कि पाकिस्तान के जांबाज जवानों ने हिन्दुस्तानी घुसपैठियों के छक्के छुड़ा दिए हैं।

स्थिति बिल्कुल ही इसके विपरीत है। पाकिस्तान के खिसियाए और चिड़चिड़े तानाशाह शासक अब इस स्थिति में पहुंच गए हैं कि किसी तरह बांग्लादेश की समस्या का फंदा उनके गले से उतरे और क्रूर अमानुषिक अत्याचारों के कारण जो बदनामी विश्व में हुई है उससे विश्व जनमत का ध्यान हटा, भारत से युद्ध कर अपने पापों पर पर्दा डाल दिया जाए।

आज पाकिस्तान की अर्थव्यवस्था चौपट हो रही है और बांग्लादेश में मुक्तिवाहिनी की तेज–तर्रार कार्रवाइयों के सामने पाक सैनिक घुटने टेकते नजर आ रहे हैं। मार्शल–ला

प्रशासक इस बात से बेहद परेशान हैं कि किसी भी प्रकार से पाक सैनिकों का हौसला बुलन्द रखा जाए। दूसरी ओर सैनिकों की स्थिति भी संशयमय है। 25 मार्च से मार्शल–ला प्रशासकों के आदेश पर जारी किए गए नरमेध, बलात्कारों और अमानुषिक कृत्यों के कारण सैनिकों की मानसिकता प्रशासन विरोधी हो गई हो तो कोई आश्चर्य नहीं।

अब तक 96 लाख से अधिक शरणार्थी बांग्लादेश से भारत में पहुंच चुके हैं और भारत को अब 3.5 करोड़ रुपया प्रतिदिन खर्च करना पड़ रहा है। विदेशों से केवल 26.36 करोड़ की सहायता मिली है जो ऊंट के मुंह में जीरे के समान है। इन सारी स्थितियों में प्रधानमंत्री श्रीमती इन्दिरा गांधी ने अमरीका और पश्चिमी यूरोपीय देशों की यात्रा पर जाना श्रेयस्कर समझा। वैसे इन देशों की यात्राओं के लिए उन्हें पहले से ही निमंत्रण मिल चुके थे। प्रधानमंत्री की यह यात्रा भारत–पाक सम्बन्धों के संदर्भ में शांति का अन्तिम प्रयास है। ब्रिटेन के एक प्रमुख लिबरल विचारक श्री जान ग्रिग का यह कथन निस्संदेह वजनदार है कि श्रीमती गांधी शांतिदूत हैं लेकिन उस दूत के पंजे काफी तेज हैं। यदि उनकी ताजा विदेश–यात्रा का शांति–मिशन विफल हो गया तो वह युद्ध करने से पीछे नहीं हटेंगी और इसके लिए उन्हें दोषी नहीं ठहराया जा सकता।

'वाशिंगटन पोस्ट' में प्रकाशित कथित पूर्वी पाकिस्तान के गवर्नर के सलाहकार मेजर जनरल फरमान अली खां का यह वक्तव्य भी निस्संदेह पाक की आक्रामक नीतियों की कलई खोलने के लिए काफी है जिसमें उन्होंने कहा है कि पाक सेना को पूर्वी सीमा पर इसलिए तैनात किया गया है कि भारत नवम्बर के प्रथम सप्ताह में हमला करेगा। फरमान अली खां के इस वक्तव्य से ऐसा आभास होता है कि पाकिस्तान, बांग्लादेश में मुक्तिवाहिनी की भीतरी मार से त्रस्त होकर भारतीय सीमा के निकट 70,000 (सत्तर हजार) सैनिक लेकर डटा हुआ है और इस प्रकार के मौके की तलाश में है कि किसी तरह युद्ध का दोष भारत के माथे मंढ़ दिया जाए।

जैसा कि हम जानते हैं कि भारत एक विकासशील देश है जो अपने विकास के कार्यों और राष्ट्रीय समस्याओं में वैसे ही उलझा हुआ है। बेरोजगारी की समस्या एक ओर मुंह बाए खड़ी है तो दूसरी ओर जनसंख्या वृद्धि पर नियंत्रण पाने के लिए जमीन आसमान एक करना पड़ रहा है। ऐसी स्थिति में पाकिस्तान द्वारा लाखों शरणार्थियों को भारत में धकेले जाने के बाद वे समस्याएं और अधिक गहरी हो गई हैं जिनको दूर करने में हमारी दैनंदिन ताकत लगी हुई है।

प्राप्त आंकड़ों के अनुसार 25 मार्च के बाद से भारत आने वाले शरणार्थियों पर

अब तक 400 करोड़ रुपयों के लगभग खर्च किया जा चुका है और यदि ऐसी ही स्थिति रही तो खर्चा कितना और कब तक होगा, कहा नहीं जा सकता। सन् 1965 के भारत–पाक युद्ध में 500 करोड़ रुपया खर्च हुआ था। अब शरणार्थियों को भेज कर जहां पाकिस्तान ने एक छद्म आक्रमण किया है, वहां गत कुछ दिनों से उसने सीधे आक्रमण की धमकियां देना भी प्रारंभ कर दिया है।

इन गम्भीरतम क्षणों में क्या यह विचार नहीं होता कि पाकिस्तान की इस प्रकार की गतिविधियों और भारत के समक्ष खड़ी की गई समस्याओं का स्थाई समाधान 'युद्ध' ही है। खाद्यान्न, आवास, सुरक्षा, कूटनीति आदि क्षेत्रों में बांग्लादेश की समस्या के कारण बढ़े हुए खर्चों ने हमें इस बात के लिए विवश कर दिया है कि पाकिस्तान की घिनौनी हरकतों का स्थाई समाधान कर ही दिया जाए। इन सारी परिस्थितियों के बीच भारत फिर भी संयमित है।

युद्ध किसी भी देश के लिए शुभ नहीं कहा जा सकता। इसके परिणाम भविष्य के विकास में बाधक हैं किन्तु जब कोई उन्मादी और उच्छृंखल देश किसी स्वाभिमानी और विकासशील राष्ट्र के सामान्य नागरिक जीवन को प्रभावित करना प्रारंभ कर दे, उसके सम्मान को चोट पहुंचाए, तो निस्संदेह उसका समाधान 'युद्ध' ही होता है। यह इसलिए भी जरूरी है कि पाक जैसे छिछोरे और तानाशाह देश के शासकों को हमेशा के लिए यह अच्छा सबक भी सिखा दिया जाए ताकि उसे इस बात का प्रत्यक्ष उत्तर भी मिल जाए कि बर्र के छत्ते में हाथ डालना कितना मंहगा है।

▼ ▼ ▼

नये पंथ : नये संप्रदाय

यह धार्मिक पाखंड

[illegible] दार्शनिक डा. राधाकृष्णन् ने एक स्थान पर [illegible] "सच्चे धर्म का लक्षण [illegible] जो आत्मा की अभिव्यक्ति, [illegible] तथा सन्तुलन के रूप में [illegible] शरीर और आत्मा [illegible] और बुद्धि [illegible] मध्य पूर्ण [illegible] में और अहिंसा [illegible] में प्रकट होता है [illegible] और अहिंसा [illegible] सहानुभूति, स्वतन्त्रता और प्रेम–ये युग्म, धर्म के सैद्धांतिक तथा व्यवहारिक रूप हैं। [illegible] से गत कुछ वर्षों से हमारे देश में संस्कृति की आड़ लेकर जो [illegible] धर्म सम्प्रदाय और पन्थ [illegible] रहे हैं, वे मनुष्य को बांटने [illegible] हृदय में प्रतिशोध और एक [illegible] प्रति ईर्ष्या पैदा करने का [illegible] कर रहे हैं।

[illegible] दिनों "नवभारत टाइम्स" [illegible] पर जिन बाल योगेश्वर के समर्थकों ने हिंसात्मक [illegible] किया वह यह स्पष्ट कर [illegible] कि इस प्रकार के मिशन [illegible] निहित स्वार्थों की आड़ में [illegible] जा रहे हैं, जिनकी गतिविधियां संदिग्ध हैं और जो धर्म के [illegible] पर अपने आपको स्वाहा कर देने वाली भोली भारतीय जनता का आध्यामिक और [illegible] शोषण कर रहे हैं। तथा राष्ट्रीय एकता में बाधा पहुंचाने वाली कार्रवाइयां कर रहे हैं। एक ओर हम लोकतन्त्र को हमारा जीवन दर्शन बनाने के लिए प्रयत्नशील हैं और धर्म निरपेक्षता हमारे संविधान का महत्वपूर्ण [illegible] है तो दूसरी ओर अभिव्यक्ति की स्वतन्त्रता का मौलिक अधिकार भी हमें आजादी की विरासत में मिला है।

स्वतन्त्रया प्राप्ति के पश्चात हमने अपने भौतिक निर्माण और राजनीतिक अड़ंगेबाजियों में अधिकाधिक समय बिताया। इस संबंध में बहुत कम सोचा गया कि भारतीय संस्कृति के विरुद्ध नये पंथों और नये वादों ने किस प्रकार षडयंत्र रचकर संस्कृति की आत्मा को कुलचने का एक लघु किन्तु असफल प्रयास किया जा रहा है। कोई भी देश अपनी प्राचीन व धरोहर की नींव पर शताब्दियों तक सुदृढ़ रूप में खड़ा रहता है लेकिन यदि नींव को खोखली करने के प्रयास शुरू होते हैं तो चिंतनीय ही नहीं अपितु इस बात के लिए भी प्रेरित करते हैं कि इनके विरुद्ध राष्ट्रव्यापी मोर्चा लिया जाय।

० ब्रजेन्द्र रेही ०

धर्म का स्वरूप व्यक्ति का आत्मा से है और एक दार्शनिक के शब्दों में 'धर्म का प्रयोजन चिरन्तन सत्ता की शोध है। धर्म विश्वास की अपेक्षा व्यवहार अधिक है। यदि हम ईश्वर का विश्वास करते हैं तो हमें अपनी उस आस्था के अनुसार कार्य करना चाहिये।' 'वसुधैव कुटुम्बकम्' का संदेश देने वाली भारतीय संस्कृति मनुष्य को मनुष्यसे जोड़ना चाहती है, बांटना नहीं। धर्म का क्षेत्र हिंसा का नहीं अहिंसा का है, घृणा का नहीं प्रेम का है। ऐसी स्थिति में धर्म के नाम पर दंगा हो, मारकाट हो, खून खराबी, आगजनी हो तो प्रश्न उठता है कि हम क्या धार्मिक कार्य कर रहे हैं। उत्तर में साफ है–ये कार्य अधार्मिक हैं। जो धर्म, पंथ सम्प्रदाय या विचारधारा अधार्मिक हैं वह मनुष्य का कल्याण नहीं कर सकती।

जैसा कि मैं ऊपर चर्चा कर चुका हूं, स्वतन्त्रता प्राप्ति के बाद नये–नये धर्मों, संप्रदायों, पन्थों [illegible] इस देश में अपने स्वरूप को [illegible] घृणित रूपमें प्रस्तुत किया। [illegible] ही नहीं कुछ व्यक्ति भी [illegible] जिन्होंने अपने आपको 'अवत[ार]' के रूप में प्रतिष्ठित करने [illegible] प्रयत्न किया। पुरी व ज्योति[र्मठ] के जगद्गुरु शंकराचार्यों की चिन्ता निश्चित ही विचारणी[य] [illegible] कि अपने आपको कलयुगी अवत[ार] बताने वाले कई तरव काल्प[निक] घटनाओं को बताकर जनता [illegible] पथभ्रष्ट करते हैं। ऐसे अवत[ारों] की पोल खोलनी चाहिये। [illegible] कई ऐसे मिशन हैं जो देश [illegible] बड़े–बड़े नगरों में अपना [illegible] जमाये हुए हैं। विधिवत [illegible] केन्द्र अपनी दैनंदिनी गतिविधि[यों] का संचालन करते हैं और हज[ारों] की तादद में अशांत जीवन या[पन] करने वाले नागरिक वहां जाकर कृत्रिम आध्यात्मिकता के शिक[ार] होते हैं। इन मिशनों और प[ंथों] के ये केन्द्र बड़ी–बड़ी इमारतों [में] संचालित हैं. जीवन की स[भी] प्रकार की सुख–सुविधाएं [illegible] उपलब्ध हैं और तब ये मा[नव] कल्याण का दिव्य संदेश जन–[जन] में पहुंचाना चाहते हैं—कित[ना] हास्यास्पद लगता है। इन पंथों [के] कई वरिष्ठ लोगों से विचार [विमर्श] का मुझे मौका मिला है [illegible] इनकी दृष्टि में किसी असहाय [illegible] अपंग व्यक्ति की सहायता कर[ना] धर्म नहीं है बल्कि आध्यात्मि[क] ज्ञान (झूठ) की कक्षा में उपस्थि[त] होकर ध्यान करना ही धर्म औ[र] मोक्ष मार्ग है। जिस तरह [illegible] हजारों और लाखों रुपया व्यय [illegible] इस प्रकार के केन्द्र संचा[लित] किए जाते हैं वे सोच[ने] के लिए भी बाध्य करते हैं [illegible] इनके पास इतनी बड़ी ताद[ाद में] धन आता कहां से है। यह [illegible] निर्मूल नहीं है कि देश की सुरक्ष[ा] को खतरा पहुंचाने के लिए क[ई] विदेशी एजेन्सियां इस प्रकार [illegible] धार्मिक संस्थाओं के माध्यम [illegible] षड्यन्त्र की रचना में संलग्न ह[ैं] भारतीय संस्कृति पर कुठाराघा[त] कर रही हैं।

4

यह धार्मिक पाखंड

(नवंबर, 1971)

प्रख्यात दार्शनिक डा. राधाकृष्णन् ने एक स्थान पर कहा है– ''सच्चे धर्म का लक्षण 'अभय' है जो अपनी अभिव्यक्ति, सामंजस्य तथा सन्तुलन के रूप में व्यवहार करता है। जो शरीर, आत्मा, मन और बुद्धि के मध्य पूर्ण समझौते के रूप में और अहिंसा या प्रेम के रूप में प्रकट होता है। अभय और अहिंसा, ज्ञान एवं सहानुभूति, स्वतंत्रता और प्रेम– ये युग्म, धर्म के सैद्धांतिक तथा व्यावहारिक रूप हैं। दुर्भाग्य से गत कुछ वर्षों से हमारे देश में संस्कृति की आड़ लेकर जो नये धर्म, सम्प्रदाय और पंथ जन्म ले रहे हैं, वे मनुष्य को बांटने, उनके हृदय में प्रतिशोध और एक दूसरे के प्रति ईर्ष्या पैदा करने का कार्य अधिक कर रहे हैं।

गत दिनों ''नवभारत टाइम्स'' के कार्यालय पर जिन बाल योगेश्वर के समर्थकों ने हिंसात्मक आक्रमण किया, वह यह स्पष्ट कर देता है कि इस प्रकार के मिशन किसी निहित स्वार्थ की आड़ में कराए जा रहे हैं, जिनकी गतिविधियां संदिग्ध हैं और जो धर्म के नाम पर अपने आपको स्वाहा कर देने वाली भोली भारतीय जनता का आध्यात्मिक और बौद्धिक शोषण कर रहे हैं।

एक ओर हम लोकतंत्र को हमारा जीवन दर्शन बनाने के लिए प्रयत्नशील हैं और धर्म निरपेक्षता हमारे संविधान का महत्वपूर्ण आधार है तो दूसरी ओर अभिव्यक्ति की स्वतन्त्रता

का मौलिक अधिकार भी हमें आजादी की विरासत में मिला है।

स्वतन्त्रता प्राप्ति के पश्चात् हमने अपने भौतिक निर्माण और राजनीतिक अडंगेबाजियों में अधिकाधिक समय बिताया। इस संबंध में बहुत कम सोचा गया कि भारतीय संस्कृति के विरुद्ध नए पंथों और नए वादों ने किस प्रकार षड़यंत्र रचकर संस्कृति की आत्मा को कुचलने का एक लघु किन्तु असफल प्रयास किया जा रहा है। कोई भी देश अपनी प्राचीन धरोहर की नींव पर शताब्दियों तक सुदृढ़ रूप में खड़ा रहता है लेकिन यदि नींव को खोखली करने के प्रयास शुरू होते हैं तो चिंतनीय ही नहीं अपितु इस बात के लिए भी प्रेरित करते हैं कि इनके विरुद्ध राष्ट्रव्यापी मोर्चा लिया जाए।

धर्म का स्वरूप व्यक्ति की आत्मा से है और एक दार्शनिक के शब्दों में 'धर्म का प्रयोजन चिरन्तन सत्ता की शोध है। धर्म विश्वास की अपेक्षा व्यवहार अधिक है। यदि हम ईश्वर में विश्वास करते हैं तो हमें अपनी उस आस्था के अनुसार कार्य करना चाहिए।' 'वसुधैव कुटुम्बकम्' का संदेश देने वाली भारतीय संस्कृति मनुष्य को मनुष्य से जोड़ना चाहती है, बांटना नहीं। धर्म का क्षेत्र हिंसा का नहीं अहिंसा का है, घृणा का नहीं प्रेम का है। ऐसी स्थिति में धर्म के नाम पर दंगा हो, मारकाट हो, खून–खराबा, आगजनी हो तो प्रश्न उठता है कि क्या हम धार्मिक कार्य कर रहे हैं। उत्तर में साफ है–ये कार्य अधार्मिक हैं। जो धर्म, पंथ, सम्प्रदाय या विचारधारा अधार्मिक है वह मनुष्य का कल्याण नहीं कर सकती।

जैसा कि मैं ऊपर चर्चा कर चुका हूँ, स्वतन्त्रता प्राप्ति के बाद नए–नए धर्मों, संप्रदायों, पंथों ने इस देश में अपने स्वरूप को घृणित रूप में प्रस्तुत किया। इतना ही नहीं कुछ व्यक्ति भी आए जिन्होंने अपने आपको 'अवतार' के रूप में प्रतिष्ठित करने का प्रयत्न किया। पुरी व ज्योर्तिमठ के जगद्गुरू शंकराचार्यों की यह चिन्ता निश्चित ही विचारणीय है कि अपने आपको कलयुगी अवतार बताने वाले कई तत्व काल्पनिक घटनाओं को बताकर जनता को पथभ्रष्ट करते हैं। ऐसे अवतारों की पोल खोली जानी चाहिए।

आज कई ऐसे मिशन हैं जो देश के बड़े–बड़े नगरों में अपना अड्डा जमाए हुए हैं। विधिवत उनके केन्द्र अपनी दैनंदिनी गतिविधियों का संचालन करते हैं और हजारों की तादाद में अशांत जीवन यापित करने वाले नागरिक वहां जाकर एक कृत्रिम आध्यामिकता के शिकार होते हैं। इन मिशनों और पंथों के ये केन्द्र बड़ी–बड़ी इमारतों में संचालित हैं, जीवन की सभी प्रकार की सुख–सुविधाएं इन्हें उपलब्ध हैं और तब ये मानव कल्याण का दिव्य संदेश जन–जन में पहुंचाना चाहते हैं– कितना हास्यास्पद लगता है।

इन पंथों के कई वरिष्ठ लोगों से विचार–विमर्श का मुझे मौका मिला है। इनकी

दृष्टि में किसी असहाय या अपंग व्यक्ति की सहायता करना धर्म नहीं है बल्कि आध्यात्मिक ज्ञान (झूठ) की कक्षा में उपस्थित होकर ध्यान करना ही धर्म और मोक्ष मार्ग है। जिस तरह से हजारों और लाखों रुपया व्यय कर इस प्रकार के केन्द्र संचालित किए जाते हैं वे यह सोचने के लिए भी बाध्य करते हैं कि इनके पास इतनी बड़ी तादाद में धन आता कहाँ से है। यह शंका निर्मूल नहीं है कि देश की सुरक्षा को खतरा पहुंचाने के लिए कई विदेशी एजेन्सियां इस प्रकार की धार्मिक संस्थाओं के माध्यम से षड़यंत्र की रचना में संलग्न होकर भारतीय संस्कृति पर कुठाराघात कर रही हैं।

राजस्थान

जीवित व्यक्ति मृत घोषितः निर्दोष व्यक्तियों पर हत्या का आरोप

● ब्रजेन्द्र रेही

प्रयागसिंह जिंदा था, लेकिन पुलिस ने तो उसकी हड्डियां तक बरामद कर लीं और उसके कथित हत्यारों से, यातना देकर अपराध भी स्वीकार करा लिया। प्रस्तुत है जिन्दा व्यक्ति के तथाकथित हत्यारों की यातना-कथा।

आपने पुलिस की ज्यादतियों और निष्क्रियता के बहुत किस्से सुने होंगे, लेकिन अभी तक आप पुलिस की उस कला से नावाकिफ होंगे, जिसके इस्तेमाल से पुलिस निरपराध को बखूबी अपराधी सिद्ध कर सकती है।

घटना है राजस्थान के जैसलमेर जिले के उस तथाकथित मृतक प्रयाग-सिंह की, जिसकी हत्या के आरोप में पुलिस ने गोविन्दसिंह, हरिसिंह, रूपसिंह तथा नर्भसिंह को गिरफ्तार कर लिया। इतना ही नहीं, पुलिस श्मशान भूमि से मृतक की हड्डियां बरामद करने में भी सफल हो गयी। किन्तु, इसे पुलिस का दुर्भाग्य ही कहा जायेगा कि उसकी नजर में मृत व्यक्ति, 'यम-राज' की रिपोर्ट में जीवित ही था। १४ फरवरी १९८० को किसी जादुई करिश्मे की तरह से प्रयागसिंह जब जीवित लौटा, तो पुलिस अफसरों के चेहरे फक पड़ गये।

जैसलमेर जिले का एक थाना है झिझिनियाली। ७ जनवरी १९८० को थाने में तगसिंह ने एक रपट लिखवायी कि उसका रिश्तेदार प्रयाग-सिंह दिसम्बर के अन्तिम सप्ताह में ओला गांव से बैरसियाले गांव में ऊंटों की तलाश के लिए गया था, लेकिन अभी तक लौट कर नहीं आया।

प्रयागसिंह विगत १० वर्षों से हैडकांस्टेबिल अखेसिंह के यहां ओला गांव में नौकरी करता है, जो सांगड़ थाने के अन्तर्गत है। प्रयागसिंह दिसम्बर के अन्तिम सप्ताह में ओला गांव से लगभग ८० किलोमीटर दूर बैरसियाले गांव के गोविन्दसिंह के यहां गया था।

लेकिन, गोविन्दसिंह ने एक पत्र लिखकर अखेसिंह को सूचित किया कि तुम्हारा आदमी अभी तक आया नहीं है। यदि वह वहां हो, तो उसे भेज दो और अपना ऊंट ले जाओ। प्रयागसिंह तो ऊंट लेने नहीं आया, लेकिन अखेसिंह का पुत्र सवाईसिंह

मैं जीवित हूं लेकिन पुलिस ने मेरी जली हुई हड्डियां बरामद कर ली थीं : प्रयाग सिंह

तथा तखतसिंह का पुत्र रणसिंह आये और ऊंट लेकर चले गये। सवाईसिंह ने गोविन्दसिंह से ऊंट ले जाते समय कहा कि शायद प्रयागसिंह अपने गांव चला गया होगा।

१० जनवरी को पुलिस की टोली गांव बेरसियाले पहुंचती है और गोविन्दसिंह, रूपसिंह, नर्भसिंह तथा हरिसिंह को हिरासत में ले लेती है। इन लोगों को जैसलमेर लाया जाता है। जैसलमेर में इन अभियुक्तों की बुरी तरह पिटाई की जाती है। कहते हैं, पुलिसवालों ने पहले खूब शराब पी और फिर खाट पर डालकर तथा उल्टा लटकाकर इतनी बेरहमी से पीटा कि उसके स्मरण मात्र से हरिसिंह और गोविन्दसिंह आज भी कांप जाते हैं। बाद में इन लोगों को वापस थाना झिझिनियाली भेज दिया जाता है।

बेरसियाले गांव के उपसरपंच गनेसिंह ने इन तथाकथित अभियुक्तों को छोड़ने का अनुरोध किया, किन्तु पुलिसवालों के कान पर जूं तक नहीं रेंगी। बताते हैं कि उल्टे गनेसिंह से सौदा किया गया। गनेसिंह क्या करता! उसने थोड़ा-बहुत 'प्रसाद' देकर कथित हत्यारों को पुलिस द्वारा दुबारा की जाने वाली बर्बर पिटाई से बचा लिया। असल में गनेसिंह इसलिए सक्रिय हुआ, क्योंकि गोविन्द-सिंह उसका चाचा है।

पुलिस की हिरासत में असह्य यातना सहते हुए चारों अभियुक्त अपने जीवन से निराश हो गये और उन्होंने हत्या करना कबूल कर लिया। २८ जनवरी १९८० को पुलिस ने प्रयागसिंह की हत्या का मामला दर्ज

५७

5

जीवित व्यक्ति मृत घोषित

(जुलाई, 1980)

आपने पुलिस की ज्यादतियों और निष्क्रियता के बहुत किस्से सुने होंगे, लेकिन अभी तक आप पुलिस की उस कला से नावाकिफ होंगे, जिसके इस्तेमाल से पुलिस निरपराध को बखूबी अपराधी सिद्ध कर सकती है।

घटना है राजस्थान के जैसलमेर जिले के उस तथाकथित मृतक प्रयागसिंह की, जिसकी हत्या के आरोप में पुलिस ने गोविन्दसिंह, हरिसिंह, रूपसिंह तथा नभसिंह को गिरफ्तार कर लिया था। इतना ही नहीं, पुलिस शमशान भूमि से मस्तक की हड्डियां बरामद करने में भी सफल हो गई। किन्तु, इसे पुलिस का दुर्भाग्य ही कहा जाएगा कि उसकी नजर में मृत व्यक्ति, 'यमराज' की रिपोर्ट में जीवित ही था। 14 फरवरी 1980 को किसी जादुई करिश्मे की तरह से प्रयागसिंह जब जीवित लौटा तो पुलिस अफसरों के चेहरों का रंग उड़ गए।

जैसलमेर जिले का एक थाना है झिझिनियाली। 7 फरवरी, 1980 को थाने में तगसिंह ने एक रपट लिखवाई कि उसका रिश्तेदार प्रयागसिंह दिसम्बर के अन्तिम सप्ताह में ओला गांव से बैरसियाले गांव में ऊंटों की तलाश के लिए गया था, लेकिन अभी तक लौट कर नहीं आया।

प्रयागसिंह विगत 10 वर्षों से हैडकांस्टेबिल अखेसिंह के यहां ओला गांव में नौकरी करता है, जो सांगड़ थाने के अंतर्गत है। प्रयागसिंह दिसम्बर के अन्तिम सप्ताह में ओला गांव से लगभग 80 किलोमीटर दूर बैरसियाले गांव के गोविन्दसिंह के यहां गया था।

लेकिन, गोविन्दसिंह ने एक पत्र लिखकर अखेसिंह को सूचित किया कि तुम्हारा आदमी अभी तक आया नहीं है। यदि वह वहां हो, तो उसे भेज दो और अपना ऊंट ले जाओ। प्रयागसिंह ऊंट लेने नहीं आया, लेकिन अखेसिंह का पुत्र सवाईसिंह तथा तखतसिंह पुत्र रणसिंह आए और ऊंट लेकर चले गए। सवाईसिंह ने गोविन्दसिंह से ऊंट ले जाते समय कहा कि शायद प्रयागसिंह अपने गांव चला गया होगा।

10 जनवरी को पुलिस की टोली गांव बैरसियाले पहुंचती है और गोविन्दसिंह, रूपसिंह, नभसिंह तथा हरिसिंह को हिरासत में ले लेती है। इन लोगों को जैसलमेर लाया जाता है। जैसलमेर में इन अभियुक्तों की बुरी तरह पिटाई की जाती है। कहते हैं, पुलिसवालों ने पहले खूब शराब पी और फिर खाट पर डालकर तथा उल्टा लटकाकर इतनी बेरहमी से पीटा कि उसके स्मरण मात्र से हरिसिंह और गोविन्दसिंह आज भी कांप जाते हैं। बाद में इन लोगों को वापस थाना झिझिनियाली भेज दिया जाता है।

बेरसियाले गांव के उपसरपंच गनेसिंह ने इस तथाकथित अभियुक्तों को छोड़ने का अनुरोध किया, किन्तु पुलिसवालों के कान पर जूं तक नहीं रेंगी। बताते हैं कि उल्टे गनेसिंह से सौदा किया गया। गनेसिंह क्या करता! उसने थोड़ा–बहुत 'प्रसाद' देकर कथिक हत्यारों को पुलिस द्वारा दुबारा की जाने वाली बर्बर पिटाई से बचा लिया। असल में गनेसिंह इसलिए सक्रिय हुआ, क्योंकि गोविन्दसिंह उसका चाचा है। पुलिस की हिरासत में असह्य यातना सहते हुए चारों अभियुक्त अपने जीवन से निराश हो गए और उन्होंने हत्या कबूल कर लिया। 28 जनवरी 1980 को पुलिस ने प्रयागसिंह की हत्या का मामला दर्ज कर लिया। इसकी सूचना जैसलमेर के पुलिस अधीक्षक श्री सुरेन्द्र शर्मा को भेज दी जाती है। पुलिस अधीक्षक ने इस मामले की विशेष जांच के लिए कुछ अधिकारी नियुक्त कर दिए।

फल्सूंड गांव के प्रतापराम मेघवाल को गवाह बनाया जाता है और कहते हैं कि नभसिंह को भी मारपीट कर गवाह बनाया गया है। अब जैसा कि पुलिस की परम्परा है, पुलिस दल लाश और हत्या में प्रयुक्त हथियार बरामद करने के लिए कूच करती है। 9 फरवरी को बेरसियाले गांव में एक ढाणी के पास नभसिंह से गड्ढा खुदवाया जाता है। पर न तो प्रयागसिंह की लाश निकली, न कोई सामान। हां, जमीन में से कुछ तूम्बे के बीज जरूर निकले। यहीं अचानक पुलिस अपने 'दैवी प्रताप' से हत्या में प्रयुक्त एक हथियार

'कस्सी' की बरामदगी करती है। इतना ही नहीं, कस्सी पर खून भी लगा हुआ बताया जाता है।

हथियार के मिल जाने के बाद पुलिस के लिए लाश ढूंढ़ना भी कठिन नहीं था। इसलिए नभसिंह को शमशान में ले जाया जाता है। मूंछों पर ताव देते और बूंटों से धूल उड़ाते भारतीय पुलिस के 'साहसिक जवान' हड्डियां और राख बंधवाकर कहते हैं कि प्रयागसिंह की हत्या करके जला दिया गया।

मै जीवित हूं लेकिन पुलिस ने मेरी जली हुई हड्डियां बरामद कर ली थीं : प्रयाग सिंह

गांव के जो लोग पुलिस के साथ आए थे, उनमें से एक–दो ने कहा भी कि ये हड्डियां तो 5–6 साल पुरानी हैं तथा इस जगह हाथी सिंह की बहू को जलाया गया था। शायद उसी की होंगी। लेकिन, पुलिस के अफसर गांव वालों की क्यों मानने लगे।

प्रयागसिंह की हड्डियां, राख तथा हत्या में प्रयुक्त हथियार मालखाने में जमा कर दिया जाता है। 10 फरवरी को पुलिस तथाकथित अभियुक्तों को झिझिनियाली से जैसलमेर ले आती है। गोविन्दसिंह तथा हरिसिंह को असली हत्यारे तथा रूपसिंह, नभसिंह और प्रतापराम चश्मदीद गवाह बनाए जाते हैं।

उसी दिन अभियुक्तों को पुलिस मुख्य न्यायिक दण्डनायक की अदालत में पेश करती है और 15 दिन का रिमाण्ड मांगती है। रिमाण्ड मिल जाने के बाद कथित अभियुक्तों के वकील भोपालसिंह अदालत से प्रार्थना करते हैं कि इन लोगों की डाक्टरी जांच कराई जाए, किन्तु न्यायालय इसे ठीक नहीं मानता और प्रार्थना–पत्र अस्वीकृत कर दिया जाता है।

कथित हत्यारों को पुनः झिझिनियाली गांव लाया जाता है। अभी तक पुलिस ने हथियार तथा हड्डियां ही बरामद की थीं। रिमाण्ड मिल जाने के बाद कोई–न–कोई मृतक

संबंधी वस्तु की बरामदगी भी जरूरी है। पुलिस के अधिकारियों ने सोच–विचार कर निश्चय किया कि कानों में पहनने की लौंग बरामद करायी जाए। जैसलमेर में पुरुषों के कानों में लौंग पहनने की परम्परा है।

14 फरवरी, 1980 को प्रयागसिंह अचानक ही रेल से उतरा। वह जोधपुर–जैसलमेर गाड़ी से आया था। भू.पू.ग्राम प्रधान सोहनसिंह तथा जनता युवा मोर्चा के अध्यक्ष मांगीलाल उसको लेकर अदालत गये तथा अदालत में उसे पेश किया गया।

अब तो पुलिस के अधिकारी और जांच करने वाले सिपाहियों के पैरों–तले जमीन खिसक गयी। तथाकथित अभियुक्तों को 17 फरवरी को अदालत में लाया गया। पर, पुलिस कर्त्तव्य निभाने से कैसे चूकती! उसकी हेठी न होती? इसलिए यह जानकारी हो जाने के बाद भी कि जिसकी 'हत्या' का मामला दर्ज किया गया है, वह 'साक्षात' लौट आया है, तब भी अभियुक्तों की हथकड़ी नहीं खोली गई।

पुलिस की गिरफ्त से छुटकारा मिल जाने के बाद गोविन्दसिंह और हरिसिंह ने जोधपुर के गांधीवादी सामाजिक कार्यकर्त्ता और लेखक राधेश्याम योगी को दर्दनाक दास्तान सुनाई और पुलिस के पाशविक व्यवहार को रो–रोकर बताया :"क्या बतायें आपको। पैरों से चला नहीं जाता है। तलुवे सूज गए हैं। राक्षसीपन की भी हद होती है। खाट पर डालकर रुई की तरह धुन दिया। बैठने भी नहीं दिया। कब तक सच बोलते। आखिर कहना पड़ा कि हमको मत मारो, प्रयागसिंह की हत्या हमने ही की है।"

यह तो निस्संदेह जांच का विषय है ही कि प्रयागसिंह कहां रहा? क्यों रहा? लेकिन, इस सवाल का जवाब मिलना भी जरूरी है कि निरपराध ग्रामीणों को मानसिक तथा शारीरिक यंत्रणा पहुंचाने वाले पुलिस कर्मचारियों के विरुद्ध क्या कार्यवाही हो रही है?

▼ ▼ ▼

6

बन्दूक की नोक पर रोटी की टोह

(फरवरी, 1981)

लगभग 12 लाख की आबादी वाला पूर्वांचल प्रदेश मणिपुर सुलग रहा है। परिस्थितियों पर काबू पाने की मुख्यमंत्री व स्थानीय प्रशासन की तमाम कोशिशों के बावजूद 8 सितम्बर, 1980 को इसे अशांत क्षेत्र घोषित कर सेना के हवाले कर दिया गया। मणिपुर घाटी में दो उग्रवादी संगठनों 'पीपुल्स लिबरेशन आर्मी' (पी.एल.ए.) तथा 'पीपुल्स रिवोल्युशनरी पार्टी ऑफ कांगलीपाक' (प्रीपाक) से सम्बन्धित नेताओं की तलाश में सेना लगी हुई है।

पूर्वांचल के राजनीतिक हलकों में यह खुलेआम चर्चा है कि पी.एल.ए. के सदस्य चाहते हैं कि मणिपुर तथा मिजोरम को मिलाकर एक अलग राष्ट्र बनाया जाए। इस राष्ट्र के गठन के लिए जो शब्द खोजा गया है वह है 'नामात'। नामात के लिए लड़ाई लड़ने वालों को वे सभी शक्तियां मदद कर रही हैं, जो भारत को विखंडित करना चाहती हैं। मार्क्सवाद–लेनिनवाद के समर्थक इस संगठन का आदर्श 'चीन' है। 'प्रीपाक' एक लूटपाट करने वाला संगठन है और इसके अधिकांश सदस्यों को सेना ने पकड़ लिया है। इनमें राजकुमार तुलचन्द्र सिंह भी हैं।

सन् 1973 के प्रारंभ से ही उग्रवादियों की गतिविधियां तेज हो गयी थीं। यांगमाशों शैजा की सरकार जन–आक्रोश तथा उग्रवादियों को शांत नहीं कर सकी।

पूर्वांचल

बन्दूक की नोक पर रोटी की टोह

क्या मणिपुर में विद्रोही गतिविधियों पर सेना अंकुश लगा सकेगी ?

१२ लाख की आबादी वाला पूर्वांचल प्रदेश मणिपुर सुलग रहा है। परिस्थितियों पर काबू पाने की मुख्यमंत्री व स्थानीय प्रशासन की तमाम कोशिशों के बावजूद ८ सितम्बर, १९८० को इसे अशांत क्षेत्र घोषित कर सेना के हवाले कर दिया गया। मणिपुर घाटी में दो उग्रवादी संगठनों 'पीपुल्स लिबरेशन आर्मी' (पी० एल० ए०) तथा 'पीपुल्स रिवोल्युशनरी पार्टी आफ कांगली-पाक' (प्रीपाक) से सम्बन्धित नेताओं की तलाश में सेना लगी हुई है।

पूर्वांचल के राजनीतिक हलकों में यह खुलेआम चर्चा है कि पी० एल० के सदस्य चाहते हैं कि मणिपुर, मेघालय, त्रिपुरा, अरुणाचल प्रदेश तथा मिजोरम को मिलाकर एक अलग राष्ट्र बनाया जाये। इस राष्ट्र के गठन के लिए जो शब्द खोजा गया है वह है 'नामात'। नामात के लिए लड़ाई लड़ने वालों को वे सभी शक्तियां मदद कर रही है, जो भारत को विखंडित करना चाहती हैं। मार्क्सवाद-लेनिनवाद के समर्थक इस संगठन का आदर्श 'चीन' है। 'प्रीपाक' एक लूटपाट करने वाला संगठन है और इसके अधिकांश सदस्यों को सेना ने पकड़ लिया है। इनमें राजकुमार तुलचन्द्र सिह भी हैं।

१९७९ के प्रारंभ से ही उग्रवादियों की गतिविधिया तेज हो गयी थीं। यांगमाशों शैजा की सरकार जन-आक्रोश तथा उग्रवादियों को शांत नहीं कर सकी। राजकुमार दोरेन्द्र सिह द्वारा अपने मुख्यमंत्रित्व काल में उग्रवादियों के पुनर्वास के किये गये प्रयास पोंछ दिये गये। पृथकतावादी अन्य शक्तियां तथा सी० पी० के० (कम्युनिस्ट पार्टी आफ कांगलीपाक) ने आरोप लगाया कि भूतपूर्व मुख्यमंत्री दोरेन्द्र सिह तथा उनके साथी क्रांतिकारियों को कुचलने के दोषी हैं। इससे पहले यह खबर भी आयी कि १८ युवकों को चीनी अधिकारियों ने 'ल्हासा' में गुरिल्ला-लड़ाई का प्रशिक्षण दिया है। इन युवकों ने मणिपुर घाटी तथा बर्मा और तिब्बत के भूमिगत शिविरों में लगभग चार सौ युवकों को प्रशिक्षित किया। कहा जाता है कि ये सभी उग्रवादी मणिपुर घाटी तथा इम्फाल शहर में फैल गये।

१९७९ के वर्ष में कड़े पहरे के बावजूद जेल से उग्रपंथियों के भागने की ४ घटनाएं हुईं। पहली घटना १८ जनवरी, १९७९ को हुई, जब राजन अचौबा सिह भागा। इसे १३ दिसम्बर, १९८० को गिरफ्तार किया गया। अचौबा पी० एल० ए० के प्रमुख नेताओं में है और इसको पकड़वाने के लिए इनाम घोषित किया गया था। दूसरी घटना अगस्त में हुई, जब अदालत में पुलिस जवानों की हत्या करके उनकी हिरासत से थोंगम कबीचंद्रा भाग निकला। ११ अगस्त को इम्फाल सेंट्रल जेल से शेष बचे उग्रपंथी भी भागने में सफल हो गये। हालात बिगड़ते गये। १९८० में दोरेन्द्र सिह पुनः मुख्यमंत्री बने। कहा जाता है कि इस बार उग्रपंथियों ने इनकी बात मानने से इनकार कर दिया। इस बीच भारत-स्थित अमरीकी राजदूत भी निजी यात्रा पर 'इम्फाल' का दौरा कर आये।

विशेष सुरक्षा ब्यूरो (एस० एस० बी०) तथा पुलिस में भी अपनी सुरंग बिछाने में उग्रवादी कामयाब हो गये, किन्तु वरिष्ठ अधिकारी समय पर चौकन्ने हो गये। २६ सितम्बर, १९८० को एस० एस० बी० के ६ कर्मचारियों को पुलिस ने गिरफ्तार किया। इन पर ४५ हजार रुपए पी० एल० ए० से रिश्वत लेने का आरोप था। पुलिस ने रिश्वत की राशि भी बरामद कर ली। पी० एल० ए० के उग्रपंथी युवकों ने सरकारी ठिकानों पर हमले बोलने शुरू कर दिये। १९८० के शुरू में इम्फाल बाजार में सेना के तीन जवान आतंकवादियों ने गोली से उड़ा दिये। २६ मार्च को दो जवान और मार डाले गये। १३ अगस्त को उग्रपंथियों ने देशभक्त दिवस मनाया। इस दिन इम्फाल में पी० एल० ए० के झंडे ६ जगह फहराये गये।

दूसरी ओर गिरफ्तार किये गये 'प्रीपाक' के नेताओं—मईपाक शर्मा तथा राजकुमार तुलचंद्र सिह ने पुलिस को पूछताछ में बताया कि मणिपुर के दो मंत्रियों ने विध्वंसक कार्य के लिए पैसा दिया। जब मणिपुर पुलिस उग्रपंथियों को नहीं दबा सकी, तो दोरेन्द्र सिह ने सेना की सहायता लेना उचित समझा। दोरेन्द्र सिह ने प्रधानमंत्री तथा गृहमंत्री को इस सम्बन्ध में रिपोर्ट भी भेजी। परिणाम यही हुआ कि मणिपुर में सेना भेज दी गयी।

भूमिगत संगठन के युवकों को चुन-चुन कर पकड़ने का काम सेना कर रही है और १५ नवम्बर, १९८० के बाद से दिसम्बर के अंत तक २०० आतंकवादी गिरफ्तार किये जा चुके हैं। इनमें ३४ पी० एल० ए० उग्रवादी हैं। सेना अपना काम कर रही है, किन्तु मणिपुर के कांग्रेस (इ) के एक वरिष्ठ नेता का कहना है कि केवल बंदूक की नोंक से ही मणिपुर की समस्या का समाधान नहीं होगा।

उन्होंने कहा, "एक लाख शिक्षित बेरोजगारों के हाथ में जब तक रोजगार नहीं होगा, वे बारूद को मुट्ठी में भींचे रहेंगे और यहां के लोगों का 'गुपचुप समर्थन भी उन्हें मिलता रहेगा।"

—ब्रजेन्द्र रेही

५५

राजकुमार दोरेन्द्र सिंह द्वारा अपने मुख्यमंत्रित्वकाल में उग्रवादियों के पुनर्वास के लिए जो कार्य किए वे पोंछ दिए गए। पृथकतावादी शक्तियां तथा सी.पी.के. (कम्युनिस्ट पार्टी ऑफ कांगलीपाक) ने आरोप लगाया कि भूतपूर्व मुख्यमंत्री दोरेन्द्र सिंह तथा उनके साथी उग्रवादियों को कुचलने के दोषी हैं। इससे पहले यह खबर भी आयी कि 18 युवकों को चीनी अधिकारियों ने 'ल्हासा' में गुरिल्ला–लड़ाई का प्रशिक्षण दिया है। इन युवकों ने मणिपुर घाटी तथा बर्मा और तिब्बत के भूमिगत शिविरों में लगभग चार सौ युवकों को प्रशिक्षित किया है। कहा जाता है कि ये सभी उग्रवादी मणिपुर घाटी तथा इम्फाल शहर में फैल गए हैं।

कड़े पहरे के बावजूद वर्ष 1973 में जेल से उग्रपंथियों के भागने की 4 घटनाएं हुईं। पहली घटना 18 जनवरी, 1973 को हुई, जब राजन अचौबा सिंह भागा। इसे 13 दिसम्बर, 1980 को गिरफ्तार किया गया। अचौबा पी.एल.ए. के प्रमुख नेताओं में है और इसको पकड़वाने के लिए इनाम घोषित किया गया था। दूसरी घटना अगस्त में हुई, जब अदालत में पुलिस जवानों की हत्या करके उनकी हिरासत से थोंगम कबीचंद्रा भाग निकला। 11 अगस्त को इम्फाल सेंट्रल जेल से शेष बचे उग्रपंथी भी भागने में सफल हो गए। 1980 में दोरेन्द्र सिंह पुनः मुख्यमंत्री बने। कहा जाता है कि इस बार उग्रपंथियों ने इनकी बात मानने से इनकार कर दिया। इस बीच भारत स्थित अमरीकी राजदूत भी निजी यात्रा पर 'इम्फाल' का दौरा कर आए।

विशेष सुरक्षा ब्यूरो (एस.एस.बी.) तथा पुलिस में भी अपनी सुरंग बिछाने में उग्रवादी कामयाब हो गये, किन्तु वरिष्ठ अधिकारी समय पर चौकन्ने हो गए। 26 सितम्बर, 1980 को एस.एस.बी. के 6 कर्मचारियों को पुलिस ने गिरफ्तार किया। इन पर 45 हजार रुपए पी.एल.ए. से रिश्वत लेने का आरोप था। पुलिस ने रिश्वत की राशि भी बरामद कर ली।

पी.एल.ए. के उग्रपंथी युवकों ने सरकारी ठिकानों पर हमले बोलने शुरू कर दिए। 1980 के शुरू में इम्फाल बाजार में सेना के तीन जवानों को आतंकवादियों ने गोली से उड़ा दिया। 26 मार्च को दो जवान और मार डाले गए। 13 अगस्त को उग्रपंथियों ने देशभक्त दिवस मनाया। इस दिन इम्फाल में 6 स्थानों पर पी.एल.ए. के झंडे फहराए गए।

दूसरी ओर गिरफ्तार किए गए 'प्रीपाक' के नेताओं–मईपाक शर्मा तथा राजकुमार तुलचंद्र सिंह ने पुलिस को पूछताछ में बताया कि मणिपुर के दो मंत्रियों ने विध्वंस के लिए पैसा दिया। जब मणिपुर पुलिस उग्रपंथियों को नहीं दबा सकी तो दोरेन्द्र सिंह ने सेना की

सहायता लेना उचित समझा। दोरेन्द्र सिंह ने प्रधानमंत्री तथा गृहमंत्री को इस सम्बन्ध में रिपोर्ट भी भेजी। परिणाम यही हुआ कि मणिपुर में सेना भेज दी गई।

भूमिगत संगठन के युवकों को चुन–चुन कर पकड़ने का काम सेना कर रही है और 15 नवम्बर, 1980 के बाद से दिसम्बर के अंत तक 200 आतंकवादी गिरफ्तार किए जा चुके हैं। इनमें से 34 पी.एल.ए. उग्रवादी हैं। सेना अपना काम कर रही है, किन्तु मणिपुर के कांग्रेस (इ) के एक वरिष्ठ नेता का कहना है कि केवल बंदूक की नोंक से ही मणिपुर की समस्या का समाधान नहीं होगा।

उन्होंने कहा, ''एक लाख शिक्षित बेरोजगारों के हाथ में जब तक रोजगार नहीं होगा, वे बारूद को मुट्ठी में भींचे रहेंगे और यहां के लोगों का 'गुपचुप समर्थन भी उन्हें मिलता रहेगा।'

7

क्या जज का अपहरण एक 'नाटक' था?

(मई, 1981)

18 मार्च के समाचार पत्रों में राजस्थान के एक जज के दिल्ली से गायब हो जाने की खबर सुर्खियों में छपी, लेकिन अगले ही दिन प्रतिक्रिया हुई कि सब नाटक है, ढोंग है। क्या सचमुच में यह कोई नाटक था या एक ऐसी घटना, जो नाटक जैसी ही लगती है?

वह 9 मार्च का दिन था। दोपहर के साढ़े तीन बजे होंगे। नई दिल्ली के बिड़ला मंदिर की धर्मशाला के उस कमरे के दरवाजे किसी ने खटखटाए थे, जिसमें राजस्थान के झुंझनू जिले के जिला एवं सत्र न्यायाधीश मंगतराय मित्रुका अपनी पत्नी व पुत्र के साथ ठहरे हुए थे। वह उच्चतम न्यायालय के मुख्य न्यायाधीश वाई.वी. चन्द्रचूड़ से मिलने और उन्हें न्यायपालिका में व्याप्त भ्रष्टाचार की कथा सुनाने आए थे। उस समय श्री मित्रुका धर्मशाला में नहीं थे। उनकी पत्नी ने दरवाजा खोला। चेचक के दाग और काले चेहरे वाले एक आदमी ने पूछा, "मि. मित्रुका कहां हैं ?" उसके साथ एक गोरा और आकर्षक नाक–नक्श वाला युवक भी था।

श्रीमती मित्रुका को लगा कि ये लोग न्यायिक अधिकारी नहीं हो सकते। एक क्षण में ही उन्होंने कहा–"नहीं हैं। बाहर गए हैं।" दरवाजा बंद करते–करते उन्होंने सुना

खोज खबर

क्या जज का अपहरण एक 'नाटक' था?

क्या श्री मित्रुका किसी षड्यंत्र के शिकार हैं ?

मार्च के समाचारपत्रों में राजस्थान के एक जज के दिल्ली से गायब की खबर सुर्खियों में न अगले ही दिन प्रतिक्रियां ह सब नाटक है, ढोंग है। च में यह कोई नाटक था ऐसी सच्ची घटना, जो ी ही लगती है ?

मार्च का दिन था। दोपहर ीन बजे होंगे। नई दिल्ली मंदिर की धर्मशाला के के द ःजे किसी ने खट- जिसमें राजस्थान के झुंझनू जिला एवं सत्र न्यायाधीश मित्रुका अपनी पत्नी–पुत्र हरे हुए थे। वह उच्चतम के मुख्य न्यायाधीश वाई० चूड़ से मिलने और उन्हें का में व्याप्त भ्रष्टाचार की ाने आये थे। उस समय ा धर्मशाला में नहीं थे। ली ने दरवाजा खोला। दाग और काले चेहरे वाले -से आदमी ने पूछा, "मि० हां हैं?" उसके साथ एक आकर्षक नाक-नक्श वाला था।

ी मित्रुका को लगा कि ये यिक अधिकारी नहीं हो क्षण में ही उन्होंने कहा हैं। बाहर गये हैं।" ंद करते-करते उन्होंने सुना जजों की शिकायतें करता नेतागिरी करने गया है। टर से मिलने गया होगा।" में श्री मित्रुका उस समय ाधीश चन्द्रचूड़ से मिलने र में गये थे। न्यायमूर्ति चन्द्रचूड़ ने दिल्ली न्यायिक संघ के मार्फत श्री मित्रुका को ६ मार्च को मध्यान्ह १ बजकर १५ मिनट पर मिलने का समय दिया था। श्री मित्रुका राजस्थान की न्यायपालिका में स्वच्छता लाने के लिए स्थानीय जजों का स्थानांतरण किये जाने की मांग कर रहे थे। इस संदर्भ में वह २ अगस्त, १९८० को प्रधानमंत्री श्रीमती गांधी से भी मिले थे। जब सात माह तक कोई कार्रवाई नहीं हुई, तो १८ फरवरी १९८१ से उन्होंने मौनव्रत और आंशिक अन्न-त्याग सत्याग्रह शुरू कर दिया था। उन्होंने ३ मार्च को एक छपी हुई विज्ञप्ति भी बंटवाई थी, जिसमें जनता से पूछा गया था कि क्या आप चाहते हैं कि कुछ 'बड़े लोग' अपनी शक्ति और 'सत्ता के दुरुपयोग से 'गणतंत्र की हत्या' का दुस्साहस और कर्त्तव्यनिष्ठ कार्यकर्ताओं की 'हत्या' का षड्यंत्र रचते रहें ?

श्री मित्रुका के अनुसार ६ मार्च को मुख्य न्यायाधीश से उनकी बातचीत बेबाक और खरी-खरी हुई थी।

वहां से लौटकर जब वह धर्मशाला आये, तो उन्हें 'अज्ञात' लोगों की जानकारी मिली। वह १० मार्च को अपने मित्र दिल्ली के अतिरिक्त सत्र न्यायाधीश आर० एल० गुप्ता के यहां रहने आ गये। श्री गुप्ता सिविल लाइन्स में रहते हैं। श्री मित्रुका का यह भी कहना है कि उन्होंने और गुप्ताजी के पड़ोसी एक वरिष्ठ अधिकारी ने भी दो अज्ञात व्यक्तियों और एक लाल रंग की एम्बेसेडर कार को सिविल लाइन्स का चक्कर लगाते देखा था।

१६ मार्च को श्री मित्रुका हवाई चप्पल, पाजामा, कुर्ता और स्वेटर पहने तथा मफलर डाले गुप्ताजी के घर के बाहर निकले ही थे कि उन्हें अज्ञात लोग पुनः दिखायी दिये। वे उनके पीछे-पीछे अंतरराज्यीय बस अड्डे तक पहुंच गये। दोनों व्यक्ति बार-बार पीछे देखते जा रहे थे और श्री मित्रुका उनका पीछा कर रहे थे।

अन्तरराज्यीय बस अड्डे से श्री मित्रुका मथुरा जाने वाली बस में सवार हो गये, क्योंकि रहस्यमय व्यक्ति इसी बस में चढ़े थे। श्री मित्रुका के अनुसार : मथुरा में रेलवे क्रासिंग और स्टेट बैंक के पास सड़क के किनारे रिवाल्वर की नोक पर अपहरण किया गया। वह सफेद-सी दिखने वाली एम्बेसेडर कार थी और उसमें पीछा करने वाले दोनों बदमाश तथा एक ड्राइवर था। मेरी आंखों पर मेरा मफलर बांध दिया गया और कोई ४०–४५ मिनट की यात्रा करने के बाद किसी जगह उतारा गया। वहां एक छोटे-से कमरे में कैद कर दिया गया। १८ तारीख की रात लगभग पौने नौ बजे के आसपास मेरे सिर पर कम्बल डालकर कार में बिठाया गया और रास्ते में एक जगह कार से उतार दिया गया। वहां सड़क पर आ रहे एक स्कूटर को मैंने रोका। उनको अपनी दास्तान सुनायी। आर० के० वर्मा मुझे अपने स्कूटर पर बिठाकर मथुरा लाये। उसी रात्रि को साढ़े बारह बजे मैं मथुरा कोतवाली पुलिस में रपट लिखाने गया। वहां पुलिस अधीक्षक तथा डाक्टर का व्यवहार अत्यंत दुर्भावनापूर्ण था। मेरे बायें हाथ पर चाकू का एक इंच गहरा घाव था

"हाईकोर्ट जजों की शिकायतें करता रहता है। नेतागिरी करने गया है। लॉ मिनिस्टर से मिलने गया होगा।"

सचमुच में श्री मित्रुका उस समय मुख्य न्यायाधीश चन्द्रचूड़ से मिलने उनके चैम्बर में गए थे। न्यायमूर्ति चन्द्रचूड़ ने दिल्ली न्यायिक संघ के मार्फत श्री मित्रुका को 9 मार्च को मध्यान्ह 1 बजकर 15 मिनट पर मिलने का समय दिया था। श्री मित्रुका राजस्थान की न्यायपालिका में स्वच्छता लाने के लिए स्थानीय जजों का स्थानांतरण किए जाने की मांग कर रहे थे। इस संदर्भ में वह 2 अगस्त, 1980 को प्रधानमंत्री श्रीमती इंदिरा गांधी से भी मिले थे। जब सात माह तक कोई कार्रवाई नहीं हुई, तो 18 फरवरी 1981 से उन्होंने मौनव्रत और आंशिक अन्न–त्याग सत्याग्रह शुरू कर दिया था। उन्होंने 3 मार्च को एक छपी हुई विज्ञप्ति भी बंटवाई थी, जिसमें जनता से पूछा गया था कि क्या आप चाहते हैं कि कुछ 'बड़े लोग' अपनी शक्ति और 'सत्ता के दुरुपयोग से गणतंत्र की हत्या' का दुस्साहस और कर्तव्यनिष्ठ कार्यकर्ताओं की 'हत्या' का षड्यंत्र रचते रहें?

श्री मित्रुका के अनुसार 9 मार्च को मुख्य न्यायाधीश से उनकी बातचीत बेबाक और खरी–खरी हुई थी।

वहां से लौटकर जब वह धर्मशाला आए, तो उन्हें 'अज्ञात' लोगों की जानकारी मिली। वह 10 मार्च को अपने मित्र दिल्ली के अतिरिक्त सत्र न्यायाधीश आर.एल. गुप्ता के यहां रहने आ गए। श्री गुप्ता सिविल लाइन्स में रहते हैं। श्री मित्रुका का यह भी कहना है कि उन्होंने और गुप्ताजी के पड़ोसी एक वरिष्ठ अधिकारी ने भी दो अज्ञात व्यक्तियों और एक लाल रंग की एम्बेस्डर कार को सिविल लाइन्स का चक्कर लगाते देखा था।

19 मार्च को श्री मित्रुका हवाई चप्पल, पाजामा, कुर्ता और स्वेटर पहने तथा मफलर डाले गुप्ताजी के घर के बाहर निकले ही थे कि उन्हें अज्ञात लोग पुनः दिखाई दिए। वे उनके पीछे–पीछे अंतर्राज्यीय बस अड्डे तक पहुंच गये। दोनों व्यक्ति बार–बार पीछे देखते जा रहे थे और श्री मित्रुका उनका पीछा कर रहे थे।

अन्तर्राज्यीय बस अड्डे से श्री मित्रुका मथुरा जाने वाली बस में सवार हो गए, क्योंकि रहस्यमय व्यक्ति इसी बस में चढ़े थे। श्री मित्रुका के अनुसार : मथुरा में रेलवे क्रासिंग और स्टेट बैंक के पास सड़क के किनारे रिवाल्वर की नोंक पर अपहरण किया गया। वह सफेद–सी दिखने वाली एम्बेस्डर कार थी और उसमें पीछा करने वाले दोनों बदमाश तथा एक ड्राइवर था। मेरी आंखों पर मेरा मफलर बांध दिया गया और कोई 40–45 मिनट

की यात्रा करने के बाद किसी जगह उतारा गया। वहां एक छोटे–से कमरे में कैद कर दिया गया। 18 तारीख की रात लगभग पौने नौ बजे के आसपास मेरे सिर पर कम्बल डाल कर कार में बिठाया गया और रास्ते में एक जगह कार से उतार दिया गया। वहां सड़क पर आ रहे एक स्कूटर को मैंने रोका। उनको अपनी दास्तान सुनाई। आर.के. वर्मा मुझे अपने स्कूटर पर बिठाकर मथुरा लाए। उसी रात्रि को साढ़े बारह बजे मैं मथुरा कोतवाली पुलिस में रपट लिखाने गया। वहां पुलिस अधीक्षक तथा डाक्टर का व्यवहार अत्यंत दुर्भावनापूर्ण था। मेरे बाएं हाथ पर चाकू का एक इंच का गहरा घाव था तथा मेरे कुर्ते की बांह खून से लथपथ थी, किन्तु पुलिस ने उसे रिकार्ड में शामिल नहीं किया। रिपोर्ट में मेरे घाव को एक सामान्य रगड़ ही लिखा गया। मुझे 19 मार्च की शाम कोई 5 बजकर 45 मिनट पर दिल्ली लाया गया।

दिल्ली आने के बाद श्री मित्रुका कानूनमंत्री के यहां गए। जब वह नहीं मिले, तो वह प्रधानमंत्री निवास भी गए। उनके साथ उनका पुत्र रूपकुमार तथा भाई भी थे। श्रीमती गांधी संसद गई हुई थीं, इसलिए दस पन्द्रह मिनट में ही वह दर्द के कारण लौट आए। तीन दिन दिल्ली में रहने के बाद श्री मित्रुका 22 मार्च को झुंझुनू लौट गए।

श्री मित्रुका से मिलने 25 मार्च को मैं झुंझुनू गया। उस समय सवेरे के कोई सवा सात बजे होंगे। जब मैं श्री मित्रुका के सरकारी आवास पर पहुंचा, वहां तैनात सशस्त्र पुलिस कर्मचारी ने मुझे रोक लिया। पूछने पर बताया कि साहब आठ बजे उठते हैं। लगभग सवा आठ बजे मैं पुनः वहां पहुंचा। बंगले में पहुंचते ही मेरी मुलाकात उनके पुत्र रूपकुमार से हुई। इस आश्वासन के बाद मुझे श्री मित्रुका से मिलने दिया गया कि मैं ज्यादा बातचीत नहीं करूंगा।

उस समय वह काफी कमजोर लग रहे थे तथा पलंग पर लेटे हुए थे। घर में अजीब–सी खामोशी थी। घर का हर सदस्य मुझे शंका की निगाह से देख रहा था।

बातचीत शुरू हुई, तो मैंने कहा आपके अपहरण का किस्सा एक नाटक लगता है। इस जवाब में उन्होंने कहा–"मैं उनसे पूछना चाहता था कि आखिर आप लोग मेरा पीछा क्यों कर रहे हैं? मैं इसी इरादे से उनके पीछे–पीछे अंतर्राज्यीय बस अड्डे तक पहुंच गया था।

"मेरा अपहरण कतई नाटक नहीं है। जिस परिस्थिति में मैंने पीछा किया, वह स्वाभाविक नहीं थी। मैं 'प्रोक्सीवोन' (दर्दनाशक नशीली दवा) के प्रभाव में था। उसकी 'डबल डोज' ले रखी थी। मेरे पास ऐसे परिस्थितिजन्य प्रमाण हैं, जिससे यह सिद्ध होता है

कि यह षड़यंत्र दो साल से चल रहा था कि मुझे नौकरी से निकाल दिया जाए। मेरा अपहरण जान लेने के लिए नहीं, बल्कि जान से मारने की धमकी देकर कागजों पर हस्ताक्षर कराने के लिए किया गया।

"उन लोगों के पास दो कोरे कागज तथा एक टाइप किया हुआ कागज था, जिन पर मैंने दस्तखत कर दिए थे। उनकी बातचीत से मुझे यह लगा कि सर्वोच्च न्यायाधीश तक यह चाहते हैं कि मैं नौकरी से इस्तीफा दे दूं।

".....दूसरे दिन यानी 19 मार्च को मैंने मथुरा से ही राजस्थान के मुख्य न्यायाधीश को एक तार भेजकर अनुरोध किया कि यदि मेरा त्यागपत्र आपके पास आ जाए, तो उसे स्वीकार न करें, क्योंकि वह मेरे द्वारा भेजा गया नहीं होगा। मैं नौकरी नहीं छोड़ रहा हूं।"

उल्लेखनीय है कि भूख हड़ताल और मौनव्रत के दौरान ही श्री मित्रुका का झुंझुनू से स्थानांतरण कर दिया गया था। स्थानांतरण आदेश दिल्ली में दिया गया तथा प्रतीक्षा सूची में नाम रख दिया गया। वैसे वह विगत तीन माह से अवैतनिक अवकाश पर हैं। उनका कहना है कि 'मेडिकल लीव' उन्हें नहीं दी जा रही है।

मित्रुका–विवाद की कहानी 1977 से ही शुरू हो जाती है। राजस्थान उच्च न्यायालय के तत्कालीन मुख्य न्यायाधीश चांदमल लोढ़ा ने 24 दिसम्बर, 1977 को श्री मित्रुका के विरुद्ध उनके द्वारा केन्द्रीय गृहमंत्री को नवम्बर 1977 में लिखे गए पत्र के संदर्भ में अदालत की मानहानि करने का मुकदमा चलाने का आदेश दिया था। उस दिन छुट्टी का दिन था, तब भी आदेश दिया गया। श्री मित्रुका को बाद में निलंबित कर दिया गया था। इस आदेश के विरुद्ध उन्होंने उच्च न्यायालय की खंडपीठ में अपील की। मार्च 1978 में फैसला दिया गया, जिसमें श्री मित्रुका को आरोपमुक्त कर दिया गया। अपने फैसले में न्यायाधीशों ने माना कि श्री मित्रुका द्वारा गृहमंत्री को लिखे गए पत्र में लगाये गए आरोप न्यायाधीशों के विरुद्ध नहीं हैं, वरन् न्यायालयों के कार्यालयों में हो रहे भ्रष्टाचार से सम्बन्धित हैं।"

श्री मित्रुका को बहाल कर दिया गया और बाद में श्री मित्रुका का स्थानांतरण झुंझुनू हो गया।

3 अगस्त, 1980 को राजस्थान उच्च न्यायालय के मुख्य न्यायाधीश के.डी. शर्मा ने श्री मित्रुका को एक चार्जशीट दी, जिसमें उन पर 30 अगस्त, 1978 को झालावाड़ के तत्कालीन सत्र न्यायाधीश ए.आर. भंसाली को झालावाड़ में 4 वकीलों के सामने भ्रष्ट कहने का आरोप लगाया गया। यह चार्जशीट घटना के दो साल बाद दी गयी। उक्त चार्जशीट

झालावाड़ के एक एडवोकेट धन्नालाल गुप्ता के 1 सितम्बर, 1978 के प्रार्थना–पत्र के आधार पर दी गयी थी। गुप्ता ने बाद में 21 जनवरी, 1981 को श्री मित्रुका के नाम एक पत्र में खेद प्रकट करते हुए लिखा, "मैं अपने कुछ सीनियर वकीलों एवं भंसाली द्वारा रचे गये षड्यंत्र का शिकार हुआ हूं तथा उस प्रार्थना पत्र का मजमून भी उन्हीं के द्वारा बनाया गया था।" इतना ही नहीं जिस प्रार्थना पत्र के आधार पर वर्तमान मुख्य न्यायाधीश ने कार्रवाई की, वह पत्र जस्टिस होनैया को मिला था। बावजूद उसके होनैया ने मित्रुका को 22 सितम्बर, 1978 को एक प्रशंसापत्र भी दिया।

श्री मित्रुका का यह भी कहना है कि जो लोग राजस्थान न्यायिक सेवा संघ के 24 दिसम्बर, 1978 के चुनाव में पराजित हो गए, उन्हीं लोगों में 10 लोग ऐसी हरकतें करने लगे हैं, जिनसे मुझे खतरा पैदा हो गया है।

16 वर्ष तक वकालत करने और सात वर्ष से न्यायिक सेवा में रहने वाले श्री मित्रुका का कहना है, "यदि मुझे नाटक की रचना करनी होती, तो दिल्ली में बैठे–बैठे ही कोई कहानी गढ़ सकता था।"

वैसे अपहरण की घटना के बाद से श्री मित्रुका परिवार के सभी सदस्य भयग्रस्त हैं। परिवार के लोगों को श्री मित्रुका की जान का खतरा है। पिछले दो वर्षों में अनेक बार कुछ लोगों द्वारा गंभीर परिणाम की धमकियां दी गई हैं। जिलाधीश झुंझुनू ने फरवरी, 1981 से श्री मित्रुका की सुरक्षा का समुचित इंतजाम कर दिया है।

27 फरवरी, 1981 को दिल्ली आने से पहले श्री मित्रुका ने एक चार पृष्ठ की अपील देश के न्यायिक अधिकारियों के नाम प्रसारित की थी, इसके अलावा एक पत्र भी दिल्ली भेजा, जिसमें कहा गया–"अगर मैं किराये के असामाजिक तत्वों द्वारा मारा जाऊं या मर जाऊं, तो तथ्यों को सीलबंद लिफाफे में छोड़कर जा रहा हूं। उसमें कई बड़े–बड़े लोगों के नाम हैं।" जो भी हो इस घटना से यही आभास होता है कि राजस्थान की न्यायपालिका कहीं षड्यंत्रों और राजनीति का शिकार तो नहीं हो गयी है?

8

टकराहट का नया दौर

(अगस्त, 1981)

क्या सरकार द्वारा किसी उच्च न्यायालय के अस्थायी अतिरिक्त न्यायाधीश की सेवाएं जारी न रखने को, कार्यपालिका और न्यायपालिका के बीच टकराहट की संज्ञा दी जा सकती है? क्या किसी निश्चित व्यवस्था के समर्थक न्यायाधीश को नौकरी से अलग करना न्यायपालिका की गरिमा को गिराना है? क्या इस प्रकार के कदम उठाकर कार्यपालिका, न्यायपालिका की निष्पक्षता को चोर दरवाजे से चोट पहुंचाना चाहती है? ये चंद सवाल हैं जो जून के पहले सप्ताह में तब उभरे, जब सरकार ने दिल्ली उच्च न्यायालय के दो अतिरिक्त (अस्थायी) न्यायाधीशों का कार्यकाल बढ़ाने के बजाए, उन्हें सेवानिवृत्त कर दिया।

न्यायाधीशों की नियुक्ति

संविधान की दो धाराएं हैं– 217 और 224 – धारा 217 के अनुसार स्थायी जज की नियुक्ति की जाती है। इस धारा में कहा गया है कि स्थायी न्यायाधीश की नियुक्ति से पहले राष्ट्रपति सम्बन्धित उच्च न्यायालय की राय जानेंगे। इतना ही नहीं, इस धारा के तहत जिस न्यायाधीश की नियुक्ति होगी, वह 62 वर्ष की आयु होने पर ही अवकाश ग्रहण करेगा। इसके लिए सरकार को कोई अलग आदेश देना नहीं पड़ेगा।

रस्साकशी का एक छोर यह :
मुख्य न्यायाधीश श्री चन्द्रचूड़

..और एक छोर यह :
कानूनमंत्री पी० शिव शंकर

न्यायपालिका बनाम सरकार

टकराहट का नया दौर

न्यायपालिका की निष्पक्षता को चोट पहुंचाने के तरीके

क्या सरकार द्वारा किसी उच्च न्यायालय के अस्थायी अतिरिक्त न्यायाधीश की सेवाएं जारी न रखने को, कार्यपालिका और न्यायपालिका के बीच टकराहट की संज्ञा दी जा सकती है ? क्या किसी निश्चित व्यवस्था के समर्थक न्यायाधीश को नौकरी से अलग करना न्यायपालिका की गरिमा को गिराना है ? क्या इस प्रकार के कदम उठाकर कार्यपालिका, न्यायपालिका की निष्पक्षता को चोर दरवाजे से चोट पहुंचाना चाहती है ? ये चंद सवाल हैं जो जून के पहले सप्ताह में तब उभरे, जब सरकार ने दिल्ली उच्च न्यायालय के दो अतिरिक्त (अस्थायी) न्यायाधीशों का कार्यकाल बढ़ाने के बजाय, उन्हें सेवानिवृत्त कर दिया।

न्यायाधीशों की नियुक्ति

संविधान की दो धाराएं हैं—२१७ और २२४। धारा २१७ के अनुसार स्थायी न्यायाधीश की नियुक्ति की जाती है। इस धारा में कहा गया है कि स्थायी न्यायाधीश की नियुक्ति से पहले राष्ट्रपति सम्बन्धित उच्च न्यायालय के मुख्य न्यायाधीश, सर्वोच्च न्यायालय तथा सम्बन्धित राज्य के राज्यपाल की राय जानेंगे। इतना ही नहीं, इस धारा के तहत जिस न्यायाधीश की नियुक्ति होगी, वह ६२ वर्ष की आयु होने पर ही अवकाश ग्रहण करेगा। इसके लिए सरकार को कोई अलग आदेश देना नहीं पड़ेगा।

धारा २२४ के तहत अस्थायी अतिरिक्त न्यायाधीशों की नियुक्ति की जाती है। इनका अधिकतम कार्यकाल दो वर्ष तक होता है। ये नियुक्तियां काम के बोझ को कम करने के लिए की जाती हैं।

इस संदर्भ में दिल्ली उच्च न्यायालय के दो न्यायाधीशों—ओ० एन० वोहरा तथा एस० एन० कुमार के मामलों के संबंध में आलोचकों का कहना है कि सरकार ने संवैधानिक व्याख्याओं को नजरअंदाज करके न्यायाधीशों को नौकरी से हटाया है। सवाल यह उठता है कि सरकार ने ऐसा कदम क्यों उठाया, जिससे कार्यपालिका और न्यायपालिका के बीच एक नयी लड़ाई शुरू हो? इस मामले में इतना तो कहा ही जा सकता है कि जब सरकार कोई काम नियमानुसार नहीं कर पाती है तो उसे करने के लिए "आदेश का हथियार" इस्तेमाल करती है।

दिल्ली उच्च न्यायालय में इस समय १५ स्थायी और १२ अतिरिक्त न्यायाधीश हैं। ये १२ अतिरिक्त, किन्तु अस्थायी न्यायाधीश पिछले ४-५ साल से काम का बोझ कम कर

मुख्य न्यायाधीश श्री चंद्रचूड़

धारा 224 के तहत अस्थायी अतिरिक्त न्यायाधीशों की नियुक्ति की जाती है। इनका अधिकतम कार्यकाल दो वर्ष तक होता है। ये नियुक्तियां काम के बोझ को कम करने के लिए की जाती हैं।

इस संदर्भ में दिल्ली उच्च न्यायालय के दो न्यायाधीशों– ओ.एन. वोहरा तथा एस.एन. कुमार के मामलों के संबंध में आलोचकों का कहना है कि सरकार ने संवैधानिक व्याख्याओं को नजरअंदाज करके न्यायाधीशों को नौकरी से हटाया है। सवाल यह उठता है कि सरकार ने ऐसा कदम क्यों उठाया, जिससे कार्यपालिका और न्यायपालिका के बीच एक नयी लड़ाई शुरू हो? इस मामले में इतना तो कहा ही जा सकता है कि जब सरकार कोई काम नियमानुसार नहीं कर पाती है तो उसे करने के लिए ''आदेश का हथियार'' इस्तेमाल करती है।

दिल्ली उच्च न्यायालय में इस समय 15 स्थायी और 12 अतिरिक्त न्यायाधीश हैं। ये 12 अतिरिक्त न्यायाधीश पिछले 4–5 साल से काम का बोझ कम कर रहे हैं। इनका कार्यकाल दो साल के लिए ही है, किन्तु सरकार बार–बार उसे बढ़ाती जा रही है। दिल्ली उच्च न्यायालय में ही तीन स्थायी जजों के पद खाली पड़े हैं। ये पद पिछले वर्ष से रिक्त हैं, जब न्यायमूर्ति देशपाण्डे, पृथ्वीराज और जोशी रिटायर हुए थे। न्यायमूर्ति वोहरा और कुमार का दो वर्ष का अस्थायी कार्यकाल 7 मार्च, 1981 को समाप्त हो गया था। वरिष्ठता के क्रम में न्यायमूर्ति एन.एन. गोस्वामी और सुलतान सिंह की स्थायी न्यायाधीश के रूप में नियुक्ति की जा सकती थी। तीसरे न्यायाधीश रहे वोहरा, इन्हें भी सरकार स्थायी कर सकती थी, किन्तु इसके विपरीत सरकार ने वोहरा और कुमार को स्थायी करने या कार्यकाल बढ़ाने के बजाए सेवानिवृत्त कर दिया।

यहां यह भी ध्यान रखने योग्य है कि किसी भी न्यायाधीश का कार्यकाल बढ़ाने के सम्बन्ध में सरकार मुख्य न्यायाधीश से उस न्यायाधीश की 'परफोरमेंस' रिपोर्ट मंगवाती

कानूनमंत्री पी शिवशंकर

है। वोहरा और कुमार के मामले में भी यही हुआ और कहा जाता है कि मुख्य न्यायाधीश ने अच्छी रिपोर्ट भेजी थी। इसके बावजूद, क्योंकि सरकार इन जजों का कार्यकाल नहीं बढ़ाना चाहती थी, इन्हें सेवानिवृत्त कर दिया गया।

सरकार ने इन दोनों जजों के मामले में यह रवैया क्यों अपनाया? इसके पीछे के संवैधानिक कारण कोई भी हों, मुख्य कारण कुछ और ही बताये जाते हैं।

कहा जा रहा है कि यदि न्यायमूर्ति ओ. एन. वोहरा ने 'किस्सा कुर्सी का' के मामले में विपरीत निर्णय नहीं दिया होता, तो शायद उनके साथ यह व्यवहार नहीं होता। इसी प्रकार न्यायमूर्ति कुमार ने आपातकाल के दौरान न्यायपालिका की स्वतंत्रता की बात उठायी थी और उनकी पत्नी श्रीमती अर्चना कुमार जनता पार्टी से जुड़ी हुई थीं।

यूं न्यायपालिका और सरकार के बीच यह टकराहट अभी ही शुरू नहीं हुई। इस वर्ष 18 मार्च को केन्द्रीय कानूनमंत्री पी. शिवशंकर ने राज्यों के उच्च न्यायालय के मुख्य न्यायाधीशों से अनुरोध किया था कि राज्यों के उच्च न्यायालयों के अतिरिक्त (अस्थायी) न्यायाधीशों के पदों पर नियुक्त व्यक्तियों से वह यह स्वीकृति ले लें कि उनकी स्थायी न्यायाधीशों के पद पर किसी भी उच्च न्यायालय में नियुक्ति की जा सकती है।

प्रशासनिक व्यवस्था की आड़

कानूनमंत्री के इस परिपत्र से न्यायपालिका और सजग लोगों में एक ऐसी बहस छिड़ गई, जिसमें न्यायपालिका की स्वतंत्रता को खतरा बताया गया। सरकार का तर्क है कि वह न्यायाधीशों के स्थानांतरण नहीं कर रही है, बल्कि स्थायी नियुक्ति के लिए प्रशासनिक व्यवस्था कर रही है। न्यायपालिका की स्वतंत्रता के पक्षधरों का कहना है कि सरकार संविधान की धाराओं का न केवल उल्लंघन कर रही है, बल्कि अपरोक्ष रूप से न्यायाधीशों पर इस प्रकार का दबाव डाल रही है, जिससे कि वे सरकार के साथ कदम मिलाकर चलने को विवश हो जाएं। इस बहस को कांग्रेस–इ के संसदीय दल के वकील सांसदों ने और आगे बढ़ाया, किन्तु अपने नजरिये से। 29 मई को इन सांसदों ने कहा कि मुख्य न्यायाधीश चन्द्रचूड़ के विचार सरकार के विभिन्न अंगों के आपसी विश्वास पर आघात

करने वाले हैं। इतना ही नहीं, 4 जून को भूतपूर्व विधिमंत्री अशोक सेन ने अखिल भारतीय कांग्रेस–इ कमेटी के विधि–प्रकोष्ठ की सभा में धमकी भरे शब्दों में कहा कि अगर न्यायाधीश संविधान की सीमाओं के बाहर जाकर राजनीतिक विवादों में पड़ते हैं, तो वह संसद को अपने खिलाफ महाअभियोग के लिए उत्तेजित करेंगे। न्यायाधीशों के प्रति जिस भाषा का इस्तेमाल इन दिनों सत्ताधारी दल के राजनीतिज्ञों ने किया है, उससे यह आशंका होना अस्वाभाविक नहीं कि सत्ताधारी दल न्यायपालिका के रवैये को बदलने के लिए छटपटा रहा है, किन्तु उसे कोई रास्ता नहीं सूझ रहा है। वैसे भी अदालतों के साथ कांग्रेस–इ की टकराहट नई नहीं है। इलाहाबाद उच्च न्यायालय के बहुचर्चित फैसले और आपातकाल के दौरान सरकार ने जो कदम उठाए, उस संदर्भ में ऐसे आरोप लगाए जाते रहे हैं कि सरकार न्यायपालिका की गरिमा को चोट पहुंचा रही है।

यह समझ में आने वाली बात नहीं है कि सरकार और उससे जुड़े राजनीतिक दल के नेता ससंद के काम में न्यायपालिका को बाधक क्यों मानते हैं? संविधान में न्यायपालिका की स्वतंत्रता को बनाये रखने के लिए अनेक प्रावधान हैं। यदि प्रशासनिक व्यवस्था ठीक नहीं चलती है और जनहित के काम करने के रास्ते में बाधाएं आती हैं, तो उसे दूर करने के लिए सरकार के पास अनेक संवैधानिक अधिकार हैं। उन अधिकारों का इस्तेमाल करने से सरकार को कोई नहीं रोकता है। इस मामले में भूमि सुधार, बाल विवाह, कृषि आय से सम्बन्धित ऐसे अनेक कानून हैं, जिनको कारगर ढंग से क्रियान्वित करने में सरकार सफल नहीं हुई है, लेकिन दोष अदालतों पर मढ़ा जा रहा है। अदालतें हस्तक्षेप कर सकती हैं। लेकिन उसकी सफल क्रियान्विति सरकार पर निर्भर करती है। इसमें शक नहीं कि यदि सरकार अपनी असफलता को छिपाने के लिए न्यायपालिका के साथ टकराहट का दौर शुरू करती है, तो वह लोकतंत्र के लिए खतरनाक ही हो सकता है।

▼ ▼ ▼

विवाद

साजिदा बेगम की शादी

एक कहे सारी, एक कहे आधी !

शादी यूं तो दिल का मामला है, मगर दिल्लगी भी हो जाती है—जब राजनीति के सुरखाब पंख फैलाना शुरू कर देते हैं।

"अफसोस है कि मेरी बीवी मुझसे इजाजत लिये बिना राजनीतिज्ञों के साथ घुल-मिल रही है। पंजाब के शिक्षामंत्री हरचरणसिंह अजनाला से वह घंटों बंद कमरे में बातें करती रही...लुधियाना में वह गृहमंत्री ज्ञानी जैलसिंह के निजी सहायक से मिलने मुझसे पूछे बिना चली गयी...और फिर १४ अगस्त को तीन रातें उसने दिल्ली में गुजारीं...साजिदा एक हिन्दुस्तानी बीवी की तरह नहीं रह रही है।" पिछले दिनों अकाली दल के नेता व भूतपूर्व विधायक हाजी अनवार अहमद ने अपनी नयी बेगम साजिदा के बारे में कुछ इसी तरह के बयान दिये।

जाहिर है, साजिदा बेगम भी बहुत चुप रहने वाली नहीं हैं। उन्होंने भी दनादन वक्तव्य दे डाले—"अनवार की निगाह मेरी दौलत पर है...अनवार को मैं सी०बी०आई० जांच से कहां तक बचा सकती हूं...मैं राजनीतिक मामलों में बिल्कुल आजाद हूं और जहां चाहूं आ-जा सकती हूं।"

मियां-बीवी के इस तरह के परस्पर विरोधी वक्तव्यों ने उस विवादास्पद शादी को फिर सुर्खियों में ला दिया है, जो शुरू से ही वैयक्तिकता और राजनीति के सीमांत पर खड़ी थी।

मैं २० अगस्त की शाम को बस से मालेरकोटला पहुंचा और सीधा 'शीशमहल' यानी साजिदा बेगम की रिहायश की ड्योढ़ी पर जा धमका। मैं बाहर ही खड़ा था कि एक चौकीदार आया।

"किससे मिलना है ?"—कड़क अंदाज में उसने पूछा।

मैंने जबर्दस्ती मुस्कराते हुए कहा—"बेगम साहिबा से।"

"क्यों ?"—मेरे कंधे पर झूलते कैमरे को देखते हुए वह कुछ भांपने की कोशिश करता हुआ बोला।

"यूं ही। एक चिट्ठी लाया हूं।"—मैने लापरवाही से कहा।

"अच्छा। दरबारा सिंह ने चिट्ठी दी होगी।" आश्वस्त होकर वह मुझे एक कमरे में ले गया। कुछ देर बाद वह बेगम से मिलकर आया और मुझे दूसरे दिन यानी २१ अगस्त को सवेरे १० बजे आने के लिए कहा।

रात को मालेरकोटला के एक पत्रकार मित्र से मैंने बेगम की चर्चा की, तो वह कहने लगा—"बहुत तेज औरत है वह। समय देकर भी आपसे नहीं मिलेगी।"

दूसरे दिन यह बात सच साबित हुई। निश्चित समय पर जब मैं शीशमहल

शादी के रंग में सियासी भंग : नये पति अनवार के साथ साजिदा बेगम

9

साजिदा बेगम की शादी एक कहे सारी, एक कहे आधी!

(अक्टूबर, 1981)

"अफसोस है कि मेरी बीवी मुझसे इजाजत लिए बिना ही राजनीतिज्ञों के साथ घुल–मिल रही है। पंजाब के शिक्षामंत्री हरचरणसिंह अजनाला से वह घंटों बंद कमरे में बातें करती रही.... लुधियाना में वह गृहमंत्री ज्ञानी जैलसिंह के निजी सहायक से मिलने मुझसे पूछे बिना चली गई.... और फिर 14 अगस्त को तीन रातें उसने दिल्ली में गुजारीं.... साजिदा एक हिन्दुस्तानी बीवी की तरह नहीं रह रही है।" पिछले दिनों अकाली दल के नेता व भूतपूर्व विधायक हाजी अनवार अहमद ने अपनी नई बेगम साजिदा के बारे में कुछ इसी तरह के बयान दिए।

जाहिर है, साजिदा बेगम भी बहुत चुप रहने वाली नहीं हैं। उन्होंने भी दनादन वक्तव्य दे डाले–"अनवार की निगाह मेरी दौलत पर है.... अनवार को मैं सी.बी.आई. जांच से कहां तक बचा सकती हूं.... मैं राजनीतिक मामलों में बिल्कुल आजाद हूं और जहां चाहूं आ–जा सकती हूं।"

मियां–बीवी के इस तरह के परस्पर विरोधी वक्तव्यों ने उस विवादास्पद शादी को फिर सुर्खियों में ला दिया है, जो शुरू से ही वैयक्तिकता और राजनीति के सीमांत पर खड़ी थी।

मैं 20 अगस्त की शाम को बस से मालेरकोटला पहुंचा और सीधा 'शीशमहल' यानी साजिदा बेगम की रिहाइश की ड्योढ़ी पर जा धमका। मैं बाहर ही खड़ा था कि एक चौकीदार आया।

"किससे मिलना है?"–कड़क अंदाज़ में उसने पूछा।

मैंने जबरदस्ती मुस्कराते हुए कहा–"बेगम साहिबा से।"

"क्यों?"–मेरे कंधे पर झूलते कैमरे को देखते हुए वह कुछ भांपने की कोशिश करता हुआ बोला।

"यूं ही। एक चिट्ठी लाया हूं।"–मैंने लापरवाही से कहा।

"अच्छा। दरबारा सिंह ने चिट्ठी दी होगी।" आश्वस्त होकर वह मुझे एक कमरे में ले गया। कुछ देर बाद वह बेगम से मिलकर आया और मुझे दूसरे दिन यानी 21 अगस्त को सवेरे 10 बजे आने के लिए कहा।

रात को मालेरकोटला के एक पत्रकार मित्र से मैंने बेगम की चर्चा की, तो वह कहने लगा–"बहुत तेज औरत है वह। समय देकर भी आपसे नहीं मिलेगी।"

दूसरे दिन यह बात सच साबित हुई। निश्चित समय पर जब मैं शीशमहल में उसी उजड़ी बैठक में इंतजार कर रहा था, एक सज्जन आए और मेरे पास सोफे पर बैठते हुए कान में फुसफुसाया–"बेगम बीमार हैं। मिल नहीं सकेंगी।

"समय तय किया था।"–मैंने कहा।

"फिर भी नहीं मिल सकेंगी।"

और मैं शीशमहल से बाहर निकल आया।

लौटते हुए महल के नजदीकी लोगों से पूछा, तो बताया गया कि बेगम किसी अंदरूनी बीमारी से पीड़ित हैं, लेकिन ऐसा नहीं कि किसी से मिल न सकें। फिर उस आदमी ने मेरे कान में कहा–"गर्भाशय के कैंसर से पीड़ित हैं, इलाज कराने अमरीका जाने वाली थीं, लेकिन अब अनवार से अनबन हो गई है।"

बीमारी की बात कितनी सही है, कहा नहीं जा सकता, लेकिन अगले दिन भी मैं मालेरकोटला में ही टिका रहा। साजिदा, अनवार, नवाब और महल के आसपास के लोगों को कुरेदता रहा। सूत्र–दर–सूत्र कथा उभर कर सामने आने लगी।

बहरहाल, अखबारों की सुर्खियों में मालेरकोटला पिछले 10–11 महीनों में इसलिए उभरा, क्योंकि यहां के नवाब इफ्तिखार अली खान ने पिछले वर्ष 22 नवम्बर को तीन बेगमों में से एक–सबसे छोटी आकर्षक व्यक्तित्व वाली और विधायक–साजिदा बेगम

नवाब इफ्तिखार अली खान

को तलाक दे दिया था। अभी इस घटना की चर्चा पंजाब के गली–मोहल्लों में कान–दर–कान हो ही रही थी कि साजिदा बेगम ने अपने कट्टर राजनीतिक प्रतिद्वंद्वी हाजी अनवार अहमद खान से शादी करके लोगों को हैरत में डाल दिया।

वैसे शादी निहायत व्यक्तिगत मामला है, लेकिन जब कोई ऐसा मामला लोगों के लिए किस्से–कहानी बन जाए, तो उसके पीछे चंद सवाल जरूर होंगे जो आम आदमी की दिलचस्पी जगाते हों। पहला सवाल तो यह है कि 80 वर्षीय नवाब ने लगभग 23 वर्ष के वैवाहिक जीवन के बाद 40 वर्ष की खूबसूरत बेगम को तलाक क्यों दे दिया? तलाक के 18वें दिन साजिदा ने 10 दिसम्बर, 1980 को अपने कट्टर राजनीतिक प्रतिद्वंद्वी अनवार अहमद खान से गुपचुप निकाह क्यों कर लिया? मुस्लिम शरीअत कानून के अनुसार निकाह न करने के कारण देवबंद के दारुल उलूम की धार्मिक अदालत 'दारुल काज़ा' द्वारा विवाह को 'गैरकानूनी' घोषित किया जाना, 21 जून को पुनः नियमानुसार विवाह करने के बाद अगस्त की शुरुआत से ही शादी टूटने की चर्चा और पति–पत्नी द्वारा अखबारों में परस्पर विरोधी वक्तव्य देना भी ऐसे ही सवाल हैं।

जिन दिनों साजिदा बेगम को तलाक दिया गया, उन दिनों वह पंजाब प्रदेश कांग्रेस–इ की महामंत्री भी थीं। उनकी शादी 17 वर्ष की आयु में 40 वर्ष के बुजुर्ग नवाब से हुई थी। वह नवाब की सबसे छोटी और 5वीं बीवी थीं।

महत्वाकांक्षी औरत

इस बात से कोई इनकार नहीं करता कि साजिदा बेगम अत्यन्त महत्वाकांक्षी औरत हैं। यूं वह अधिक पढ़ी–लिखी भी नहीं हैं और न किसी ऐसे खानदान से ताल्लुक

टूटते-बनते रिश्तों का गवाह : शीशमहल

रखती हैं, जिसके पीछे का कोई रियासती इतिहास हो। वह मालेरकोटला के ही एक मामूली हैसियत वाले अब्दुल मजीद खां के घर पैदा हुईं। जानकार लोगों का कहना है कि बेगम शादी के बाद से ही 'सुखी जिन्दगी' जी रही थीं। नवाब से उनको 'कुछ' भी नहीं मिला, अलबत्ता यह एक तथ्य है कि नवाब ने साजिदा से शादी इस उम्मीद से की थी कि वह तो कम–से–कम उन्हें औलाद का सुख देंगी। नवाब सीधे–सपाट आदमी हैं। बिन्दास ज़िन्दगी जी रही साजिदा ने हरचंद कोशिश की कि नवाब को वह खुश रखें, लेकिन वह रियासत के लिए वारिस न दे सकीं। उधर घर का माहौल भी चैन देने वाला नहीं था। अंत में तंग आकर साजिदा राजनीति के गलियारे में मौज की रोशनी ढूंढने निकल पड़ीं। पति ने इसका दबी जुबान से विरोध भी किया, लेकिन साजिदा कहाँ रुकने वाली थीं।

यूं नवाब भी 1967 में कांग्रेस के टिकट पर मालेरकोटला से विधायक चुने गए थे। बाद में वह अकाली दल में शामिल हो गए, किन्तु विधानसभा भंग हो जाने के बाद, वह चुनाव में खड़े नहीं हुए। वे अपनी पहली बेगम यूसुफजमां को कांग्रेस का टिकट दिलाने में सफल हो गए। बेगम चुनाव जीत भी गईं। इधर घर के बुजुर्गों को राजनीति में सक्रिय होते देख साजिदा भी सक्रिय हो गईं। उन्होंने 1972 में कांग्रेस का टिकट हासिल कर लिया और अकाली दल के हाजी अनवार अहमद खान को हराकर विजयी हुईं। 1977 के चुनावों में पुनः साजिदा और अनवार के बीच मुकाबला हुआ और जनता लहर में अनवार चुनाव जीत गए। फिर 1980 के चुनाव में अनवार को मात देकर साजिदा पुनः विधानसभा में पहुंच गईं।

1972 से पहले ही साजिदा ने कांग्रेस के कई नेताओं से अपने संबंध बना लिए थे। जैलसिंह के मंत्रिमंडल (1972–77) में विद्युतमंत्री स्व. गुरुबख्श सिंह सिबिया ने साजिदा को राजनीति के मंच पर उतारा। बाद में साजिदा जैलसिंह के बहुत ही करीब पहुंच गईं। वैसे जैलसिंह के साथ साजिदा की दोस्ती आज भी है, लेकिन वह रंग अब नहीं। 1980 के चुनाव के बाद साजिदा दरबारा सिंह के खेमे में अहम भूमिका निभाने लगीं। अब वह मुख्यमंत्री दरबारा सिंह के इतने निकट आ गईं कि मुख्यमंत्री लगभग हर माह मालेरकोटला का दौरा करने लगे हैं।

कहना न होगा कि नवाब इफ्तिखार अली खान के किले जवान बीवी ने पहले ही ध्वस्त कर दिए थे, वहीं राजनीतिज्ञों के साथ की गरमा–गरम दोस्ती ने उनका रहा–सहा सुकून भी छीन लिया। उन्हें उम्मीद नहीं थी कि साजिदा से उन्हें तलाक की नौबत तक पहुंचना पड़ेगा। यहां यह कहना मुनासिब होगा कि साजिदा ने अपने पति की 'सेवा' में कोई कोरकसर नहीं रखी थी। पिछले वर्ष जुलाई में जब नवाब चंडीगढ़ के पी.जी.आई. में मानसिक रोग का इलाज करवा रहे थे, तब साजिदा ने उनकी इतनी तीमारदारी की थी कि देखने वाले दंग रह गए थे। साजिदा को इससे कुछ भी नहीं मिला और इसके कुछ ही दिनों बाद उन्हें यह पता लगा कि नवाब ने बीमारी से ठीक होने पर टोंकवाली मुनव्वरून्निसा बेगम को कुछ जमीन और सम्पत्ति का एक बड़ा हिस्सा दे दिया है। इससे पहले नवाब की नज़र में साजिदा बहुत चढ़ी हुईं थीं, किन्तु राजनीति ने दोनों को दूर कर दिया और टोंकवाली बेगम अपना पाया जमाने में सफल हो गईं। कहा जाता है कि मुनव्वरून्निसा इस समय डेढ़ करोड़ रुपए से अधिक की सम्पत्ति की अकेली मालकिन हैं। साजिदा इस बात से भी खफा थीं कि उनकी सास, यानी नवाब की मां भी टोंकवाली बेगम की तरफदारी कर रही हैं। इन सब हालात में अंततोगत्वा 22 नवम्बर 1980 को इफ्तिखार अली खान ने तीन बार 'तलाक' कह कर साजिदा से संबंध खत्म कर लिए। उस समय गवाह के तौर पर खलीफा फैज मुहम्मद खान और मुरव्वत अली खान, नुसरत अली खान मौजूद थे।

जब मालेरकोटला के लोगों को इस तलाक की जानकारी मिली तो बड़ी संख्या में सहानुभूति व्यक्त करने के लिए लोग दीवानखाने गए। कहा जाता है कि इनमें अनवार अहमद खान भी थे। यहीं अनवार के साथ साजिदा की ऐसी मुलाकात हुई कि वह अपना दिल हार गईं। इसकी परिणति हुई निकाह में और वह भी तलाक के 18वें दिन जो कि गैरकानूनी ठहरा दिया गया, क्योंकि मजहबी कानून के अनुसार तलाक के बाद 100 दिन पूरे होने से पहले निकाह नहीं होना चाहिए।

खैर, निकाह ने मालेरकोटला ही नहीं, पूरे मुस्लिम समाज में एक तूफान खड़ा कर दिया। निकाह के वक्त नवाब मथुरा गए हुए थे। बाद में 18 दिसम्बर को भारी संख्या में लोग नवाब के महल 'मुबारक मंजिल' रोष प्रकट करने गए।

डेढ़ लाख का मेहर

10 दिसम्बर को शादी के दिन भू.पू. विधायक अनवार अहमद की ओर से 'मेहर' के रूप में लगभग डेढ़ लाख रुपए के जेवर और मालेरकोटला रेलवे स्टेशन के पास की दो दुकानें दी गईं। इसके अलावा एक हजार रुपए मासिक भत्ता और 1.31 लाख रुपए और देना निश्चित हुआ। अनवार की ओर से निकाह के गवाह अब्दुल वहीद ने इसकी पुष्टि भी की। शरीअत कानून के विरुद्ध इद्दत की अवधि पूरी किए बिना इस निकाह की रस्म अदायगी के समय पंजाब वक्फ बोर्ड की अध्यक्ष, साजिदा की भाभी श्रीमती जाहिरा, सहारनपुर की श्रीमती बिस्मिल्ला और पंजाब के शिक्षामंत्री हरचरण सिंह अजनाला भी मौजूद थे। कुछ लोगों का कहना है कि इस प्रकार रस्म अदायगी के दौरान गैर–मजहबी मौजूद नहीं रहता, किन्तु अजनाला वहां थे और उनकी उपस्थिति को 'गोपनीय' रखा गया।

शादी के बाद हड़कम्प–सा मच गया। मालेरकोटला के मुफ्ती फजल उर रहमान हिलाल उस्मानी और उपमहाद्वीप की सबसे बड़ी इस्लामी दरगाह दारूल उलूम (देवबंद) के तीन मुफ्तियों ने फरवरी में साजिदा–अनवार निकाह को अनुचित करार दिया। इसके पहले समाज में हो रही चिल्लपों से तंग आकर कहते हैं दोनों ने राजनीति से सन्यास लेने का विचार कर लिया। इतना ही नहीं, उन दिनों मालेरकोटला में तो यह चर्चा भी थी कि साजिदा बेगम बंबई बस जाएंगी और फिल्मों में काम करेंगी। कहा जाता है कि साजिदा के हेमामालिनी के अलावा कई पंजाबी फिल्मी हस्तियों से अच्छे संबंध हैं। उधर 22 मार्च को देवबंद में धार्मिक अदालत 'दारूल काज़ा' ने निकाह को गैरकानूनी घोषित कर दिया। बाद में इद्दत की अवधि पूरी होने के उपरांत 21 जून को मालेरकोटला के शीशमहल में पुनः निकाह कर लिया।

निकाह क्यों?

यहां यह सवाल उठना लाजिमी है कि ऐसे बवंडर के बावजूद अनवार को निकाह की क्या जरूरत पड़ी। वैसे अनवार शादीशुदा हैं और उनके 6 बच्चे हैं। इनमें तीन लड़के और तीन लड़कियां हैं। 1977 के चुनाव में अकाली टिकट पर चुनाव जीत जाने के बाद अनवार अहमद का राजनीतिक वर्चस्व बढ़ गया था। 1978 में इन्हें पंजाब वक्फ बोर्ड का अध्यक्ष बना दिया गया।

कहते हैं कि राजनीति के मद में अनवार अपनी जिम्मेदारियां भूल गए और वक्फ़ की सम्पत्ति का दुरुपयोग करने लगे। साजिदा ने उन दिनों अनवार का कड़ा विरोध किया और उनकी कार्यप्रणाली की तीखी आलोचना की। पर राजनीति के चूल्हे पर अनवार अधिक दिनों तक अपनी रोटी नहीं पका सके। 1980 में पुनः चुनाव हुए और अनवार विधायक से साधारण नागरिक बन गए। इनके विरुद्ध गंभीर शिकायतें की गयीं और सी.बी.आई. जांच के लिए सक्रिय हो गई। लोगों में चर्चा है कि जिन दिनों अनवार ने वक्फ बोर्ड का कार्यभार संभाला था, उन दिनों तैयब हुसैन यह काम देख रहे थे। जब उन्होंने काम छोड़ा, तब बोर्ड के खाते में 45 लाख रुपए जमा थे, लेकिन जब अनवार को हटाया गया, तब बोर्ड 20 लाख रुपए का कर्जदार हो गया था। हालात यहां तक पहुंए गए कि कर्मचारियों का वेतन रुक गया, छात्रवृत्तियां, गरीबों की सहायता आदि सभी काम ठप्प हो गए। इन विपरीत परिस्थितियों में अनवार नवम्बर, 1980 में साजिदा बेगम से दिल्ली आकर मिले और सी.बी.आई. से पीछा छुड़ाने की गुजारिश की। बेगम भी कम शातिर नहीं थीं। अपने राजनीतिक प्रतिद्वंदी की ऐसी चाबी उनके हाथ लग गयी थी, जिससे वह हमेशा के लिए राजनीति का रास्ता साफ कर सकती थीं। अनवार इस उम्मीद से आए थे कि बेगम, जैलसिंह से कहकर उन्हें बचा लेंगी। बेगम ने मामला खत्म कराने के बजाए उसे लटकवा दिया।

इस बीच अचानक ही 'तलाक' की दुर्घटना हो गयी। अनवार ने सोचा कि बेगम की मदद करनी चाहिए और उन्होंने हाथ बढ़ा दिया। बेगम ने यह सोचकर कि इससे अनवार उनके राजनीतिक रास्ते से हट जाएंगे और खामोश हो जाएंगे, निकाह करना मंजूर कर लिया। उधर अनवार ने भी कच्ची गोलियां नहीं खेली थीं। वह सोचते थे कि पत्नी बन जाने के बाद सी.बी.आई. के मामले खत्म हो जाएंगे और वह राजनीति के मैदान से साजिदा को हटाकर घर की चहारदीवारी में भेज देंगे। एक प्रकार से राजनीतिक महत्वाकांक्षा के वशीभूत दोनों लोगों ने अपनी निजी जिंदगी की शतरंज पर खुद को मोहरा बना लिया। इधर बेगम के पास दौलत भी कम नहीं है। इन हालातों में अनवार को भी लगा कि बेगम से शादी उनके लिए वरदान होगी।

मुराद पूरी नहीं हुई

मन की सभी मुरादें कहां पूरी होती हैं। शादी करके एक सुख भोगना अलग बात है और राजनीतिक सफलता पाना अलग। तीन महीने भी नहीं बीते कि दोनों के वैवाहिक संबंधों में तनाव की शुरुआत हो गयी। उधर अकाली दल की कार्यकारिणी का पुनर्गठन हुआ

और उसमें अनवार को शामिल नहीं किया गया। कहा जाता है कि दल के बड़े लोगों ने इस शादी का भीतर–ही–भीतर ऐतराज भी किया। उधर साजिदा की गतिविधियां और तेज हो गईं।

पति–पत्नी के बीच 2 अगस्त से ही तनाव और तीखा हो गया। उस दिन ईद थी और मुख्यमंत्री दरबारा सिंह तथा शिक्षामंत्री हरचरण सिंह अजनाला साजिदा के शीशमहल में आए। बेगम ने एक पार्टी का आयोजन किया और बाद में लगभग दो घंटे तक बंद कमरे में अजनाला के साथ गुफ्तगू भी की। अनवार अहमद को यह बर्दाश्त नहीं हुआ और यह गुस्सा 4 अगस्त को चंडीगढ़ में पत्रकारों के सामने फूटा।

अनवार को इस बात से सख्त ऐतराज है कि उनकी पत्नी बिना अनुमति के राजनीतिक घुड़दौड़ में तेजी से भाग ले रही है और उनकी परवाह नहीं कर रही है। इतना ही नहीं, उनका यह भी कहना है कि बेगम शादी से पहले अकाली दल (संत) में शामिल होने को सहमत हो गयीं, लेकिन अब रास्ता नहीं बदल रही हैं। राजनीतिज्ञों को दिल्ली–चंडीगढ़ बराबर टेलीफोन होते रहते हैं और लगभग 10 हजार रुपए का भुगतान करना पड़ा है। अनवार ने तो इस बात से भी नाराजगी जाहिर की कि गृहमंत्री जैलसिंह से मिलने बेगम लुधियाना गयीं। ईद के बाद से ही पति–पत्नी के बीच बोलचाल बंद है। 20 और 21 अगस्त को जब यह संवाददाता मालेरकोटला में था, तब तक दोनों के बीच सुलह नहीं हुई थी।

उधर साजिदा ने कहा कि अनवार की निगाहें उनकी सम्पत्ति पर लगी हुई हैं। साजिदा का कहना है कि वह राजनीतिक मामलों में आजाद हैं और इच्छानुसार कहीं भी आ–जा सकती हैं। अगस्त में एक दिन तो स्थिति यहां तक पहुंच गयी कि दोनों के बीच तकरार होते–होते बची। कहा जाता है कि अनवार ने फोन पर साजिदा बेगम से कहा कि उनका सामान लौटा दिया जाए। जब वह सामान लेने दीवानखाना पहुंचे तो दीवानखाने के दरवाजे पर कुछ लठैतों को देखकर डर गए और लौट आए।

अनवार ने पति–पत्नी के बीच की गोपनीय बातें 4 अगस्त को चंडीगढ़ में वरिष्ठ पत्रकारों को बतायीं तथा एक वक्तव्य भी दिया। मगर बाद में मालेरकोटला जाकर उसका खंडन भी कर दिया।

कई लोगों का कहना है कि शादी जल्दी टूट जाएगी, तो कुछ का कहना है कि जब तक बेगम चाहेंगी शादी नहीं टूटेगी। इसका कारण यह है कि शादी के समय बेगम ने 'मेहरनामा' लिखवा लिया था। पंजाब में इसका आम रिवाज बताया जाता है। इस शर्तपत्र में बेगम ने अनवार से कुछ शर्तों पर दस्तखत करा कर 'तलाक' का अधिकार अपने पास

सुरक्षित रख लिया है। इन शर्तों में कुछ व्यक्तिगत बातों के अलावा यह भी लिखा है कि अनवार अपने बहनोई नुसरत अली खां से नहीं मिलेंगे। उधर कहा जाता है कि 5 अगस्त को नुसरत से अनवार मिले थे। इसके अलावा अनवार को पहली बीवी और बच्चों से मिलने के लिए भी साजिदा से अनुमति लेनी होगी, लेकिन साजिदा का कहना है कि अनवार बिना इजाजत के पहली बीवी से मिलते रहते हैं। अगर इन हालातों में अनवार अपनी ओर से शादी तोड़ना चाहें, तो उन्हें 'मेहर' की रकम बेगम को देनी ही पड़ेगी।

बहरहाल, जो भी हो शीशमहल से नजदीकी ताल्लुक रखने वाले एक बुजुर्ग ने मालेरकोटला से लौटते वक्त यह टिप्पणी की–"शादी का खात्मा जल्दी हो जाएगा, मगर राजनीति के खिलाड़ी इसे खत्म करना चाहेंगे तभी तो।"

खोज खबर

सरकार की वक्र दृष्टि: गांधी शान्ति प्रतिष्ठान

गांधी संस्थाएं : जांच क्यों ?

गांधी के नाम पर चलायी जा रही ये संस्थाएं क्या इतनी भ्रष्ट हो चुकी हैं कि अब इनके सरकारीकरण की आवश्यकता महसूस की गयी है ?

इस समय देश में गांधी के नाम से जुड़ी पांच हजार संस्थाएं हैं, किन्तु सरकार ने मुख्य रूप से तीन संस्थाओं—गांधी शांति प्रतिष्ठान, गांधी स्मारक निधि और अखिल भारतीय सर्वसेवा संघ की गतिविधियों की जांच के लिए आयोग बिठाने का निर्णय लिया है। मजेदार बात तो यह है कि आयोग बिठाने का निर्णय एक सदस्य के निजी प्रस्ताव पर लोकसभा में हुई तेज-तर्रार बहस के बाद लिया गया। सरकार ने इस मामले में जैसी तत्परता दिखायी, उससे उसकी 'नीयत' पर संदेह होना स्वाभाविक है—एक सुप्रसिद्ध गांधीवादी का यह कथन सही भी लग सकता है।

जो भी हो, मूल प्रश्न यह है कि क्या ये गांधीवादी संस्थाएं वस्तुत: किन्हीं देशद्रोही गतिविधियों में लिप्त हैं ? इन्हें विदेशों से जो लाखों डालर का अनुदान मिलता है, उसके पीछे कहीं कोई निहित स्वार्थ तो नहीं है ?

लोकसभा में हुई बहस में गृहराज्यमंत्री योगेन्द्र मकवाना ने आरोप लगाया कि गांधी शांति प्रतिष्ठान तथा 'अवार्ड' (ऐसोसिएशन आफ वालेन्टरी एजेंसी आफ रूरल डेवलपमेंट)—यानी 'ग्रामीण विकास के लिए स्वैच्छिक एजेंसियों का संगठन'—संस्था को १९७७ में दो लाख पचास हजार डालर का अनुदान मिला, जो इसने राजनीतिक गतिविधियों में खर्च कर दिया, जबकि यह राशि ग्रामीण क्षेत्रों में विकास एवं प्रशिक्षण कार्यक्रम के लिए दी गयी थी। मामले को खुलासा करते हुए कांग्रेस–इ के एक सदस्य ने कहा कि 'पीपुल्स यूनियन फार सिविल लिबर्टीज और सिटीजन्स फार डेमोक्रेसी' जैसी संस्थाओं का राजनीतिक गतिविधियों में उपयोग किया गया। विपक्ष के कई सदस्यों ने आशंका व्यक्त की कि यह जांच आयोग इसलिए बिठाया, क्योंकि इन संस्थाओं का किसी-न-किसी रूप में जे०पी० या उनके आंदोलन से सम्बन्ध रहा है। इस पर गृहमंत्री ज्ञानी जैल सिंह ने आश्वासन दिया कि सरकार राजनीतिक कारणों से नही, बल्कि जनहित की दृष्टि से यह जांच कराने जा रही है और यह जांच 'निस्संदेह निष्पक्ष' होगी।

अब देखना यह है कि सरकार ने एक सांसद के 'निजी उल्लेख' पर इतनी जल्दबाजी करके आयोग बिठाने का निर्णय क्यों लिया ? इस प्रश्न का उत्तर जानने के लिए इतिहास की गहराई में जाना होगा।

१९६४ में पंडित नेहरू के देहांत के बाद से ही कुछ महत्वाकांक्षी नेताओं ने गांधी संस्थाओं को अपने राजनीतिक उद्देश्यों के लिए 'गुपचुप' इस्तेमाल करना शुरू कर दिया था। इन गांधीवादियों का 'सत्ता संघर्ष' शुरू हुआ १९६६ में, जब श्रीमती गांधी प्रधानमंत्री बनीं।

उन दिनों की एक घटना विशेष उल्लेखनीय है। प्रधानमंत्री सचिवालय से गांधी स्मारक निधि के तत्कालीन सचिव देवेन्द्र कुमार गुप्ता के पास एक फोन आया। फोन करने वाले ने गुप्ता से पूछा कि श्रीमती गांधी को गांधी स्मारक निधि की बैठक का नोटिस क्यों नहीं मिला ? गुप्ता ने जवाब दिया—"प्रधानमंत्री निधि की सदस्य नहीं हैं। पंडित नेहरू और शास्त्रीजी तो व्यक्तिगत तौर पर निधि के सदस्य थे, प्रधानमंत्री की हैसियत से नहीं।" यह उन दिनों की बात है, जब मोरारजी देसाई और श्रीमती गांधी के बीच गंभीर मतभेद हो गये थे। निधि से प्राप्त उत्तर से श्रीमती गांधी क्षुब्ध हुई और उन्होंने सोचा कि यह सारी करतूत मोरारजी देसाई की है। बस यहीं से सरकार और गांधी संस्थाओं में टकराव की राजनीति शुरू हो गयी। फिर १९७४ के गुजरात और बिहार आंदोलन, जयप्रकाश नारायण की भूमिका और आपातकाल में गांधी संस्थाओं की गतिविधियों से श्रीमती गांधी का, जाहिर है,

नवंबर, '८१] ४६

10

गांधी संस्थाएं : जाँच क्यों ?

(नवम्बर, 1981)

इस समय देश में गांधी के नाम से जुड़ी पांच हज़ार संस्थाएं हैं, किन्तु सरकार ने मुख्य रूप से तीन संस्थाएं–गांधी शांति प्रतिष्ठान, गांधी स्मारक निधि और अखिल भारतीय सर्वसेवा संघ की गतिविधियों की जांच के लिए आयोग बिठाने का निर्णय लिया है। मज़ेदार बात तो यह है कि आयोग बिठाने का निर्णय एक सदस्य के निजी प्रस्ताव पर लोकसभा में हुई तेज़–तर्रार बहस के बाद लिया गया। सरकार ने इस मामले में जैसी तत्परता दिखायी, उससे उसकी 'नीयत' पर संदेह होना स्वाभाविक है–एक सुप्रसिद्ध गांधीवादी का यह कथन सही भी लग सकता है।

जो भी हो, मूल प्रश्न यह है कि क्या ये गांधीवादी संस्थाएं वस्तुतः किन्हीं देशद्रोही गतिविधियों में लिप्त हैं? इन्हें विदेशों से जो लाखों डालर का अनुदान मिलता है, उसके पीछे कहीं कोई निहित स्वार्थ तो नहीं है?

लोकसभा में हुई बहस में गृहराज्यमंत्री योगेन्द्र मकवाना ने आरोप लगाया कि गांधी शांति प्रतिष्ठान तथा 'अवार्ड' (ऐसोसिएशन आफ वॉलेन्टरी एजेंसी आफ रूरल डेवलपमेंट)–यानी 'ग्रामीण विकास के लिए स्वैच्छिक एजेंसियों का संगठन'–संस्था को

सिद्धराज ढड्ढा

1977 में दो लाख पचास हजार डालर का अनुदान मिला, जो इसने राजनीतिक गतिविधियों में खर्च कर दिया, जबकि यह राशि ग्रामीण क्षेत्रों में विकास एवं प्रशिक्षण कार्यक्रम के लिए दी गई थी। मामले का खुलासा करते हुए कांग्रेस–ई के एक सदस्य ने कहा कि 'पीपुल्स यूनियन फार सिविल लिबर्टीज़' और 'सिटीज़न्स फार डेमोक्रेसी' जैसी संस्थाओं का राजनीतिक गतिविधियों में उपयोग किया गया। विपक्ष के कई सदस्यों ने आशंका व्यक्त की कि यह जांच आयोग इसलिए बिठाया गया, क्योंकि इन संस्थाओं का किसी–न–किसी रूप में जे.पी. या उनके आंदोलन से सम्बन्ध रहा है। इस पर गृहमंत्री ज्ञानी जैल सिंह ने आश्वासन दिया कि सरकार राजनीतिक कारणों से नहीं, बल्कि जनहित की दृष्टि से यह जांच कराने जा रही है और यह जांच 'निस्संदेह निष्पक्ष' होगी।

अब देखना यह है कि सरकार ने एक सांसद के 'निजी उल्लेख' पर इतनी जल्दबाजी करके आयोग बिठाने का निर्णय क्यों लिया? इस प्रश्न का उत्तर जानने के लिए इतिहास की गहराई में जाना होगा।

1964 में पंडित नेहरू के देहांत के बाद से ही कुछ महत्वाकांक्षी नेताओं ने गांधी संस्थानों को अपने राजनीतिक उद्देश्यों के लिए 'गुपचुप' इस्तेमाल करना शुरू कर दिया था। इन गांधीवादियों का 'सत्ता संघर्ष' शुरू हुआ 1966 में, जब श्रीमती गांधी प्रधानमंत्री बनीं।

उन दिनों की एक घटना विशेष उल्लेखनीय है। प्रधानमंत्री सचिवालय से गांधी स्मारक निधि के तत्कालीन सचिव देवेन्द्र कुमार गुप्ता के पास एक फोन आया। फोन करने वाले ने गुप्ता से पूछा कि श्रीमती गांधी को गांधी स्मारक निधि की बैठक का नोटिस क्यों नहीं मिला? गुप्ता ने जवाब दिया–"प्रधानमंत्री निधि की सदस्य नहीं हैं। पंडित नेहरू और शास्त्रीजी तो व्यक्तिगत तौर पर निधि के सदस्य थे, प्रधानमंत्री की हैसियत से नहीं।" यह

उन दिनों की बात है, जब मोरारजी देसाई और श्रीमती गांधी के बीच गंभीर मतभेद हो गए थे। निधि से प्राप्त उत्तर से श्रीमती गांधी क्षुब्ध हुईं और उन्होंने सोचा कि यह सारी करतूत मोरारजी देसाई की है। बस यहीं से सरकार और गांधी संस्थाओं में टकराव की राजनीति शुरू हो गयी। फिर 1974 के गुजरात और बिहार आंदोलन, जयप्रकाश नारायण की भूमिका और आपातकाल में गांधी संस्थाओं की गतिविधियों से श्रीमती गांधी का, जाहिर है, नाराज़ होना जरूरी था। गांधी संस्थाओं के विरुद्ध प्रधानमंत्री के कान भरने का काम किया निर्मला देशपाण्डे और उन गांधीवादियों ने जो जे.पी. के विरोधी थे और गांधी संस्थाओं में अपनी जड़ें नहीं जमा पाए थे। ऐसे नेताओं में श्रीमती देशपाण्डे के अलावा दयानिधि पटनायक, हरिवल्लभ पारीख, सी.ए. मेनन, नलिन मेहता, उषा मेहता, यशपाल मित्तल, नरेन्द्र दुबे, कृष्णा नायर तथा प्रकाश भाई के नाम मुख्य हैं, ये सभी जे.पी. से कट कर सरकार में आ जुड़े थे।

निर्मला देशपाण्डे

जैसे ही जनता शासन के बाद श्रीमती गांधी सत्ता में पुनः आयीं, उन्होंने छुटभैया नेताओं को लेकर 'गांधी संस्थाओं' का विकल्प खोजना चाहा, लेकिन उन्हें सफलता नहीं मिली। इधर गांधी संस्थाएं अब पूरी तरह उन लोगों के हाथ में आ गयी थीं, जो कांग्रेस–इ के समर्थक नहीं रहे। परिणाम यह हुआ कि गांधी संस्थाओं के नाम से अपनी राजनीतिक दुकान चलाने वाले इन श्रीमती गांधी समर्थक नेताओं ने राजनीतिक व्यूहरचना करके संसद को इस मसले पर विचार करने के लिए विवश किया। राजनीतिकरण की चिनगारी भीतर–ही–भीतर भड़काई श्रीमती देशपाण्डे ने–और सरकार ने जांच आयोग बिठाने का निर्णय ले लिया।

पर क्या गांधी संस्थाएं दूध की धोयी हैं? क्या उनमें काम कर रहे गांधीवादी नेताओं के सामंती तौर–तरीके गांधीजी के उसूलों और कार्यों को ठीक अंजाम दे रहे हैं? ये संस्थाएं प्रतिवर्ष लगभग एक सौ करोड़ रुपए खर्च कर देती हैं। इतना धन आखिर कहां खर्च हो जाता है?

गांधी शांति प्रतिष्ठान : अनुदान ही अनुदान

गांधी शांति प्रतिष्ठान का गठन 1963–64 में हुआ, जिसका कार्यालय नई दिल्ली में दीनदयाल उपाध्याय मार्ग पर स्थित है। इस प्रतिष्ठान के लिए ज़मीन केन्द्र सरकार द्वारा भेंट में दी गयी थी। इसके अहाते में दो बंगले भी हैं।

गांधी शांति प्रतिष्ठान के नियमों के अनुसार उसके अहाते में किसी अन्य संस्था का न तो कोई कार्यालय खोला जा सकता है और न कोई अन्य गतिविधियां की जा सकती हैं। लेकिन यहां इसके विपरीत हो रहा है। इसके अहाते में 13 ऐसी संस्थाएं काम कर रही हैं, जिनमें आठ बाकायदा पंजीकृत हैं। ये हैं वालेंटरी एक्शन सैल, सुचेता स्मारक निधि, इंडियन कौंसिल फार पीस रिसर्च, जे.पी. अमृत कोष, भारतीय खादी ग्रामोद्योग संघ, कनशोर्टियम आन रूरल टैक्नोलाजी, सेल्फ इम्प्लायड वूमन्स ऐसोसिएशन और मीडिया फाउंडेशन।

बाकी पांच अपंजीकृत संस्थाएं हैं। ये हैं क्लीयरिंग हाउस–कम–इंफोरमेशन सेंटर ऑन रूरल डेवलपमेंट, सिटीज़न फॉर डेमोक्रेसी, पीपुल्स यूनियन फॉर सिविल लिबर्टीज, कन्वेशन आन प्रज़ेन्ट नेशनल सिच्युएशन, कोर्डिनेटिंग कमेटी फॉर स्ट्रैंग्थनिंग डेमोक्रेसी। इसके अलावा सात ऐसी संस्थाएं और कार्यालय हैं जो कुछ दिनों पहले तक प्रतिष्ठान के अहाते में ही कार्यरत थे, किन्तु अब उन्हें अन्यत्र ले जाया गया है। ये थे–सोसायटी फॉर डेवलपिंग ग्रामदान, लोकनीति परिषद्, एवरीमेन्स वीकली, सेंट्रल कोऑर्डिनेटिंग कमेटी फॉर पीपुल्स स्ट्रगल्स, नया प्रतीक पत्रिका तथा प्रतिष्ठान के सचिव राधाकृष्ण के पुत्र का निजी छपाई व्यवसाय–शांति पब्लिशर्स–का कार्यालय।

ये सभी संस्थाएं न केवल गांधी शांति प्रतिष्ठान के अहाते में सक्रिय थीं, बल्कि उसका पता, टेलीफोन और होस्टल–कैंटीन तक का इस्तेमाल कर रही थीं। होस्टल के दुरुपयोग का नायाब नमूना यह है कि इसके 16 कमरों का उपयोग गांधीवादियों के अलावा दिल्ली आने वाले मज़दूर संगठनों के नेता, औद्योगिक घरानों के प्रतिनिधि, कानून तथा पत्रकारिता से जुड़े लोग और विदेशी संगठनों के प्रमुख लोग भी करते हैं। कई लोग ऐसे भी हैं जो यहां स्थायी–अस्थायी रूप से पिछले एक वर्ष से रह रहे हैं। इनमें ऐसे विदेशी भी हैं जो पश्चिमी देशों की 'चंदा देने वाली संस्थाओं से सम्बद्ध हैं'।

राधाकृष्ण द्वारा दुरुपयोग?

आंध्र प्रदेश निवासी प्रतिष्ठान के सचिव के.एस. राधाकृष्ण पर साधनों और कोष के दुरुपयोग का गंभीर आरोप है। राधाकृष्ण दिल्ली में पूर्णकालिक रूप से 1969 में

प्रतिष्ठान के सचिव के पद पर आने से पहले वाराणसी में सर्वसेवा संघ के संयुक्त सचिव थे। राधाकृष्ण ने विगत बारह वर्षों में साधनों और सुविधा के बल पर 50 से अधिक सामाजिक और अन्य संगठनों में महत्वपूर्ण पदों पर अपने को बनाए रखने में कुशलता ही हासिल नहीं की, बल्कि कई नये संगठन और संस्थाएं खड़ी करने में भी महारत हासिल की। आज भी वह 48 गांधीवादी और सर्वोदयी संगठनों से जुड़े हैं। इतना ही नहीं, इनमें से दस संस्थाओं या संगठनों के वह अध्यक्ष हैं तथा 'मेसर्स रूरल इंडस्ट्रियल कंसलटेंस प्राइवेट लिमिटेड, नयी दिल्ली' के मालिक भी हैं। ये संस्थाएं दिल्ली में ही नहीं, बल्कि आंध्र प्रदेश, कर्नाटक, उत्तर प्रदेश, पश्चिम बंगाल तथा महाराष्ट्र में भी फैली हुई हैं। राधाकृष्ण के पश्चिमी जर्मनी, ब्रिटेन, अमरीका, नीदरलैंड, इटली, आस्ट्रेलिया, डेनमार्क, कनाडा और स्विट्ज़रलैंड की कई संस्थाओं से अच्छे सम्बंध बताए जाते हैं।

राधाकृष्ण

विदेशी धन की गुप्त भूमिका

लोकसभा में 28 अगस्त को कांग्रेस–इ के कई सदस्यों ने आरोप लगाया कि गांधी शांति प्रतिष्ठान और गांधी के नाम से जुड़ी कुछ और संस्थाएं अपने साधनों का इस्तेमाल विपक्षी पार्टियों के लिए कर रही हैं। संसद सदस्य बी.एल. नाहटा ने तो यहां तक कहा कि ये संस्थाएं विदेशी धन लेकर राष्ट्र विरोधी गतिविधियों में लगी हैं और इनका पैसा बहुराष्ट्रीय कम्पनियों में लगाया गया है। गांधी के विचारों का प्रचार करने वाली ये संस्थाएं न सिर्फ नाथूराम गोडसे के भाई गोपाल गोडसे की पुस्तकें बेच रही हैं, बल्कि ऐसे चित्र भी बेच रही हैं, जिनमें गांधी को बीड़ी पीते और लड़कियों के साथ नाचते दिखाया गया है।

जनता सरकार के दौरान गांधी प्रतिष्ठान के सचिव राधाकृष्ण के अलावा कार्यकारिणी के सदस्यों में गोविन्दराव देशपाण्डे, सिद्धराज ढड्ढा, नारायण देसाई, रूप नारायण आदि ने राजनीतिक संरक्षण प्राप्त किया है। इन संस्थाओं द्वारा अब तक कितना विदेशी धन प्राप्त किया गया है, यह बताना मुश्किल है, किन्तु जांच से सभी कुछ सामने आ जायेगा। यों आरोप तो यह है कि 'अवार्ड' को 1960 से 1979 के बीच में विदेशी स्रोतों से

2 करोड़ 17 लाख 77 हजार 352 रुपए प्राप्त हुए हैं, वहीं 1973 से 1980 के बीच गांधी शांति प्रतिष्ठान को 26 लाख 73 हजार 320 रुपए विदेशों से मिला। इसके अलावा 1974–1979 के बीच केन्द्र तथा राज्य सरकारों ने कुल 17 लाख 33 हजार 366 रुपए का अनुदान भी दिया। इस प्रतिष्ठान की कुल सम्पत्ति 1.4 करोड़ रुपए की है, जिसमें 50 लाख रुपए की कीमत की स्थायी संपत्ति ही है।

इसमें कोई दो राय नहीं कि गांधीजी के नाम से जुड़ी इन संस्थाओं को विदेशों से लाखों रुपया मिलता रहा है। इनमें एक संस्था है–अकेडेमी ऑफ गांधियन स्टडीज, तिरुपति। इस संस्था का 1973 में पंजीकरण कराया गया था। इसके लगभग वही उद्देश्य हैं जो गांधी शांति प्रतिष्ठान के हैं। स्टडीज का एक कार्यालय हैदराबाद में भी है। इस संस्था के अध्यक्ष हैं अचालु श्रीनिवासन, जो राधाकृष्ण के पिता हैं। इस संस्था ने 1978 से 1980 के बीच लगभग सात लाख रुपए के बराबर विदेशी धन प्राप्त किया है जो कि जर्मनी की एक संस्था ई.जेड.ई. ने दिया। आरोप है कि इस संस्था से जुड़े लोगों का कागज पर काम तो गांधी दर्शन के प्रचार–प्रसार का दिखाया गया है, लेकिन वे लोग आंध्र प्रदेश के 6 जिलों में राजनीतिक गतिविधियों को संगठित करने का काम गुप्त रूप से करते हैं।

राधाकृष्ण के विदेशी सम्बन्धों में पश्चिम जर्मनी के डा0 सर्मा मर्ला का नाम विशेष रूप से लिया गया है। भारतीय मूल के जर्मन पासपोर्ट धारी डा0 मर्ला अपनी जर्मन पत्नी के साथ बंधुआ मजदूरों से सम्बन्धित सर्वेक्षण के दौरान यहीं मुख्यालय बना कर रहे। बंधुआ मजदूरों के इस सर्वेक्षण के लिए जर्मनी से काफी धन प्राप्त किया गया।

एक अन्य व्यक्ति हैं धर्मपाल, जिनकी राधाकृष्ण से वर्षों से घनिष्ठता है–इन दिनों वह ब्रिटेन में रहने लगे हैं। इनकी पत्नी भी ब्रिटिश हैं, जो डा0 मर्ला के लिए भारत में काम करती रही हैं।

आरोप यह भी है कि बंधुआ मजदूरों के सर्वेक्षण के नाम पर कुछ ऐसे काम भी किए गए जो सर्वेक्षण से सम्बन्धित नहीं थे। इसमें मजदूरों के खून की जांच भी है। इन श्रमिकों के खून के नमूने जर्मनी भेजे गए और 'कीटाणु युद्ध' सम्बन्धित किसी प्रोजेक्ट के प्रयोग में लाए गए। इतना ही नहीं, लगभग 26 लाख बंधुआ श्रमिकों का रिकार्ड भी कम्प्यूटर जांच के लिए पश्चिमी जर्मनी ले जाया गया।

गांधी स्मारक निधि : सुख, सम्पदा, समृद्धि!

गांधी स्मारक निधि की स्थापना एक ट्रस्ट के रूप में 1949 में की गयी थी, इस उद्देश्य से कि 1953 तक, यानी दस वर्षों तक गांधी की नीतियों और कार्यक्रमों का प्रसार

किया जाए और लगभग बारह करोड़ रुपए खर्च हो जाने के बाद यह संस्था विसर्जित कर दी जाए। लेकिन यह नहीं किया गया। निधि के गठन के बाद चार वर्षों के दौरान 10 करोड़ 98 लाख 29 हजार 106 रुपए 95 पैसे एकत्र हुए। यह पूंजी 31 मार्च, 1970 तक ब्याज सहित 17 करोड़ 72 हज़ार 711 रुपए 96 पैसे हो गए। इस बीच एक काम अवश्य हुआ कि बारह करोड़ रुपए खर्च कर दिये गए। फिर हिसाब–किताब ऑडिट के करने दौरान 31 मार्च, 1975 तक निधि के पास मूल राशि चार करोड़ 98 लाख रुपए खाते में रह गयी। इसमें से 3 करोड़ 13 लाख 21 हजार रुपए हिन्दुस्तान लीवर लिमिटेड, डनलप इंडिया लिमिटेड, लारसन एण्ड टुबरो कम्पनी लिमिटेड तथा बिड़ला–टाटा के उद्योगों में शेयर आदि में लगा दिये गए।

गांधी स्मारक निधि ने उद्योगों में अपना रुपया ऋण पत्र, बांड, सामान्य शेयर और फिक्स्ड डिपाजिट के रूप में भी लगाया। 31 मार्च, 1980 तक निधि द्वारा कम्पनियों में लगाई गई राशि 3 करोड़ 6 लाख 36 हजार 818 रुपए 20 पैसे थी। इसमें 53 लाख 70 हजार रुपए कम्पनियों में फिक्स्ड डिपाजिट के रूप में थी। इसी तारीख तक निधि के पास 4 लाख 27 हजार 949 रुपए 8 पैसे नकद और बैंक बैलेंस था। 4 करोड़ 91 लाख 53 हजार 192 रुपए 55 पैसे की राशि पूंजी के रूप में लगाई गई थी।

आंकड़ों से यह स्पष्ट हो जाता है कि निधि ने अपने उद्देश्यों के लिए कितना काम किया और वाणिज्यिक संस्थाओं की तरह उद्योगों में पूंजी लगाकर किस तरह लाभ अर्जित किया। यह काम उन लोगों का था जो गांधीवादी नेता के रूप में ख्याति अर्जित कर रहे थे। इनमें स्वर्गीय श्रीमन्नारायण का नाम प्रमुख है। श्रीमन्नारायण की शह पर निधि के कोष की सुविधाओं का पूरा उपभोग 1969 तक देवेन्द्र कुमार गुप्ता करते रहे। उल्लेखनीय है कि गुप्ता, डा. धर्मतेजा के बहनोई हैं।

सर्वसेवा संघ : सर्व जन हिताय, निज सुख हिताय

सरकारी संत विनोबा भावे ने भू–दान आंदोलन को गतिशील बनाने और सर्वोदय कार्यक्रम में तेजी लाने के लिए 1951 में सर्वसेवा संघ की स्थापना की। 1954 में बोधगया में इस आंदोलन की बागडोर एक प्रकार से जे.पी. के हाथों में सौंप दी गयी, किन्तु इससे पहले सर्वसेवा संघ के इर्द–गिर्द ऐसे लोग जमा हो गए थे जो राजनीति के खेमे से आये थे। इन लोगों में राजस्थान के एक भूतपूर्व मंत्री सिद्धराज ढड्ढा विशेष रूप से उल्लेखनीय हैं। ढड्ढा प्रारंभ में संघ के सह–सचिव और बाद में जोड़–तोड़ करके उसके अध्यक्ष बन गए। 1974 में जे.पी. आंदोलन में राष्ट्रीय स्वयंसेवक संघ की पकड़ मजबूत हो गई। कट्टरपंथियों

और सम्प्रदायवादियों ने इतना मजबूत घेरा बना लिया कि सर्वसेवा संघ पूरी तरह राजनीतिक अखाड़ा बन गया। आपातकाल के दौरान इन लोगों ने श्रीमती गांधी का कड़ा विरोध और जे.पी. का समर्थन किया और बाद में जनता शासन के दौरान सत्ता से लाभ अर्जित करने में भी पीछे नहीं रहे। 'सेवा भाव' और 'गांधी दर्शन' अगर समय के तालाब में विसर्जित हो गये, तो इसमें हैरानी की बात नहीं।

इस संस्था के बारे में यह भी कहा जाता है कि 54 लाख 59 हजार 407 रुपए विदेशी स्रोतों से प्राप्त किया है। यह सही है कि ये संस्थाएं कुप्रबंध की शिकार हैं। सरकारी अनुदान खाती हैं, मगर सरकार का विरोध करती हैं। इनके नेता राजनीति में न रहते हुए भी खुल कर राजनीति करते हैं (एक खबर के अनुसार अभी हाल में कुछ सर्वोदयी नेताओं की बैठक हुई थी, जिसमें सर्वोदय नाम से एक राजनीतिक पार्टी बनाने की संभावना पर विचार किया गया)। मगर सत्ताधारी दल द्वारा जांच कराने का फैसला महज़ क्या इसी मकसद से किया गया है? शायद गांधी संस्थाओं पर अपना शिकंजा कसने की दबी इच्छा इस जांच कराने के फैसले का एक अहम कारण हो सकती है।

▼ ▼ ▼

गुरूद्वारा गुरूदर्शन प्रकाश, चौक मेहता, अमृतसर

11

संत भिंडरांवाला की गिरफ्तारी : चौक मेहता में जब गोली चली

(नवम्बर, 1981)

कोई तीन हजार आबादी वाला हरा–भरा चौक मेहता कस्बा 20 सितम्बर को यकायक लड़ाई का मैदान बन गया। गुरूद्वारा गुरूदर्शन प्रकाश पहुंचने वाले हर रास्ते की नाकेबंदी करते हुए पुलिस के जवानों ने तीन दिन पहले ही मोर्चा जमा लिया था। धान के हरे–भरे खेतों और नहरों के किनारों तक पर पुलिस तैनात थी। थोड़ी–थोड़ी दूर पर चार घेरे बनाये गये थे। पुलिस स्टेशन और दो चौकियों में रात भर काम होता नजर आ रहा था। उनकी एक कैंटीन भी चल रही थी। सैकड़ों बिस्तर भी पड़े हुए थे।

संत जरनैल सिंह भिंडरांवाला आज गुरूद्वारा गुरूदर्शन प्रकाश से बाहर आकर आत्मसमर्पण करने वाले थे। 13–14 सितम्बर की रात को हरियाणा के चदोकलां गांव में पुलिस के घेरे से निकल भागने के बाद, वह इसी गुरूद्वारे को किला बनाकर रह रहे थे। इस किले में उनके 200 हथियारबंद अनुयायी मौजूद थे, जिनके पास स्टेनगनें और मशीनगनें तक थीं। हर रोज दूर–दूर से संत के अनुयायी वहां आते जा रहे थे और संत अपने आत्मसमर्पण की तारीख टालते जा रहे थे। पहले संत ने घोषणा की कि वह वारंट देखते ही

आवरण कथा

संत भिंडरांवाला की गिरफ्तारी : चौक मेहता में जब गोली चली

कोई तीन हजार आबादी वाला हरा-भरा चौक मेहता कस्बा २० सितम्बर को एकायक लड़ाई का मैदान बन गया। गुरुद्वारा गुरुदर्शन प्रकाश पहुंचने वाले हर रास्ते की नाकेबंदी करते हुए, पुलिस के जवानों ने तीन दिन पहले ही मोर्चा जमा लिया था। धान के हरे-भरे खेतों और नहरों के किनारों तक पर पुलिस तैनात थी। थोड़ी-थोड़ी दूर पर चार घेरे बनाये गये थे। पुलिस स्टेशन और दो चौकियों में रात भर काम होता नज़र आ रहा था। उनकी एक कैंटीन भी चल रही थी। सैकड़ों बिस्तर भी पड़े हुए थे।

संत जरनैल सिंह भिंडरांवाला आज गुरुद्वारा गुरुदर्शन प्रकाश से बाहर आकर आत्मसमर्पण करने वाले थे। १३-१४ सितम्बर की रात को हरियाणा के चंदोकलां गांव में पुलिस के घेरे से निकल भागने के बाद, वह इसी गुरुद्वारे को किला बनाकर रह रहे थे। इस किले में उनके २०० हथियारबंद अनुयायी मौजूद थे, जिनके पास स्टेनगनें और मशीनगनें तक थीं। हर रोज दूर-दूर से संत के अनुयायी वहां आते जा रहे थे और संत अपने आत्मसमर्पण की तारीख टालते जा रहे थे। पहले संत ने घोषणा की कि वह वारंट देखते ही गिरफ्तारी देंगे। फिर स्वर्ण मंदिर सरोवर में स्नान करने के बाद आत्म-समर्पण करने की घोषणा की। उसके बाद २० सितम्बर की तिथि दी औ॰ कहा कि वह एक और दो बजे के बीच आत्मसमर्पण कर देंगे और फिर खुद २० सितम्बर को उन्होंने शाम तीन और ॰ार बजे के बीच गिरफ्तारी देने की घोषणा की। असहाय स॰ ार उनकी हर घोषणा को 'मतबचन' कहकर स्वीकार करती चली गयी। किसी गुरुद्वारे में पुलिस के प्रवेश न करने के नियम के अनुसार पुलिस अधिकारी और कर भी क्या सकते थे ?

इसका फायदा संत ने उठाया। गांव-गांव प्रचार किया गया कि 'धर्मयुद्ध' शुरू हो गया है और २० सितम्बर को हर परिवार का एक-एक ऐसा व्यक्ति अपनी जान हथेली पर रखकर चौक मेहता पहुंचे, जिसके 'शहीद' होने से परिवार का काम-काज न रुके। 'माया' प्रतिनिधि ने यथास्थल बीसियों नौजवानों से बातें कीं और सबने इस प्रचार की पुष्टि की।

पुलिस पगड़ियों के घेरे में

यही कारण था, चौक मेहता में खून-खराबे की दुर्गंध कई दिन पहले से आने लगी थी। पुलिस का कहना है कि उसने ११०० जवान, ५३ घुड़सवार पुलिस, बी०एस०एफ० की एक बटालियन तथा केन्द्रीय रिजर्व पुलिस के चार ट्रक जवान तैनात किये थे। अमृतसर के वरिष्ठ पुलिस अधीक्षक एस०एच० अटवाल को नाकेबंदी की जिम्मेदारी सौंपी गयी थी और जालंधर के डी०आई०जी० धारीवाल देख-रेख कर रहे थे। बताया जाता है कि पास ही एक गांव बुटराकलां के पास सेना के ३४ ट्रक भी तैनात थे।

२० सितम्बर की सुबह गुरुद्वारा गुरुदर्शन प्रकाश की छत से दूर तक नीली, पीली और अन्य रंगों की पगड़ियों का समुंदर-सा उमड़ता नजर आने लगा था। यह केवल भीड़ नहीं जान

गिरफ्तारी से पूर्व संत भाषण देते हुए

गिरफ्तारी देंगे। फिर स्वर्ण मंदिर सरोवर में स्नान करने के बाद आत्मसमर्पण करने की घोषणा की। उसके बाद 20 सितम्बर की तिथि दी और कहा कि वह एक और दो बजे के बीच आत्मसमर्पण कर देंगे और फिर खुद 20 सितम्बर को उन्होंने शाम तीन और चार बजे के बीच गिरफ्तारी देने की घोषणा की। असहाय सरकार उनकी हर घोषणा को 'सतबचन' कहकर स्वीकार करती चली गयी। किसी गुरूद्वारे में पुलिस के प्रवेश न करने के नियम के अनुसार पुलिस अधिकारी और कर भी क्या सकते थे?

इसका फायदा संत ने उठाया। गांव–गांव प्रचार किया गया कि 'धर्मयुद्ध' शुरू हो गया है और 20 सितम्बर को हर परिवार का एक–एक ऐसा व्यक्ति अपनी जान हथेली पर रखकर चौक मेहता पहुंचे, जिसके 'शहीद' होने से परिवार का काम–काज न रुके। इस पत्र प्रतिनिधि ने यथास्थल बीसियों नौजवानों से बातें कीं और सबने इस प्रचार की पुष्टि की।

पुलिस पगड़ियों के घेरे में

यही कारण था, चौक मेहता में खून–खराबे की दुर्गंध कई दिन पहले से आने लगी थी। पुलिस का कहना है कि उसने 1100 जवान, 53 घुड़सवार पुलिस, बी.एस.एफ. की एक बटालियन तथा केन्द्रीय रिजर्व पुलिस के जवानों से भरे चार ट्रक तैनात किए थे। अमृतसर के वरिष्ठ पुलिस अधीक्षक एस.एच. अटवाल को नाकेबंदी की जिम्मेदारी सौंपी गयी थी और जालंधर के डी.आई.जी. धारीवाल देख–रेख कर रहे थे। बताया जाता है कि पास के गांव बुटराकलां के पास सेना के 34 ट्रक भी तैनात थे।

20 सितम्बर की सुबह गुरुद्वारा गुरूदर्शन प्रकाश की छत से दूर तक नीली, पीली और अन्य रंगों की पगड़ियों का समुंदर–सा उमड़ता नजर आने लगा था। यह केवल भीड़ नहीं जान पड़ती थी। बारीकी से देखने से पता चल सकता था कि संत के अनुयायी वहां कोरे तमाशबीन बनकर खड़े होने नहीं आये थे। वे, ट्रकों, ट्रालियों, मोटरसाइकिलों आदि पर इधर–उधर तैनात किये जा रहे थे। उनके पास तमाम तरह के घातक हथियार थे–तलवारों, भालों, बरछों से लेकर बंदूकों तक जबकि पुलिस ने उस क्षेत्र में हथियार लेकर चलने पर रोक लगा दी थी। संत के डेरे गुरूदर्शन प्रकाश से डेढ़ किलोमीटर दूर पुलिस की घेराबंदी थी, तो उसके पीछे संत के अनुयायियों की घेराबंदी, जो अपनी शहादत के लिए तैयार हो कर आए थे। थोड़ी–थोड़ी देर बाद लगने वाले 'सत श्री अकाल' और 'जो बोले सो निहाल' के नारे इस समय भक्तिभाव के नहीं, युद्ध के आह्वान के प्रतीक बन गये थे और किसी भी व्यक्ति को आतंकित करने के लिए काफी थे। संत की गिरफ्तारी का समय जैसे–जैसे नजदीक आ रहा था, तनाव बढ़ता जा रहा था।

इस तनाव का स्रोत था, गुरूद्वारा गुरूदर्शन प्रकाश के सामने 35 हजार लोगों के लिए बनाया गया विशाल पांडाल, जहां सुबह 9.30 बजे से सिख नेताओं के उत्तेजक भाषण शुरू हो गये थे। अकाली दल के दोनों गुटों के अलावा सिख समुदाय के तमाम धार्मिक और राजनीतिक नेता सिख धर्म के प्रति अपनी वफादारी और कुर्बानी देने के लिए बहादुरी जाहिर करने की होड़ कर रहे थे। नेताओं में प्रमुख थे–अकाली दल (लौं0) के अध्यक्ष संत हरचंद सिंह लौंगोवाल, शिरोमणि गुरूद्वारा प्रबंधक कमेटी के प्रधान सरदार गुरूचरण सिंह टोहरा, दिल्ली गुरूद्वारा प्रबंधक समिति के अध्यक्ष (जो कांग्रेस 'इ' के समर्थक माने जाते हैं) जत्थेदार सरदार सन्तोख सिंह, अकाल तख्त (अमृतसर) के प्रधान सरदार गुदयाल सिंह अजनोहा और बाबा खड़ग सिंह तथा अकाली दल (तलवंडी) के नेता।

संत जरनैल सिंह भिंडरांवाला "जो बोले सो निहाल" का नारा गुंजाकर गिरफ्तारी देने आगे बढ़ गए

हिंसा का वातावरण

अकालियों से मतभेद रखने वाले और दिल्ली के नेता जत्थेदार सन्तोख सिंह के इन शब्दों से इस सभा के वातावरण का पता चल सकता है–"सिख वैसे जितने गुटों में बंटे हों, मगर धर्म के मामले में एक हैं।" इतना ही नहीं, उन्होंने कहा कि अगर सिख कौम की मांगें पूरी नहीं की गयीं तो एक ज्वालामुखी फूट पड़ेगा। उन्होंने संत को बाइज्जत बरी करने की मांग करते हुए वचन दिया–"हम संतजी के साथ हैं और जरूरत पड़ने पर हम अपने प्राण भी दे सकते है।"

अकाल तख्त के प्रधान गुरदयाल सिंह अजनोहा ने चेतावनी दी "दिल्ली के तख्त पर बैठने वाले बादशाहो.... हम सब्र से जुल्म को बर्दाश्त नहीं करेंगे। अगर संत को कुछ हो गया, तो सबसे पहले कुर्बानी देने वाला मैं होऊंगा।" श्रोताओं में से कुछ युवकों ने मांग की कि गुरदयाल सिंह अजनोहा अपने शब्द वापस लें। इस पर संत भिंडरांवाला ने हस्तक्षेप किया और कहा कि अकाल तख्त के प्रधान के प्रति बेसब्री और अनादर नहीं दिखाना चाहिए। उन्होंने कहा कि वह जो कर रहे हैं, वह वही है जो सिख गुरूओं की सीख है।

गुरूचरण सिंह टोहरा ने अपने भाषण में कहा–"इंदिरा गांधी, जैल सिंह और दरबारा सिंह की पुलिस सिखों को नहीं डरा सकती। संतजी की गिरफ्तारी सिखी पर बड़ा हमला है और सिखों के आत्मसम्मान को चुनौती है। अगर पवित्र आत्मा संत भिंडरांवाला को कोई कष्ट पहुंचा, तो हिन्दुस्तान ही नहीं, अमरीका, कनाडा और दुनिया के दूसरे मुल्कों के सिख बाशिन्दे हिन्दुस्तान आयेंगे और ऐसी ज्वाला धधकेगी कि हिन्दुस्तान खाक हो जाएगा।" संत लौंगोवाल ने भी इसी तरह की चेतावनी दी और संत की गिरफ्तारी के विरुद्ध संगतें और अखंड पाठ कराने का आह्वान किया।

दोपहर 1.55 बजे संत भिंडरांवाला बोलने खड़े हुए, तो अनेक बंदूकधारी सिख उनके पीछे खड़े हो गए। संत ने उपस्थित जन समुदाय को शान्ति और धैर्य बरतने की सलाह दी। मगर उनके ये शब्द जनमानस को छू गए। उन्होंने कहा–"मैं मौत की दुल्हन से शादी करने जा रहा हूं कि वह कोई 'ग्रंथी' लायें और 'आनन्द कारज' पूरा करायें।" संत ने लगभग ढाई बजे भाषण समाप्त किया और "जो बोले सो निहाल" का नारा गुंजाकर गिरफ्तारी देने आगे बढ़ गए।

गुरदासपुर के वरिष्ठ पुलिस अधीक्षक जे.एस. चाहल ने संत को पुलिस की गाड़ी में बिठाया। अजनाला के एस.डी.एम., एन.एस. तिवाना भी संत के साथ बैठे थे। यह गाड़ी शाम 5.15 पर लुधियाना पहुंची, जहां संत को एक रेस्ट हाउस में रखा गया। अगले दिन मजिस्ट्रेट के सामने पेश किया गया।

निहंग पुलिस पर टूट पड़े

भिंडरावाला को लेकर पुलिस की कार अभी आंखों से ओझल भी नहीं हुई थी कि उनके समर्थकों की एक टोली गुरूद्वारे की ओर से आने वाली सड़क के सामने तैनात पुलिस पर टूट पड़ी। पुलिस शायद गिरफ्तारी के समय हुड़दंग की आशा कर रही थी, गिरफ्तारी हो जाने के बाद नहीं। वरना और क्या कारण था कि वह इस हमले के मुकाबले के लिए तैयार न थी। हिंसक टोलियों ने "जो बोले सो निहाल" आदि नारे लगाते हुए

पुलिस के विभिन्न दस्तों पर हमले कर दिए। एक टोली ने पुलिस के टैंट स्थित कार्यालय में आग लगा दी। एक अस्थायी कैंटीन, एक पुलिस जीप और एक ट्रक के अलावा सिपाहियों के बिस्तर भी स्वाहा हो गए।

दो निहंगों ने एक सिपाही लछमन सिंह पर तलवारों से हमला कर दिया और उसके हाथों और पैरों पर कई वार कर बुरी तरह घायल कर दिया। कुछ और निहंग इसी तरह अन्य सिपाहियों पर टूट पड़े। एक पुलिस वाला ईंट की वर्षा में फंस गया। उसने हाथ जोड़े मगर हमलावरों ने उसे धराशायी करके ही छोड़ा।

इस हमले से भागकर बी.एस.एफ. के जवानों ने मिट्टी की ढेरियों के पीछे मोर्चा जमाया और गोलियों की बौछार शुरू कर दी। एक ओर से पुलिस ने आंसू गैस छोड़ दी। घटनास्थल पर भगदड़ मच गयी। दिल्ली प्रदेश गुरूद्वारा प्रबंधक कमेटी के प्रधान सन्तोख सिंह ने एक सरकारी गाड़ी में शरण ली।

बी.एस.एफ. के जवान लाशों को उठाते देखे गए। सरकारी तौर पर 8 व्यक्तियों के मरने की खबर दी गयी, मगर घटनास्थल पर कम–से–कम 20 व्यक्तियों के मरने का अनुमान है। कितने पुलिसवाले घायल हुए, यह नहीं बताया गया। अमृतसर के एक मजिस्ट्रेट के.एस. संधू को कंधे पर चोट लगी।

इस कांड के बाद सारे पंजाब में तनाव अपनी चरम सीमा पर पहुंच गया। बी.एस.एफ. के हथियारगंद जवानों ने कई शहरों में अपनी ताकत दिखाने के लिए हथियारबंद परेड निकाली। उत्तर प्रदेश की सशस्त्र पुलिस भी बुला ली गयी। यह मोर्चाबंदी जालंधर की घटना के बाद तो और भी आवश्यक हो गयी, जहां मोटरसाइकिल पर सवार तीन नौजवान बाजार में गोलियां बरसाते हुए नकोदर की तरफ भाग गए।

पुलिस ने राज्य भर में उग्रपंथी सिख और आर.एस.एस. कायकर्ताओं को हिरासत में ले लिया।

गुरुद्वारा गुरुदर्शन प्रकाश, चौक मेहता में संत जरनैल सिंह भिंडरांवाला

आवरण कथा

एक विमान पांच कृपाण

बीस घंटे का तमाशा

अपहृत विमान लाहौर से लौटने के बाद

इण्डियन एयर लाइंस का दिल्ली से अमृतसर होकर श्रीनगर जाने वाला बोइंग-७३७ विमान उस समय २२ हजार फुट की ऊंचाई पर पांच सौ किलोमीटर प्रति घंटे की रफ्तार से हिसार के ऊपर उड़ रहा था। इस समय दिन के एक बजे थे कि यकायक पायलट एस०एन० दामले और सहायक पायलट टी०पी० सिन्हा को किसी महिला की चीख सुनायी दी। दामले ने काकपिट का दरवाजा खोलकर पीछे झांका ही था कि दो सिख युवक कृपाण लिये काकपिट में घुस आये और चालकों की गर्दन पर कृपाण रखते हुए उनमें से एक ने दामले से कहा—"आप लाहौर चलिये और हिन्दुस्तान के किसी भी एयरपोर्ट से बात मत करिये।" वह गजेन्द्र सिंह था। सिन्हा की गर्दन पर कृपाण रखकर खड़ा युवक कर्ण सिंह था जो अपने आपको 'दल खालसा' का सदस्य बता रहा था।

यह विमान १२.३० पर दिल्ली हवाई अड्डे से उड़ा था, जबकि इसका निश्चित समय १२.२० है। १२.४२ बजे जहाज ने हवाई पट्टी छोड़ी थी। दिल्ली से अमृतसर के रास्ते में हिसार और मोगा दो रिपोर्टिंग पाइंट थे। १२.५३ पर हिसार आ गया था और सब कुछ सामान्य था। विमान को १.२० पर अमृतसर पहुंचना था।

दोनों युवक चालकों के पीछे वाली सीट पर बैठ गये। कैप्टन दामले ने १.०३ बजे लाहौर हवाई अड्डे के नियंत्रण कक्ष को

12

एक विमान पाँच कृपाण

(नवम्बर, 1981)

इण्डियन एयरलाइंस का दिल्ली से अमृतसर होकर श्रीनगर जाने वाला बोइंग–737 विमान उस समय 22 हजार फुट की ऊंचाई पर पांच सौ किलोमीटर प्रति घंटे की रफ्तार से हिसार के ऊपर उड़ रहा था। इस समय दिन के एक बजे थे कि यकायक पायलट एस.एन. दामले और सहायक पायलट टी.पी. सिन्हा को किसी महिला की चीख सुनाई दी। दामले ने काकपिट का दरवाजा खोलकर पीछे झांका ही था कि दो सिख युवक कृपाण लिए काकपिट में घुस आए और चालकों की गर्दन पर कृपाण रखते हुए उनमें से एक ने दामले से कहा–"आप लाहौर चलिए और हिन्दुस्तान के किसी भी एयरपोर्ट से बात मत करिए।" वह गजेन्द्र सिंह था। सिन्हा की गर्दन पर कृपाण रखकर खड़ा युवक कर्ण सिंह था जो अपने आपको 'दल खालसा' का सदस्य बता रहा था।

यह विमान दिन में 12.30 पर दिल्ली हवाई अड्डे से उड़ा था, जबकि इसका निश्चित समय 12.20 है। 12.42 बजे जहाज ने हवाई पट्टी छोड़ी थी। दिल्ली से अमृतसर के रास्ते में हिसार और मोगा दो रिपोर्टिंग पाइंट थे। 12.53 पर हिसार आ गया था और सब कुछ सामान्य था। विमान को 1.20 पर अमृतसर पहुंचना था।

दोनों युवक पायलट्स के पीछे वाली सीट पर बैठ गए। कैप्टन दामले ने 1.03 बजे लाहौर हवाई अड्डे के नियंत्रण कक्ष को सूचित किया कि हम लाहौर आ रहे हैं। उधर से पूछा गया कि क्यों? 5–7 मिनट तक दामले ने कोई जवाब नहीं दिया। विमान अपहरणकर्ता ज्यादा बोलने से इनकार कर रहे थे। कैप्टन ने सोचा कि लाहौर को कोई जवाब नहीं देने से वे समझ जाएंगे कि कहीं कोई गड़बड़ है। सवा बजे के आसपास अपहरणकर्ताओं ने पूछा कि लाहौर कितनी दूर है? इसी समय कैप्टन ने लाहौर को कहा कि हम लाहौर आ रहे हैं, क्योंकि ईंधन की कमी है। कुछ मिनट चुप रहने के बाद पुनः लाहौर को कहा कि अमृतसर एयरपोर्ट बंद हो चुका है और हम लाहौर ही आ रहे हैं। लाहौर ने दो–तीन बार इसका कारण जानना चाहा और यह भी कहा कि अमृतसर हवाई अड्डा बंद नही है, लेकिन चालक दल ने इसका कोई उत्तर नहीं दिया। जब लाहौर पहुंचने में एक मिनट ही रह गया, तो कैप्टन ने कहा–''हम लाहौर ही आ रहे हैं।'' उधर से बार–बार कारण पूछा जाता रहा, लेकिन कोई उत्तर नहीं दिया और जहाज लाहौर की हवाई पट्टी पर भारतीय समय के अनुसार 1.24 पर उतर गया।

कैप्टन दामले एवं विमान के अन्य कर्मचारी

लाहौर पहुंचने के बाद गजेन्द्र सिंह ने कैप्टन से पूछा कि कैसे विश्वास हो कि यह लाहौर ही है। उसने कहा–''अगर यह लाहौर ही है, तो मेरी लाहौर वालों से बात कराइये। कैप्टन ने उसे माइक थमाते हुए कहा–बात करो।

''हम आपके शुक्रगुजार हैं कि आपने हमें यहां उतरने दिया। हमारी किसी हायर आफिशियल से बात कराइये।'' गजेन्द्र सिंह ने कहा। उसने यह भी बता दिया कि यह विमान अपहरण करके लाया गया है।

दूसरी ओर से कहा गया–''आप घबराइये नहीं। आप लाहौर में ही हैं। हम आपकी हर तरह से मदद करेंगे।'' इसके बाद जहाज को हवाई अड्डे के एक कोने में खड़ा करवा दिया गया। थोड़ी ही देर बाद 1.30 बजे जहाज का इंजन बंद किया गया। इंजन बंद करते ही पांच मिनट के अंदर पुलिस फोर्स आ गई। और उसने जहाज के चारों ओर तीन

घेरे बना लिए। एक जहाज के पास, दूसरा जहाज से सौ मीटर दूर और तीसरा कुछ और दूर। शाम पांच बजे तक कोई अन्य घटना नहीं घटी।

कैप्टन दामले ने 1.40 पर दिल्ली को सूचित करते हुए कहा–"हवाई जहाज का अपहरण कर लिया गया है। हम लाहौर आ गए हैं। मुझे विश्वास है कि हमारे परिवारों को बता दिया जाएगा कि घबराने की कोई बात नहीं है।"

कैप्टन दामले के अनुसार : एक बजे से डेढ़ बजे का समय काफी तनावपूर्ण था। कॉकपिट में दो युवक कृपाण लिए बैठे थे और पीछे विमान में खालिस्तान समर्थक नारे लगाए जा रहे थे। मन–ही–मन मैं सोच रहा था कि विमान जल्दी–से–जल्दी जमीन पर पहुंच जाए। इसलिए कि हवा में कोई भी हादसा हो गया, तो गंभीर बात हो सकती थी। इस बीच गजेन्द्र सिंह ने यह भी कहा कि अगर गलत एयरपोर्ट की ओर ले गए तो खंजर गले में उतर जाएगा। मैं 5.30 बजे तक कॉकपिट में ही बैठा रहा।"

कुछ समय बाद इस्लामाबाद में भारत के उच्चायुक्त नटवर सिंह भी आ गए। गजेन्द्र सिंह ने भारतीय उच्चायुक्त से बातचीत करने से इनकार कर दिया। जब पाक अधिकारी भी आ गए, तो गजेन्द्र सिंह वार्तालाप के लिए चला गया। कॉकपिट में उस समय कर्ण सिंह ही रह गया था। थोड़ी देर बाद जब वह वापस आया, तो कैप्टन दामले ने उससे पूछा कि क्या मांगे रखी हैं, तो उसने बताने से इनकार कर दिया। दोनों अपहरणकर्ताओं ने रेडियो पर खबरें लगाने के लिए कहा। जब खबरें आयीं, तो पता चला कि इन लोगों ने भिंडरांवाला को छोड़ने, भारत की जेल में बंद 160 खालिस्तानियों को रिहा कर लाहौर पहुंचाने तथा विमान सही सलामत मुक्त करने के मुआवजे के रूप में 5 लाख डॉलर की

मांग की है। सायंकाल 6 बजे के आसपास औरतों और बच्चों को विमान से बाहर जाने दिया गया। गजेन्द्र सिंह ने कहा कि रूसियों को छोड़कर दूसरे विदेशियों को भी जाने दो। सौभाग्य से उसमें कोई रूसी यात्री नहीं था।

इसके बाद गजेन्द्र सिंह ने पाक अधिकारियों से कह कर तीन कुर्सियां मंगवाईं और वह जहाज के नीचे बैठ गया। युवक कर्ण सिंह अभी कॉकपिट में ही रहा। रात 10.30 बजे के आसपास खाना आया। औरतें, बच्चे और विदेशी तो चले गए थे, केवल दो महिलाएं ऐसी थीं जो अपने पतियों को छोड़कर जाने को तैयार नहीं हुईं। इनमें से एक के छोटा बच्चा भी था। खाना खाने के बाद विमान में शेष रह गए 40 यात्रियों में अधिकांश ऊंघने लगे थे। गजेन्द्र सिंह रात भर विमान के नीचे बैठा रहा। लाहौर में वह रात ठण्डी थी। न जाने कहां से वह काली जैकेट ले आया था।

गजेन्द्र सिंह ने भूरे रंग की सलवार और कुर्ता पहन रखा था तथा हरी पगड़ी बांध रखी थी। कर्ण सिंह 17–18 वर्ष का लड़का था और वह चैक की बुशर्ट और ट्राउजर पहने था। यह लड़का अति उत्साही था। इसी ने विमान अपहरण के समय अपनी हथेली को कृपाण से चीरते हुए लोगों को धमकी दी थी और कृपाण को अपने खून से रंग लिया था।

कैप्टन दामले ने बताया–"मैं रात भर जागता रहा। मैंने सोचा, यदि मरना ही है तो जागते हुए मरा जाए। पता नहीं ये लोग रात को क्या एक्शन करें। विमान के भीतर तीनों अपहरणकर्ता मुस्तैदी से लोगों की निगरानी कर रहे थे।"

29 सितम्बर को सवेरे पौने छह बजे के आसपास चाय और बिस्कुट आए। अपहरणकर्ताओं ने यात्रियों से कहा कि जिसको सिगरेट पीनी हो, वे दो–दो करके विमान से बाहर जाएं और पीकर आ जाएं। इन लोगों का यात्रियों को डराने–धमकाने का भी अपना तरीका था। इन्हें किसी भी यात्री से कुछ भी कहना होता, तो कृपाण की नोंक दिखा कर कहते। एक यात्री से पैर सीधे करने के लिए जब एक अपहरणकर्ता ने कृपाण की नोंक लगायी, तो उसे गुस्सा आ गया और उसने प्रतिरोध किया।

एक खास बात यह थी कि बातचीत के लिए लाउंज की ओर से दो कारें–एक काली तथा एक लाल रंग की आती थीं। एक में पाक अधिकारी तथा दूसरी में पुलिस होती थी। पुलिस वाली गाड़ी में बिठाकर ही गजेन्द्र सिंह को ले जाया जाता। इससे पहले कर्ण सिंह ने अनुरोध किया कि आकाशवाणी से खबरें सुनायी जाएं। जब कप्तान ने खबरें सुनवा दीं तो वह खुश हो गया। इसके बाद गजेन्द्र सिंह आया। वह अपने साथ दो अखबार–एक

उर्दू का और एक अंग्रेजी का लेकर आया। फिर एक ने अंग्रेजी का तथा दूसरे ने उर्दू का अखबार पढ़ा तथा बाद में कृपाण से चीर दिया। उनकी हरकतें अपने ही प्रकार की थीं। सेब खाते समय उसे उछाल कर कृपाण की नोंक में लेकर खाते। यह सभी कुछ फिल्मीं अंदाज में हो रहा था।

पौने आठ बजे नाश्ते के डिब्बे लाये गये। पाकिस्तानी कमाण्डोज ने एक प्रकार से आपरेशन शुरू कर दिया था। कर्ण सिंह भी बातचीत के लिए चला गया था। और काकपिट में पहली बार कप्तान और सहायक चालक अकेले रह गए थे। दोनों ने कॉकपिट का दरवाजा अंदर से बंद किया और 8.05 बजे दिल्ली को बताया कि कमाण्डोज ने जहाज को अपने अधिकार में ले लिया है। हम लोग सुरक्षित हैं।

"मैं देख रहा था कि गजेन्द्र सिंह को बाहर कमाण्डोज ने घेर लिया था। दूसरे अपहरणकर्ता भी दबोच लिए गए थे। कॉकपिट का दरवाजा भी किसी ने खटखटाया। मैं दरवाजा खोल कर बाहर आ गया। पाकिस्तानियों ने आदेश दिया कि विमान में सवार सभी लोग हाथ खड़े करके बाहर आ जाएं और महिलाओं को छोड़कर सभी लेट जाएं। हम नीचे आए और बाहर आकर लेट गए। उन लोगों ने हमारी तलाशी ले ली।" – 26 वर्ष से पायलट का काम कर रहे और लगभग चार लाख घंटों की उड़ान का अनुभव रखने वाले पायलट कप्तान ने बताया।

खालिस्तान समर्थक इन पांच अपहरणकर्ताओं को गिरफ्तार करने के लिए पाक कमाण्डोज ने एक रात में बंधकों को मुक्त कराने की योजना गढ़ डाली। भारतीय समय के अनुसार 29 सितम्बर के बाद मध्य रात्रि को जबकि 12.10 बजे एक भारतीय वायुयान 66 यात्रियों को लेकर दिल्ली के लिए रवाना हो गया था, विमान को दमकलों और एम्बुलेंसों ने घेर लिया था। लेकिन पौन घंटे बाद उन्हें वापस वहां से हटा लिया गया। इससे पहले रात्रि को लगभग डेढ़ बजे अपहरणकर्ताओं ने बातचीत तोड़ दी थी और मांगे पूरी करने के लिए 30 सितम्बर को सेवरे दस बजे का अल्टीमेटम दिया था। यह बात उल्लेखनीय है कि इससे पहले 29 सितम्बर की शाम अपहरणकर्ता पत्रकारों से बातचीत करने गये, तो भारतीय उच्चायुक्त नटवर सिंह वहां से वाकआउट कर गए। 30 सितम्बर को सवेरे पौने आठ बजे के आसपास जब गजेन्द्र सिंह शौचालय में गया, तो पाक कर्मचारी सफाई कर्मचारियों के वेश में विमान में घुसे और उसे दबोच लिया।

...एक अजब नमूना कुतुब मीनार भारतीय पुरातत्व विभाग के लिए भी निश्चय ही विशिष्ट महत्व रखता होगा। लेकिन, फिर भी विभाग कोई भी हो, नौकरशाही का रंग कहीं भी फीका नहीं होता और हजारों की तादाद में रोज आते दर्शकों के सैलाब के बावजूद कुतुब मीनार में दो चौकीदारों और दिल्ली विद्युत मण्डल की मर्जी पर चलने वाली बिजली के भरोसे मीनार और मीनार में शामिल होते दर्शकों की 'सुरक्षा' की व्यवस्था की जाती है !

यह हालत, तिस पर 4 दिसम्बर को पड़ा शुक्रवार। मुफ्त प्रवेश। देशी-विदेशी पर्यटक और स्कूलोंकीकक्षाएं। भीड़ पर कोई नियन्त्रण यों भी नहीं होता, सभी ऊपर चढ़ गये। देशी और विदेशी महिलाएं भी भीतर थीं, और हमारे समाज के पतन हुए रूपों वाले प्रतिनिधि युवक भी। छेड़खानी की। भगदड़ मची। बत्ती गुल थी। सब अपगये। 45 मर गये। इतिहास की कोई सामान्य मौतें नहीं थी ये। कुतुब के मौन पत्थर ही साक्षी हैं कि किस निर्दयता से 21 मासूम बच्चे भी कुचलकर मार दिये गये।

लेकिन सरकार ने अपनी तमाम सफाइयां दे दी हैं। प्रशासन अपने को निर्दोष कह चुका। और विपक्षी भी सरकार के निकम्मेपन को अखरा कर रह चुके। लोग भी कह चुके कि दर्दनाक घटना थी, शर्मनाक थी–होता रहता है ! गनीमत है यही नहीं कहा कि "चलता है" !!

दुर्घटना के तुरन्त बाद इस संवाददाता ने दिल्ली के अतिरिक्त पुलिस आयुक्त निखिल कुमार से बात की। आयुक्त साहब का कहना था–'आप लोग तो पुलिस की खामियां ही सोचेंगे। आज तक हमारे यहां एक भी ऐसी रिपोर्ट नहीं लिखायी गयी जिनमें किसी महिला से छेड़छाड़ की शिकायत की गयी हो।....छेड़छाड़ की की साजिश है।'

आयुक्त साहब किसी महिला से छेड़छाड़ की शिकायत महिला द्वारा भारतीय पुलिस में दर्ज करवाने की अपेक्षा रखते हैं, यह सुनकर पर्याप्त हैरत हुई। बहरहाल, उनसे यही निवेदन किया कि दुर्घटना साढ़े ग्यारह बजे हुई थी, पुलिस पहुंच बारह पैंतालीस पर, और महरौली थाना, जो कुछ फर्लांग ही दूर है, के इंचार्ज पहुंचे दो दो बजे के बाद। पर इस घटनाक्रम में उन्होंने कोई रुचि नहीं दिखाई, उन्होंने रुचि ली घटना का कारण जताने में। उन्होंने बताया "अंधेरा था और अचानक किसी महिला का पैर फिसल गया। बस भगदड़ मच गयी और लोगों का दम घुट गया।" सवाल पूछा, कि और भी कोई कारण आप अनुमान करते हैं? वे बोले–"हो सकता है किसी ने मजाक में यह अफवाह फैला दी कि मीनार गिर रही है। लोग घबराकर बाहर निकलने को दौड़े और दुर्घटना

मीनार में मौत

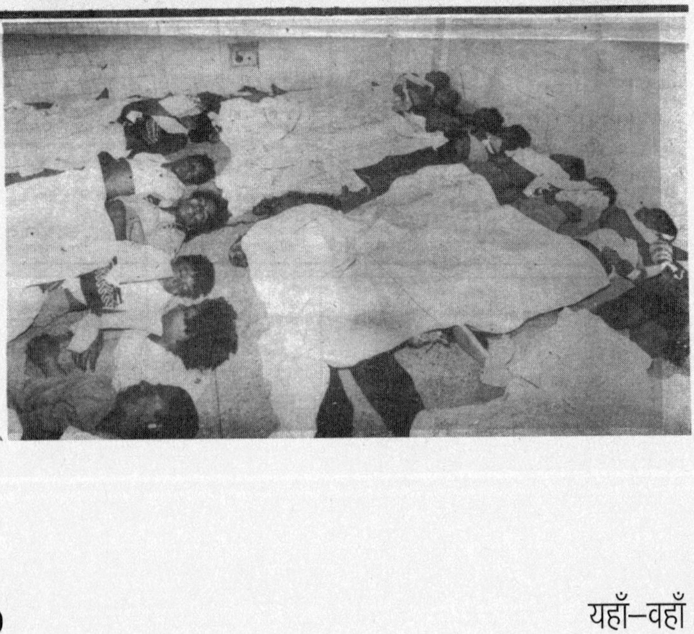

13

मीनार में मौत

(13 दिसम्बर 1981)

सात सौ साल के इतिहास का एक अजब नमूना कुतुब मीनार भारतीय पुरातत्व विभाग के लिए भी निश्चय ही विशिष्ट महत्व रखता होगा। फिर विभाग कोई भी हो, नौकरशाही का रंग कहीं भी फीका नहीं होता। रोज हजारों की तादाद में दर्शकों के सैलाब कुतुबमीनार आता है। वहां की सुरक्षा व्यवस्था केवल दो चौकीदारों और दिल्ली विद्युत मण्डल की मर्जी पर निर्भर है। तिस पर 4 दिसम्बर को पड़ा शुक्रवार। मुफ्त प्रवेश। देशी–विदेशी पर्यटक और स्कूलों के बच्चे। भीड़ पर कोई नियन्त्रण यों भी नहीं होता, सभी ऊपर चढ़ गये। देशी और विदेशी महिलाएं के साथ कुछ मनचले युवक भी मीनार देखने के लिए भीतर चले गये। कहते हैं फिर महिलाओं से छेड़खानी हुई, भगदड़ मची। बत्ती गुल थी। सब अपनी जान के फेर में पड़ गये। कुछ बच गये। 45 मर गये। इतिहास की कोई सामान्य मौतें नहीं थी ये। कुतुब के मौन पत्थर ही साक्षी हैं कि किस निर्दयता से 21 मासूम बच्चे भी कुचलकर मार दिये गये।

लेकिन सरकार ने अपनी तमाम सफाइयां दे दी। प्रशासन अपने को निर्दोष कह चुका है। और विपक्षी भी सरकार के निकम्मेपन को कोस रहे हैं। लोग भी कह चुके कि

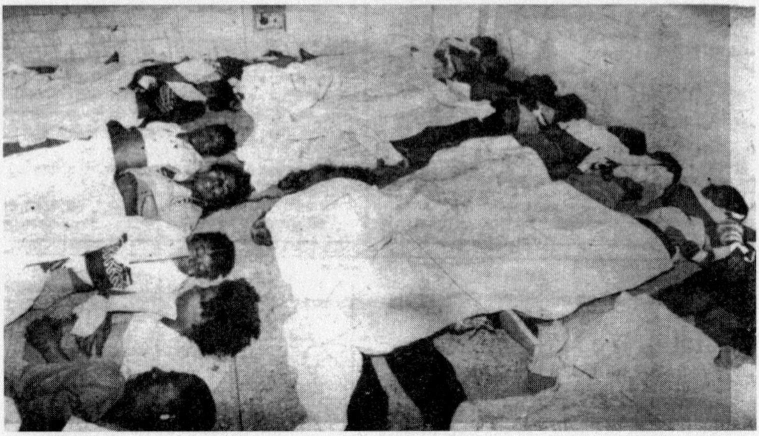

दर्दनाक घटना थी, शर्मनाक थी– होता रहता है! गनीमत है यही नहीं कहा कि ''चलता रहता है''!!

दुर्घटना के तुरन्त बाद इस संवाददता ने दिल्ली के अतिरिक्त पुलिस आयुक्त निखिल कुमार से बात की। आयुक्त साहब का कहना था– 'आप लोग तो पुलिस की खामियां ही सोचेगें। आज तक हमारे यहां एक भी ऐसी रिपोर्ट नहीं लिखायी गयी जिनमें किसी महिला से छेड़छाड़ की शिकायत की गयी हो। ...छेड़छाड़ की बात झूठी है, सरकार को बदनाम करने की साजिश है।'

आयुक्त साहब किसी महिला से छेड़छाड़ की शिकायत महिला द्वारा भारतीय पुलिस में दर्ज करवाने की अपेक्षा रखते है, यह सुनकर पर्याप्त हैरत हुई। बहरहाल, उनसे यही निवेदन किया कि दुर्घटना साढ़े ग्यारह बजे हुई थी, पुलिस पहुंची बारह पैंतालीस पर, और महरौली थाना, जो कुछ फर्लांग ही दूर है वहां के इंचार्ज पहुंचे दो बजे के बाद। पर इस घटनाक्रम में उन्होने कोई रुचि नहीं दिखाई, उन्होने रुचि ली घटना का कारण बताने में। उन्होनें बताया ''अंधेरा था और अचानक किसी महिला का पैर फिसल गया। बस भगदड़ मच गयी और लोगों का दम घुट गया।'' सवाल पूछा, कि और कोई भी कारण आप अनुमान करते है? वे बोले– ''हो सकता है किसी ने मजाक में यह अफवाह फैला दी हो कि मीनार गिर रही है। लोग घबराकर बाहर निकलने को दौड़े और दुर्घटना हो गयी।''

5 दिसम्बर को अतिरिक्त पुलिस आयुक्त ने एक संवाददता सम्मेलन बुलाया। वही तर्क कि हमारे यहां किसी महिला ने रिपोर्ट नहीं लिखवाई। एक अंग्रेजी पत्र की संवाददता ने सवाल पूछा–''क्या कोई भी महिला छेड़छाड़ का कष्ट सहने के बाद आपकी

पुलिस में रिपोर्ट लिखाने और फिर उनके सामने कपड़े उतरवाने की यातना भोग सकती है?" आयुक्त ने कोई जवाब नहीं दिया। उनके पास कोई जवाब था भी नहीं।

बिजली की बात भी जैसे प्रशासन के लिये खेल हो गयी। विद्युत विभाग ने कह दिया कि उस वक्त बिजली दुरुस्त थी। पुलिस कहती है, नहीं बिजली गुल हुई और पैर फिसलने से दुर्घटना हुई। सब अपने तर्क बना चुके! एक शासन के दो विभाग आमने–सामने हो गये। बचा फिर पुरातत्व विभाग। बिजली गुल की गई, इसका अर्थ यही होता है कि सुरक्षा की कोई व्यवस्था वहां नहीं होती– बिजली चली गई तो सीधा तर्क है कि इमरजेंसी लाइट कुतुब में भी नहीं होगी तो कहां होगी!

पुरातत्व विभाग अपनें काम में सर्वत्र उदासीन हो ऐसी बात नहीं है, क्योंकि अजंता–एलोरा और खजुराहों आदि स्थलों पर व्यवस्थाएं पर्याप्त हैं। ऐसे में वही विभाग कुतुब को कुछ चौकीदारों के भरोसे कैसे छोड़ सकता है? करीब 240 फुट की ऊंचाई वाली पांच मंजिली कुतुब मीनार में 1955 से एक ही मंजिल खुली है पहली मंजिल की ऊंचाई 95 फुट है और घुमावदार डेढ़ सौ सीढ़ियां है। सरकार (पुलिस) के सूत्रों के अनुसार दुर्घटना 20 से 25वीं सीढ़ी के बीच हुई, क्योंकि अधिकांश लाशें इन्हीं के गिर्द पायी गयीं। अब देखिए कितनी सीढ़ियो की सुरक्षा का सवाल था, पुरातत्व विभाग को अगर पांच मंजिलें सुरक्षा के लिए मिली होती तो?

फिलहाल आरोपों–सफाइयों के बाद सरकार ने सत्र न्यायाधीश जगदीशचंद्र की अध्यक्षता में एक सदस्यीय जांच आयोग गठित कर दिया है। जांच का काम शुरु हो गया है और सरकार को रिपोर्ट की प्रतीक्षा है। दूसरा काम यह हुआ है कि शायद खून से रंगी सीढ़ियों से लोगों में फैले भारी आक्रोश को देखते हुए शासन ने मीनार के भीतर घुसने और चढ़ने पर पाबन्दी लगा दी है।

कुतुब की दुर्घटना का कारण अगर 'बत्ती गुल होने की गड़बड़ से उपजी भगदड़' माना जाता है तो यह सच से कतराना होगा। दोनों विदेशी महिलाओं के बयान सत्य की पर्याप्त पुष्टि करते हैं। बल्कि एक फ्रांसीसी महिला इसे "सुनियोजित दुर्घटना" बताती। इन पंक्तियों के लिखे जाने तक भी अस्पताल में भर्ती विदेशी युवती जैकी का सीधा बयान है कि दुर्घटना के समय वह भी वहां थी, कुछ बदमाशों ने उसके साथ छेड़खानी की, फिर कपड़े फाड़ डाले और शरीर नोंचने की कोशिश करने लगे। वह भागी और गिरते–पड़ते कुचल दी गई।

यह हादसा न केवल दर्दनाक है बल्कि विदेशी अतिथियों के साथ हमारे दुर्व्यवहार को भी दर्शाता है साथ ही साथ सामाजिक आचरण को भी। हमें बच्चों और महिलाओं के व्यवहार को संवेदनशीलता से देखना होगा बल्कि पुलिस और प्रशासन को उनके प्रति जिम्मेदार बनना होगा।

▼ ▼ ▼

14

तिहाड़ जेल : बीमार और बदनाम जेल

(नवम्बर, 1982)

जेलों के इतिहास में राजधानी की तिहाड़ जेल देश की सबसे अधिक बदनाम जेल कही जा सकती है। इस जेल की विडम्बना यह है कि जेल प्रशासन के विशेषज्ञ अधीक्षक यहां नियुक्त ही नहीं किये जाते। इसी वर्ष 11 मार्च को जेल सेवा के एक विशेषज्ञ की नियुक्ति अधीक्षक के पद पर की गयी किन्तु उसे मात्र 202 दिनों के बाद 30 सितम्बर को हटा दिया गया।

क्या कारण है कि इस जेल का प्रशासन ठीक तरह से चलाने में दिल्ली प्रशासन अब तक अफसल रहा है? इस प्रश्न का उत्तर जानने के लिए केन्द्र सरकार द्वारा गठित मुल्ला समिति की अंतरिम रिपोर्ट पर नजर डालना उपयुक्त होगा। सरकार ने यह रिपोर्ट संसद में पेश नहीं की है।

मुल्ला समिति ने अपनी अंतरिम रिपोर्ट 19 दिसम्बर, 1980 को केन्द्र सरकार को पेश कर दी थी। उस रिपोर्ट में जेल सुधार के लिए कुल 32 सिफारिशें की गयीं थीं। उन सिफारिशों को यदि लागू कर दिया गया होता या उन्हें लागू करने में दिल्ली–प्रशासन ने

तिहाड़ जेल : बीमार और बदनाम जेल

जेलों के इतिहास में राजधानी की तिहाड़ जेल देश की सबसे अधिक बदनाम जेल कही जा सकती है। इस जेल की विडम्बना यह है कि जेल प्रशासन के विशेषज्ञ अधीक्षक यहां नियुक्त ही नहीं किये जाते। इसी वर्ष ११ मार्च को जेल सेवा के एक विशेषज्ञकी नियुक्ति अधीक्षक के पद पर की गयी किन्तु उसे मात्र २०२ दिनों के बाद ३० सितम्बर को हटा दिया गया।

क्या कारण है कि इस जेल का प्रशासन ठीक तरह से चलाने में दिल्ली प्रशासन अब तक असफल रहा है? इस प्रश्न का उत्तर जानने के लिए केन्द्र सरकार द्वारा गठित मुल्ला समिति की अंतरिम रिपोर्ट पर नजर डालना उपयुक्त होगा। सरकार ने यह रिपोर्ट संसद में पेश नहीं की है।

मुल्ला समिति ने अपनी अंतरिम रिपोर्ट १९ दिसम्बर, १९८० को केन्द्र सरकार को पेश कर दी थी। उस रिपोर्ट में जेल सुधार के लिए कुल ३२ सिफारिशें की गयी थीं। उन सिफारिशों को यदि लागू कर दिया गया होता या उन्हें लागू करने में दिल्ली-प्रशासन ने अधिक रुचि दिखायी होती तो तिहाड़ जेल की हालत आज पिछले वर्षों के मुकाबले और बदतर नहीं होती।

तिहाड़ जेल का निर्माण १९५८ में किया गया था। इससे पहले यह जेल दिल्ली गेट पर थी। इसका प्रशासनिक नियंत्रण पंजाब सरकार के हाथ में था तथा पंजाब के पुलिस महानिरीक्षक इसकी देखरेख करते थे। १९६६ में यह जेल दिल्ली प्रशासन को सौंपी गयी। जेल में १२७३ कैदियों को रखने की व्यवस्था है। [illegible] है। कैम्प जेल १९७८ से शुरू की गयी और इसकी क्षमता से करीब ३०० अधिक कैदी हर समय यहां रहते हैं। १ अगस्त, १९६६ से अब तक १३ जेल महानिरीक्षक यहां नियुक्त किये गये। जेल अधीक्षक के पद पर २ दिसम्बर, १९३७ से अब तक २२ अधिकारी काम कर चुके हैं।

जेल की मौजूदा इमारत में न सही पर दूसरी इमारतों में आसफ अली, सरदार भगत सिंह, देशबन्धु गुप्ता, पं. मदनमोहन मालवीय, सरदार विट्ठल भाई पटेल, देवदास गांधी, मौलाना अबुल कलाम आजाद जैसी कई देशभक्त विभूतियां कैदी के रूप में रह चुकी हैं। आजादी के बाद मोरारजी देसाई, चन्द्रशेखर, चरणसिंह, राजनारायण, अटल बिहारी वाजपेयी, श्रीमती इन्दिरा गांधी और स्व. संजय गांधी [illegible]। ये सभी राजनीतिक कैदी रहे।

जहां तक अपराधियों का सवाल है, कई कुख्यात अपराधी इस जेल में बन्द हैं। इनमें कुछ वे लोग भी हैं जो समाज में महत्वपूर्ण स्थान रखते थे किन्तु संगीन अपराधों के कारण जेल में सजा भुगत रहे हैं। इनमें जम्मू-कश्मीर के एक भूतपूर्व राजनीतिज्ञ जो हत्या के अपराध में फांसी की सजा प्राप्त कैदी हैं, मकबूल बट, विद्या जैन हत्याकांड के अपराधी विख्यात नेत्र चिकित्सक डा. एन.एस. जैन, चंद्रेश शर्मा करतार सिंह, उजागर सिंह, बैंक डकैती कांड के सुनील बत्रा के नाम शामिल हैं। कुछ लोगों के मामले अदालत में हैं इनमें विनोद त्यागी, रामनारायण कुमार, राजन बख्शी आदि हैं।

इस जेल की चर्चा पिछले ५-७ वर्षों में कुप्रबंध के कारण अधिक [illegible] के पास से ५० फुट लम्बी और ६ फुट चौड़ी सुरंग बना कर कोई १२ कैदी और हिरासती उस रास्ते से फरार हो गये थे। उस उद्योगशाला का प्रबंध उप-अधीक्षक रामचन्द्र के पास था। यह मामला अभी भी अदालत में विचाराधीन है।

जेल के कुप्रबंध पर सर्वाधिक प्रकाश पड़ता है उस याचिका से जो ३० अप्रैल, १९८० को एक आजीवन बंदी राकेश कौशिक की ओर से तत्कालीन जेल अधीक्षक बी. एल. विग के विरुद्ध सर्वोच्च न्यायालय में स्वीकार की गयी थी। उसमें आरोप लगाया गया था कि जेल अधिकारियों और पुराने बंदियों ने एक गठजोड़ कर लिया है तथा सामान्य कैदियों को मानसिक तथा शारीरिक रूप से आतंकित और भयभीत किया जाता है।

उन दिनों तिहाड़ जेल की आंतरिक हालत एक संसद सदस्य के शब्दों में 'अपराध का कुख्यात विश्वविद्यालय' जैसी थी। इस जेल में व्यभिचार, समलैंगिक मैथुन, मादक द्रव्यों की तस्करी, शराब आदि का उपभोग सक्षम बंदियों के लिए संभव है। कैदी निचली श्रेणी के कर्मचारियों यथा मुख्य प्रहरी, प्रहरी आदि से गठजोड़ करके नशीले पदार्थों की तस्करी करते हैं। तस्कर लोग यहां मजे से रहते हैं। एक प्रख्यात पत्रकार ने तो यहां तक लिखा था कि तस्करों के लिए एक आलीशान होटल से रात्रि भोजन आता है और लड़की भी। इतना ही नहीं व्यभिचार के लिए कुख्यात अपराधियों ने जेल अधीक्षक की अनुपस्थिति में उसके कार्यालय कक्ष का भरपूर उपयोग किया।

जहां तक जेल में मादक द्रव्यों की [illegible] में भी लिखा हुआ है। एक जेल अधीक्षक का कहना था - 'मैं वहां भ्रष्टाचार दूर करने में सफल नहीं हो सका। इसलिए कि ऊपर के एक-दो अधिकारियों को छोड़कर कोई चाहता ही नहीं कि भ्रष्टाचार दूर हो। हर एक का शेयर जो बंधा है।

जेल अधिकारियों में एक महानिरीक्षक, एक उपमहानिरीक्षक, एक जेल अधीक्षक, तीन जेल उपअधीक्षक (जिनमें एक प्रथम ग्रेड का), १५ सहायक अधीक्षक, ३९ मुख्य प्रहरी, २९२ प्रहरी काम करते हैं।

एक सरकारी नोट में यह स्वीकार किया गया है कि जेल में कैदियों के अनुपात में कर्मचारियों की संख्या बहुत कम है। उधर कैम्प जेल अपने आप में एक पूर्ण जेल है किन्तु उसके लिए न कोई अधीक्षक है न उपअधीक्षक। जेल पर न [illegible] अधिकारी है।— [illegible] सलाहकार।

नोट में कहा गया है कि विचाराधीन कैदी जेल-प्रशासन के लिए विकट समस्या है। ऐसे कैदी सजायाफ्ता कैदियों के मुकाबले कई बार ७५ से ८० प्रतिशत अधिक होते हैं। ये अक्सर अदालत जाते-आते रहते हैं। इस काम के लिए जेल-प्रशासन कैदियों को पुलिस को सौंपता है और शाम को उन्हें प्राप्त करता है। इस आने-जाने का परिणाम यह होता है कि जेल में अवैध वस्तुएं गांजा, भांग, चरस, अफीम और शराब आ जाती है। खूंखार अपराधी जेल कर्मचारियों के साथ अपनी पटरी बिठा लेते हैं और उन्हें भी हिस्सा देते हैं। कुछ कैदी जेल के रसोईघर, अस्पताल, वाचनालय कैन्टीन आदि के कर्मचारियों के साथ दोस्ती गांठ लेते हैं और नियम के [illegible]

अधिक रुचि दिखायी होती तो तिहाड़ जेल की हालत आज पिछले वर्षों के मुकाबले और बदतर नहीं होती।

तिहाड़ जेल का निर्माण 1958 में किया गया था। इससे पहले यह जेल दिल्ली गेट पर थी। इसका प्रशासनिक नियंत्रण पंजाब सरकार के हाथ में था तथा पंजाब के पुलिस महानिरीक्षक इसकी देखरेख करते थे। 1966 में यह जेल दिल्ली प्रशासन को सौंपी गयी। जेल में 1273 कैदियों को रखने की व्यवस्था है। किन्तु दो से ढाई हजार कैदी यहां हर समय बने रहते हैं। इसके साथ एक 'केम्प जेल' और है, जिसमें पांच सौ कैदियों को रखने की जगह है। केम्प जेल 1978 से शुरू की गयी और इसकी क्षमता से करीब 300 अधिक कैदी हर समय यहां रहते हैं। 1 अगस्त, 1966 से अब तक 13 जेल महानिरीक्षक यहां नियुक्त किए गए। जेल अधीक्षक के पद पर 2 दिसम्बर, 1937 से अब तक 23 अधिकारी काम कर चुके हैं।

जेल की मौजूदा इमारत में न सही पर दूसरी इमारतों में आसफ अली, देशबन्धु गुप्ता, पं. मदनमोहन मालवीय, सरदार विट्ठल भाई पटेल, देवदास गांधी, मौलाना अबुल कलाम आजाद जैसी कई देशभक्त विभूतियां कैदी के रूप में रह चुकी हैं। आजादी के बाद मोरारजी देसाई, चन्द्रशेखर, चरणसिंह, राजनारायण, अटल बिहारी वाजपेयी, श्रीमती इन्दिरा गांधी और स्व. संजय गांधी भी यहां रखे गये। ये सभी राजनीतिक कैदी रहे।

जहां तक अपराधियों का सवाल है, कई कुख्यात अपराधी इस जेल में बन्द हैं। इनमें कुछ वे लोग भी हैं जो समाज में महत्वपूर्ण स्थान रखते थे किन्तु संगीन अपराधों के कारण जेल में सजा भुगत रहे हैं। इनमें जम्मू–कश्मीर के एक भूतपूर्व राजनीतिज्ञ जो हत्या के अपराध में फांसी की सजा प्राप्त कैदी हैं, मकबूल बट, विद्या जैन हत्याकांड के अपराधी विख्यात नेत्र चिकित्सक डा. एन.एस. जैन, चंद्रेश शर्मा, करतार सिंह, उजागर सिंह, बैंक डकैती कांड के सुनील बत्रा के नाम शामिल हैं। कुछ लोगों के मामले अदालत में हैं इनमें विनोद त्यागी, रामनारायण कुमार, राजन बख्शी आदि हैं।

इस जेल की चर्चा पिछले 5–7 वर्षों में कुप्रबंध के कारण अधिक हुई है। इस दौर में सबसे अधिक चौंकाने वाली एक घटना 1973 में हुई थी। तब जेल की उद्योगशाला के पास से 50 फुट लम्बी और 6 फुट चौड़ी सुरंग बना कर कोई 12 कैदी और हिरासती उस रास्ते से फरार हो गए थे। उस उद्योगशाला का प्रबंध उप–अधीक्षक रामचन्द्र के पास था। यह मामला अभी भी अदालत में विचाराधीन हैं।

जेल के कुप्रबंध पर सर्वाधिक प्रकाश पड़ता है उस याचिका से जो 30 अप्रैल, 1980 को एक आजीवन बंदी राकेश कौशिक की ओर से तत्कालीन जेल अधीक्षक बी.एल. विग के विरूद्ध सर्वोच्च न्यायालय में स्वीकार की गयी थी। उसमें आरोप लगाया गया था कि जेल अधिकारियों और पुराने बंदियों ने एक गठजोड़ कर लिया है तथा सामान्य कैदियों को मानसिक तथा शारीरिक रूप से आतंकित और भयभीत किया जाता है।

उन दिनों तिहाड़ जेल की आंतरिक हालत एक संसद सदस्य के शब्दों में 'अपराध का कुख्यात विश्वविद्यालय' जैसी थी। इस जेल में व्यभिचार, समलैंगिक मैथुन, मादक द्रव्यों की तस्करी, शराब आदि का उपभोग सक्षम बंदियों के लिए संभव है। कैदी निचली श्रेणी के कर्मचारियों यथा मुख्य प्रहरी, प्रहरी आदि से गठजोड़ करके नशीले पदार्थों की तस्करी करते हैं। तस्कर लोग यहां मजे से रहते हैं। एक प्रख्यात पत्रकार ने तो यहां तक लिखा था कि तस्करों के लिए एक आलीशान होटल से रात्रि भोजन आता है और लड़की भी। इतना ही नहीं व्यभिचार के लिए कुख्यात अपराधियों ने जेल अधीक्षक की अनुपस्थिति में उसके कार्यालय कक्ष का भरपूर उपयोग किया।

जहां तक जेल में मादक द्रव्यों की तस्करी और अपराधिक गतिविधियों में जेल कर्मचारियों के जुड़े होने की बात है – मुल्ला समिति की रिपोर्ट में भी लिखा हुआ है। एक जेल अधीक्षक का कहना था – 'मैं वहां भ्रष्टाचार दूर करने में सफल नहीं हो सका। इसलिए कि ऊपर के एक–दो अधिकारियों को छोड़कर कोई चाहता ही नहीं कि भ्रष्टाचार दूर हो। हर एक का शेयर जो बंधा है।'

जेल अधिकारियों में एक महानिरीक्षक, एक उपमहानिरीक्षक, एक जेल अधीक्षक, तीन जेल उपअधीक्षक (जिनमें एक प्रथम ग्रेड का), 15 सहायक अधीक्षक, 31 मुख्य प्रहरी, 292 प्रहरी काम करते हैं।

एक सरकारी नोट में यह स्वीकार किया गया है कि जेल में कैदियों के अनुपात में कर्मचारियों की संख्या बहुत कम है। उधर कैम्प जेल अपने आप में एक पूर्ण जेल है किन्तु उसके लिए न कोई अधीक्षक है न उपअधीक्षक। जेल पर न लेखा अधिकारी है न कानूनी सलाहकार।

नोट में कहा गया है कि विचाराधीन कैदी जेल–प्रशासन के लिए विकट समस्या हैं। ऐसे कैदी सजायाफ्ता कैदियों के मुकाबले कई बार 75 से 80 प्रतिशत अधिक होते हैं। ये अक्सर अदालत जाते–आते रहते हैं। इस काम के लिए जेल–प्रशासन कैदियों को पुलिस को सौंपता है और शाम को उन्हें प्राप्त करता है। इस आने–जाने का परिणाम यह होता है

कि जेल में अवैध वस्तुओं गांजा, भांग, चरस, अफीम और शराब आ जाती है। खूंखार अपराधी जेल कर्मचारियों के साथ अपनी पटरी बिठा लेते हैं और उन्हें हिस्सा देते हैं। कुछ कैदी जेल के रसोईघर, अस्पताल, वाचनालय, कैन्टीन आदि के कर्मचारियों के साथ दोस्ती गांठ लेते हैं और नियम के विपरीत लाभ उठाते हैं।

राष्ट्र

कल के राजा, आज के 'कर्जदार'!

पिछले दिनों लोकसभा में दी गयी जानकारी के अनुसार 15 भूतपूर्व शासकों पर प्रत्यक्षकरों की लगभग 13 करोड़ 72 लाख रुपये की राशि बकाया है। इतनी मोटी रकम दो-तीन वर्षों से नहीं बल्कि कई भूतपूर्व शासकों पर तो 18 वर्षों से बकाया चली आ रही है! इसका मतलब एक प्रकार से यह हुआ कि ये भूतपूर्व शासक सरकार के कर्जदार हैं। 30 सितंबर, 1981 तक इन भू.पू. शासकों से आयकर, धनकर, दानकर, और सम्पदा शुल्क की 26 करोड़ 34 लाख 29 हजार रुपये की मांग की गयी थी। इस मांग के विरुद्ध कइयों ने आयकर

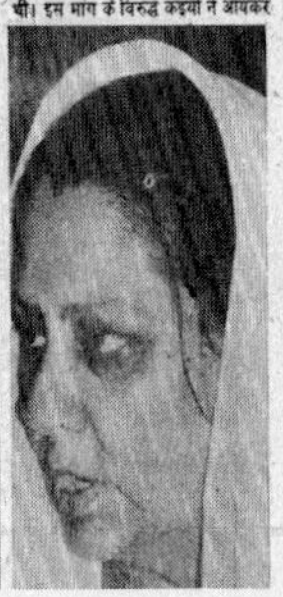

लिया है ताकि उन्हें बेचकर वसूली की जा सके। वसूली की सबसे बड़ी बाधा नगर भूमि अधिनियम है। आयकर विभाग ने राज्य सरकार से इस अधिनियम में छूट देने का अनुरोध किया है ताकि कर-दाता उक्त संपत्तियों को बेच सके। इस रकम में नवाब को 90 लाख 88 हजार रुपये की सम्पदा शुल्क वह राशि भी है जो निजाम मीर उस्मान अली खान की मृत्यु के बाद लगाई गई थी। इनके वारिस नवाब बरकतअली खां का कहना है कि उनके पास इतना नकद नहीं है।

दूसरे नम्बर पर ग्वालियर के सिन्धिया

खजाने

गंगासिंह

भूतपूर्व राजे–महाराजे आज अपनी शान–शौकत चाहकर भी सहेज नहीं पा रहे– अतीत को देखकर तो उनकी आज की दरिद्रता पर तरस आ जाता है। इनसे पहले के शासकों के पास कितनी सम्पदा थी, इसका अनुमान सहज ही लगाया जा सकता। 1942 में शासकों के पास वैभव की एक बानगी देखिए:–

– बड़ौदा रियासत की वार्षिक आय एक करोड़ डालर थी। महाराजा गायकवाड़ की पोशाक में केवल दो करोड़ रुपये मूल्य के हीरे टंगे हुये थे। राज्याभिषेक के बाद उनकी सवारी सोने की गाड़ी में निकाली गयी।

– 1921 में भरतपुर के महाराजा ने प्रिंस ऑफ वेल्स को एक सोने का पलंग भेंट किया था।

– ग्वालियर महाराजा ने प्रिंस को चांदी की पटरियों पर दौड़ने वाली सोने की रेल भेंट की थी। यह रेल भोजन की मेज पर पकवानों के लिये काम आती थी।

–बहावलपुर के नवाब ने आगा खां को एक बार हीरों से तोला था।

– कपूरथला रियासत में पांच करोड़ रुपये का सोना था। इसके अलावा 'सुलतान' नाम का एक करोड़ की कीमत का हीरा भी था।

– कश्मीर के महाराजा की दरबारी पोशाक का मूल्य सवा पांच करोड़ डालर आंका गया था। उनका मुकुट 50 लाख डालर का था।

– बीकानेर महाराजा का भूमिगत खजाना दो फर्लांग लम्बा था, जिसमें करोड़ों रुपये के हीरे-जवाहरात थे।

– हैदराबाद के निजाम की सम्पत्ति का मूल्य अरबों डालर में आंका गया।

– पटियाला महाराजा के पास इतनी संपत्ति थी कि करोड़ों डालर मूल्य की पोशाकें पेशाबघर में टंगी रहती थीं।

– मैसूर के महाराजा को सोने की खानों से प्रति वर्ष 15 करोड़ डालर की आमदनी थी।

–इ.रे.

सत्ताधीशों से मधुर संबंध उनके लिए इस मामले में बहुत लाभदायक साबित हुए हैं।

गुजरात की एक भू.पू. रियासत नवानगर के एस.डी. जाडेजा से सरकार को एक करोड़ 45 लाख 11 हजार रुपये वसूल करने हैं। यह रियासत एक प्रकार से आर्थिक बरबादी के अंतिम दौर में पहुंच गयी। परिणामस्वरूप कुछ महल और भूमि बेचने के सरकार ने आदेश दे दिये। वसूली के लिये गत वर्ष नवंबर में 'कोचविला' महल 9 लाख 36 हजार रुपये में नीलाम किया गया। इसी प्रकार जामनगर स्थित 'मुकुटविला' और 'विपन विला' महल तथा कुछ खाली प्लाट कुर्क करके नीलाम कर दिये गये।

जिस रियासत की सम्पत्ति पर कर का मूल्यांकन सबसे ज्यादा है, वह है जयपुर। जयपुर के भू.पू. महाराजा भवानीसिंह से 7 करोड़ 94 लाख 74 हजार रुपये की मांग की गयी। इस मांग के विरुद्ध दायर अपीलों पर विचार किया जा रहा है। यूं कोई 27 लाख कुर्क कर लिया गया है।

1977 से 81 तक के चार वर्षों के 26 लाख 47 हजार रुपये वसूल किये जाने हैं त्रावनकोर के रामा वर्मा तथा पद्मानाथा दासा बाला से। इसके अलावा इनसे 11 लाख 42 हजार रुपये की मांग 1971 में की गयी किन्तु इसके विरुद्ध आयकर अपील न्यायाधिकरण में अपील की गयी, जिस पर अभी तक निर्णय नहीं हुआ है।

भोपाल के नवाब पर 1974-75 में 41.73 लाख रुपये की मांग की गयी। इसमें 30.12 लाख रु. की मांग के विरुद्ध इन्होंने अपील की। उस पर विचार किया जा रहा है। इन पर 11.61 लाख रुपये बकाया है। भारत और लंदन में स्थित संपत्तियों से इस राशि की वसूली की कार्यवाही शुरू कर दी गयी है।

वैसे रियासतों के विलय के समय राजा-महाराजाओं से केंद्र तथा राज्य सरकारों को 77 करोड़ रु. की नकदी और अन्य संपत्ति

15

कल के राजा, आज के 'कर्जदार'!

(दिसम्बर, 1982)

पिछले दिनों लोकसभा में दी गयी जानकारी के अनुसार 15 भूतपूर्व शासकों पर प्रत्यक्षकरों की लगभग 13 करोड़ 72 लाख रुपए की राशि बकाया है। इतनी मोटी रकम दो–तीन वर्षों से नहीं बल्कि कई भूतपूर्व शासकों पर तो 18 वर्षों से बकाया चली आ रही है। इसका मतलब एक प्रकार से यह हुआ कि ये भूतपूर्व शासक सरकार के कर्जदार हैं। 30 सितंबर, 1981 तक इन भू.पू. शासकों से आयकर, धनकर, दानकर, और सम्पदा शुल्क की 26 करोड़ 34 लाख 29 हजार रुपए की मांग की गयी थी। इस मांग के विरुद्ध कइयों ने आयकर आयुक्तों के समक्ष अपीलें कीं। कुछ की अपीलों पर अभी तक विचार हो रहा है।

ये भूतपूर्व शासक कौन हैं? इन पर कितनी–कितनी राशि बकाया है? इतनी मोटी रकमें लंबे समय तक बाकी रखने में ये कैसे सफल रहे? क्या ऐसा भी हुआ कि कुछ शासकों से राजनीतिक बदला लेने के लिए उन्हें दबाया या उनकी संपत्ति की नीलामी की गयी?

ये भूतपूर्व शासक वे हैं जिन्हें 1971 में एक लाख रुपए या उससे अधिक का प्रिवीयर्स मिल रहा था और जिनपर प्रत्येक कर के अंतर्गत 10 लाख रुपए से अधिक की मांग बकाया थी। ये हैं जयपुर के भवानीसिंह, हैदराबाद के नवाब मीर बरकत अली खां, बड़ौदा के फतहसिंह राव गायकवाड़, ग्वालियर के माधवराव सिंधिया, त्रिपुरा के के.बी.के. देव

बर्मन, नवानगर के एस.डी. जाडेजा, मैसूर के जयाचाम राजा वाडियार, फरीदकोट के कर्नल हरिन्दरसिंह, मणिपुर के आकेंद्र सिंह, पालीताणा के शिवेन्द्रसिंह तथा बहादुर सिंह गोहिल, इन्दौर की उषा देवी, त्रावनकोर कोचीन के रामा वर्मा, पद्मनाभा दासा बाला, मोरवी के एच.एन.मयूर ध्वज सिंहजी, भोपाल के नवाब तथा ज्योतिन्द्र सिंह।

आयकर मूल्यांकन और मांग के विरुद्ध की गई अपीलों और उनमें से कुछ के निपटाने के बाद प्रत्यक्ष करों की सर्वाधिक बकाया 4 करोड़ 95 लाख 52 हजार रुपए हैदराबाद के नवाब पर हैं। उनसे 32.52 लाख रुपए आयकर, 3 करोड़ 72 लाख 12 हजार रुपए धन कर तथा 90 लाख 88 हजार रुपए सम्पदा शुल्क के रूप में वसूल करने हैं। इस वसूली में सरकार ने नवाब की कई चल–अचल संपत्तियों को कुर्क कर लिया है ताकि उन्हें बेचकर वसूली की जा सके। वसूली की सबसे बड़ी बाधा नगर भूमि अधिनियम है। आयकर विभाग ने राज्य सरकार से इस अधिनियम में छूट देने का अनुरोध किया है ताकि कर–दाता उक्त संपत्तियों को बेच सके। इस रकम में नवाब की 90 लाख 88 हजार रुपए की सम्पदा शुल्क की वह राशि भी है जो निजाम मीर उस्मान अली खान की मृत्यु के बाद लगाई गई थी। इनके वारिस नवाब बरकत अली खां का कहना है कि उनके पास इतना नकद नहीं है।

दूसरे नम्बर पर ग्वालियर के सिन्धिया परिवार से 2 करोड़ 79 लाख 51 हजार रुपए की बकाया है जबकि मांग 2 करोड़ 87 लाख 46 हजार रुपए की गई थी। कुछ मामलों में अपीलों पर विचार किया जा रहा है। ये अपीलें इस राजपरिवार की देश भर में बिखरी संपत्तियों तथा जवाहरात के सरकारी मूल्यांकन के संबंध हैं। जो राशि बकाया चली आ रही है वह 18 वर्ष पुरानी है। इतनी पुरानी बकाया शायद ही किसी भू.पू. राजपरिवार की हो। यों यह सभी जानते हैं कि माधवराव सिन्धिया ने विपक्ष को समर्थन देकर राजनीतिक–जीवन की शुरूआत की थी किन्तु बाद में वे किसी भय के कारण श्रीमती इन्दिरा गांधी के साथ चले गए। सहज ही अनुमान लगाया जा सकता है कि वह 'भय' और कुछ नहीं, संपत्ति को बचाने भर का है।

तीसरे नंबर पर आते हैं बड़ौदा के फतहसिंह राव गायकवाड़। गायकवाड़ तीन लाख रुपए प्रतिमाह भुगतान कर रहे हैं तब भी आयकर, धनकर, और दानकर का 2 करोड़ 37 लाख 31 हजार रुपए बकाया है। यह बकाया भी काफी पुरानी है। यह अलग बात है कि गुजरात में सत्ता में बने रहने और सत्ताधीशों से मधुर संबंध उनके लिए मामले में बहुत लाभदायक साबित हुए हैं।

गुजरात की एक भू. पू. रियासत नवानगर के एस.डी.जाडेजा से सरकार को एक

नवाब मीर बरकत अली खां

करोड़ 45 लाख 11 हजार रुपए वसूल करने हैं। यह रियासत एक प्रकार से आर्थिक बरबादी के अंतिम दौर में पहुंच गयी। परिणाम स्वरूप कुछ महल और भूमि बेचने के सरकार ने आदेश दे दिए। वसूली के लिए गत वर्ष नवंबर में 'कोचविला' महल 9 लाख 36 हजार रुपए में नीलाम किया गया। इसी प्रकार जामनगर स्थित 'मुकुटविला' और 'क्विन विला' महल तथा कुछ खाली प्लाट कुर्क करके नीलाम कर दिए गए।

जिस रियासत की सम्पत्ति पर कर का मूल्यांकन सबसे ज्यादा है, वह है जयपुर। जयपुर के भू.पू. महाराजा भवानीसिंह से 7 करोड़ 94 लाख 74 हजार रुपए की मांग की गयी। इस मांग के विरुद्ध दायर अपीलों पर विचार किया जा रहा है। यूं कोई 27 लाख 91 हजार रु. भवानीसिंह पर करों की अदायगी का बाकी है। मणिपुर के ओकेन्द्रजीत सिंह से 11 लाख 40 हजार रुपए वसूल करने हैं। इन पर कर–विवरण विलंब से दाखिल करने के कारण 10 लाख 58 हजार रुपए का अर्थदंड लगाया गया है। वैसे इनसे 15 लाख 4 हजार रुपए की मांग की गयी है।

गुजरात की ही एक अन्य रियासत पालीनाना के शिवेन्द्र सिंह तथा बहादुर सिंह गोहिल पर 1978 से 81 तक का धन कर का 15 लाख रुपए बकाया है। चूंकि यह राशि जमा नहीं की गयी। इसलिए उनकी संपत्ति कुर्क करके सार्वजनिक नीलामी की गई। इनकी बम्बई की संपत्ति भी कुर्क की जा रही है। इसके अलावा महाराष्ट्र सरकार द्वारा दिया जा रहा डेढ़ लाख रुपए का मुआवजा कुर्क कर लिया गया है।

1977 से 81 तक के चार वर्षों के 26 लाख 74 हजार रुपए वसूल किए जाने हैं त्रावनकोर के रामा वर्मा तथा पद्मानाभा दास बाला से। इसके अलावा इनसे 11 लाख 42 हजार रुपए की मांग 1971 में की गयी किन्तु इसके विरुद्ध आयकर न्यायाधिकरण में अपील की गयी, जिस पर अभी तक निर्णय नहीं हुआ है।

भोपाल के नवाब पर 1974–75 में 41.73 लाख रुपए की मांग की गयी। इसमें 30.12 लाख रु. की मांग के विरुद्ध इन्होंने अपील की। उस पर विचार किया जा रहा है। इन पर 11.61 लाख रुपए बकाया हैं। भारत और लंदन में स्थित संपत्तियों से इस राशि की वसूली की कार्यवाही शुरू कर दी गयी है।

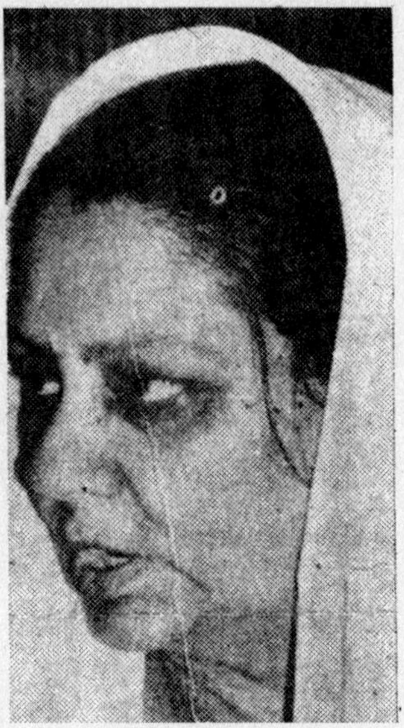

श्रीमती विजया राजे सिंधिया

वैसे रियासतों के विलय के समय राजा–महाराजाओं से केन्द्र तथा राज्य सरकारों को 77 करोड़ रु. की नकदी और अन्य संपत्ति प्राप्त हुई थी किन्तु अरबों रुपए के जवाहरात, सोना–चांदी और नकदी इनके पास प्रत्यक्ष–अप्रत्यक्ष रूप से दबी रह गयी। प्रारंभ में अधिकांश राजा–महाराजा स्वतंत्र पार्टी में चले गए थे किन्तु आपातकाल और उसके बाद अधिकांश लोग सत्ता की राजनीति से जुड़ गए। इससे इन भू.पू. शासकों को जहां करों की वसूली रुकवाने में संरक्षण मिला, वहीं राजनीति में भी एक विशेष दबदबा बनाये रखना उनके लिए सहज हो गया। इन भू.पू. राजाओं का अपने–अपने इलाकों में आज तक प्रभाव है और सत्ताधीशों ने उसका पूरा लाभ उठाया। इनमें ग्वालियर, बड़ौदा, भोपाल, नवानगर, मोरवी, मैसूर के भू.पू. शासकों का नाम विशेष उल्लेखनीय है।

16

प्रशिक्षण विमान और एक टैंकमार प्रक्षेपास्त्र

(मार्च, 1983)

राज्यसभा के सदस्य और वायुसेना के भूतपूर्व पायलट श्री सुरेश कलमाड़ी ने संसद के पिछले अधिवेशन के दौरान किए ध्यानाकर्षण प्रस्ताव के द्वारा सैनिक विमानों की दुर्घटनाओं में वृद्धि पर चिन्ता व्यक्त की थी। उस समय उन्होंने कहा था कि पिछले ढाई वर्ष के दौरान वायुसेना के 86 विमान दुर्घटनाग्रस्त हुए हैं जबकि भारत–पाक युद्ध के दौरान 74 विमान दुर्घटनाग्रस्त हुए थे। तब रक्षामंत्री श्री वेंकटरमण ने भी चिन्ता व्यक्त की थी किन्तु यह कहकर जवाब टाल दिया था कि देश की रक्षा प्रभावित करने वाली कोई सूचना वे सदन में नहीं दे सकते।

इसके बाद इस वर्ष जनवरी के अंत तक 7 विमान और दुर्घटनाग्रस्त हो गए। सबसे ज्यादा पांच दुर्घटनाएं अक्टूबर 1982 में हुईं।

रक्षा मंत्रालय के मुख्य अनुसंधान नियंत्रक के अनुसार 1970 में पक्षियों के कारण बीस दुर्घटनाएं हुई थीं। इनकी संख्या एक दशक बाद यानी 1980 में बढ़कर 174 तक पहुंच गई। इससे साफ जाहिर है कि सतर्कता की ओर खास ध्यान नहीं दिया गया।

प्रशिक्षण विमान और एक टैंकमार प्रक्षेपास्त्र

—बृजेन्द्र रेही—

राज्यसभा के सदस्य और वायुसेना के भूतपूर्व पायलट श्री सुरेश कलमाड़ी ने संसद के पिछले अधिवेशन के दौरान एक ध्यानाकर्षण प्रस्ताव के द्वारा सैनिक विमानों की दुर्घटनाओं में वृद्धि पर चिन्ता व्यक्त की थी। उस समय उन्होंने कहा था कि पिछले ढाई वर्ष के दौरान वायुसेना के ८६ विमान दुर्घटनाग्रस्त हुए हैं जबकि भारत-पाक युद्ध के दौरान ७४ विमान ही ध्वस्त हुए थे। तब रक्षामंत्री श्री वेंकटरमण ने भी चिन्ता व्यक्त की थी किन्तु यह कहकर जवाब टाल दिया था कि देश की रक्षा को प्रभावित करने वाली कोई सूचना वे सदन में नहीं दे सकते।

इसके बाद इस वर्ष जनवरी के अंत तक ७ विमान और दुर्घटनाग्रस्त हो गये। सबसे ज्यादा पांच दुर्घटनाएं अक्तूबर १९८२ में हुईं।

रक्षा मंत्रालय के मुख्य अनुसंधान नियंत्रक के अनुसार १९७० में पक्षियों के कारण बीस दुर्घटनाएं हुई थीं। इनकी संख्या एक दशक बाद यानी १९८० में बढ़कर १७४ तक पहुंच गयी। इससे साफ जाहिर है कि सतर्कता की ओर खास ध्यान नहीं दिया गया।

निस्संदेह पक्षियों के कारण सैनिक विमानों को ही नहीं, इंडियन एयरलाइन्स और एयर इंडिया के विमानों को भी भारी नुकसान हो रहा है। किन्तु सैनिक विमानों के सम्बन्ध में कुछ तथ्य और भी हैं, जिन पर गौर किया जाना जरूरी है।

कुछ सांसदों का कहना है कि विमान दुर्घटनाओं का कारण कलपुर्जों की खराब क्वालिटी, यांत्रिक थकान, चालकों और इंजीनियरों में असन्तोष तथा रखरखाव में समुचित व्यवस्था का न होना आदि है।

रक्षामंत्री इन कारणों को स्वीकार करने में हिचकिचा गये। पर संसद की लोक लेखा समिति के ८७वें प्रतिवेदन में एक ऐसे विमान की चर्चा की गयी है, जो वायुसेना का बुनियादी ट्रेनिंग विमान है।

समिति ने कहा है—'प्रशिक्षण विमान एच. टी.-२ में विद्यमान इंजन की खराबी से भारी संख्या में दुर्घटनाएं हुई हैं। परिणामस्वरूप एकल उड़ान बन्द करनी पड़ी। अंतरिम प्रबंध के रूप में प्रारम्भिक उड़ान की अवधि ४० घंटे से घटाकर ३० घंटे कर दी गयी। समिति यह समझती है कि सामान्य प्रशिक्षण कार्य १९८६ के पश्चात ही सम्भव हो सकेगा जब एच. पी. टी.-३२ विमान पर्याप्त संख्या में उपलब्ध हो जायेंगे।'

समिति ने इसे दुर्भाग्यपूर्ण बताते हुए गहरी चिन्ता व्यक्त की है कि प्रशिक्षण की वर्तमान अन्तरिम प्रणाली से आरंभिक स्तर पर पूर्ण अभ्यास नहीं हो पाता।

जाहिर है कि रक्षा मंत्रालय देश की रक्षा सम्बन्धी महत्वपूर्ण आवश्यकताओं के मामले में भी परम्परागत नौकरशाही ढांचे को स्वीकार किये हुए है। नहीं तो कोई कारण नहीं कि दुर्घटनाएं कम न हों। जब प्रशिक्षण के दौरान ही पर्याप्त अभ्यास उड़ानें नहीं होंगी, तब मारक विमानों का दुर्घटनाओं से बचना कैसे सम्भव हो सकेगा?

इस सन्दर्भ में केवल एच. टी.-२ विमान से होने वाली घटनाओं और दुर्घटनाओं के आंकड़ों से स्पष्ट होगा कि पिछले १५ वर्षों में दुर्घटनाओं में वृद्धि हुई है। रक्षा विशेषज्ञों के अनुसार इन विमानों में इंजन से गैस निकलने, सिलेंडर हेड के दोष, इंजन में कम्पन आदि त्रुटियां हैं। तथ्य यह भी है कि ये विमान बहुत पुराने हो गये हैं। इनके अतिरिक्त पुर्जे नहीं मिलते। सिगनल उपकरण पुराने पड़ गये हैं और साइरस मेजर इंजन विश्वसनीय नहीं रह गये हैं। इस कारण इन विमानों को सेवा में रखना कठिन हो गया है, किन्तु मजबूरी है कि किसी नये विमान के आने तक इन्हें १९८४ तक सेवा में रखना पड़ेगा।

कुछ खराबियां और थीं। इंजन के कट्स, सिलेंडर हैड के क्रैक्स, दुहरे पेंच और बटनों का ढीला होना, इंजन के माउंट, एयरफ्रेम आदि के दोष अब दूर कर दिये गये हैं।

एच. टी. १ आरम्भिक प्रशिक्षण विमान को अप्रैल १९५२ में वायुसेना की सेवा में लिया गया था। जब दुर्घटनाएं बढ़ने लगीं तो नवम्बर १९६५ में एक शक्तिशाली और आधुनिक इंजन वाला विमान लाने के बारे में विचार किया गया। उस समय रक्षा उत्पादन विशेषज्ञों को आशा थी कि १९७० तक एच. टी. १ विमान बदला जा सकेगा। इस दिशा में प्रयास भी शुरू किये गये किन्तु हिन्दुस्तान एयरोनॉटिक्स और रक्षा विशेषज्ञों को केवल इस बात का पता लगाने में ढाई वर्ष लग गये कि क्या परिवर्तन किया जाय। इस मामले का सबसे दुर्भाग्यपूर्ण पहलू यह है कि 'रेकसी मार्क-दो' विमान, वायुसेना के प्रशिक्षण कार्यक्रम के काबिल है या नहीं, इस बात का निर्णय करने में साढ़े पांच वर्ष लगे। यानी हिन्दुस्तान एयरोनॉटिक्स ने उक्त विमान के उपयोग के औचित्य पर फरवरी, १९६९ में सरकार को एक रिपोर्ट भेजी। यह रिपोर्ट सितम्बर, १९७४ तक रक्षा मंत्रालय के 'कोल्ड स्टोरेज' में पड़ी रही।

इस बात को स्वीकार करते हुए रक्षा उत्पादन सचिव ने पिछले वर्ष कहा था, सरकार को निष्कर्ष पर पहुंचने में काफी लम्बा समय लगा। मैं स्वीकार करता हूं कि यह कोई उत्तर नहीं है।' लोक लेखा समिति ने रक्षा उत्पादन विभाग और वायुसेना मुख्यालय द्वारा इस आवश्यक मामले में बरती गयी लापरवाही पर गहरी चिन्ता व्यक्त की।

इस असाधारण विलम्ब पर लोक लेखा समिति के अध्यक्ष श्री सतीश अग्रवाल ने समिति की ओर से रक्षा मंत्रालय से कहा कि वह पिछले १५ वर्षों के दौरान आरम्भ की गयी विकास सम्बन्धी मुख्य परियोजनाओं की विस्तृत पुनरीक्षा करे, ताकि उनके निष्पादन में होने वाले विलम्ब के कारणों का पता लगाया जा सके। इसका उद्देश्य यह भी होना चाहिए कि विलम्ब के कारण रक्षा कार्मिकों के मनोबल तथा युद्ध उपयुक्तता पर पड़ने वाले प्रभाव तथा उसे दूर करने के लिए किये जाने वाले उपायों के बीच सह-सम्बन्ध स्थापित हो। इस अध्ययन में इन परियोजनाओं को भी निर्दिष्ट किया जाना चाहिए, जो बीच में अधूरी छोड़ दी गयी हैं तथा उनके छोड़ दिये जाने के कारणों का पता लगाया जाना चाहिए।'

अब नये प्रोटो-टाइप विमान का विकास किया गया है। ये विमान तीन किस्म के हैं। एक ने जुलाई १९८१ में अपनी प्रथम प्रदर्शन उड़ान भरी थी। अब हिन्दुस्तान एयरोनॉटिक्स का अनुमान है कि भारतीय वायुसेना को बेहतर किस्म का प्रशिक्षण विमान १९८५-८६ में सौंप दिया जायगा। अर्थात जिस समस्या पर १९६५ में विचार शुरू किया गया, उस रक्षा सम्बन्धी काम का अंजाम २० वर्ष बाद १९८५ में मिलने की उम्मीद है। तब तक एच-टी-२ प्रशिक्षण विमान सेवा में रहेंगे।

इस विलम्ब का दूसरा असर हुआ विमान निर्माण की लागत पर। विकास संबंधी लागत अनुमान अप्रैल १९७५ में १६८ लाख रु. लगाया गया था, वह १९८० में ५३७.४० लाख रु. हो गया। अर्थात एक विमान की कीमत ६.४० लाख रु. से बढ़कर १९.२५ लाख रु. हो गयी।

इससे सहज ही अनुमान लगाया जा सकता है कि रक्षा सम्बन्धी मामलों में किस को कितनी दिलचस्पी है!

प्रक्षेपणास्त्र प्रणाली

रक्षा साधनों के विकास और निर्माण के कामों में विगत दो दशक से धन की बर्बादी और स्पष्ट सूझबूझ का अभाव दिखाई दे रहा है।

रक्षा संबंधी कतिपय परियोजनाओं के कार्यों पर एक पैनी नजर डाल लें। जैसे एक टैंक मार प्रक्षेपणास्त्र प्रणाली का डिजाइन और विकास का काम जब एक दशक में भी पूरा नहीं हुआ तो उसे बन्द करना पड़ा। परिणाम हुआ ४ करोड़ ६८ लाख ८२ हजार रुपये का अतिरिक्त व्यय भार।

ऐसा क्यों हुआ?

१ अप्रैल १९६२ को रक्षा अनुसंधान तथा विकास प्रयोगशाला हैदराबाद को एक टैंक मार प्रक्षेपणास्त्र प्रणाली का डिजाइन और

(शेष कालम सात पर)

निस्संदेह पक्षियों के कारण सैनिक विमानों की ही नहीं, इंडियन एयरलाइन्स और एयर इंडिया के विमानों को भी भारी नुकसान हो रहा है। किन्तु सैनिक विमानों के सम्बन्ध में कुछ तथ्य और भी हैं, जिन पर गौर किया जाना जरूरी है।

कुछ सांसदों का कहना है कि विमान दुर्घटनाओं का कारण कलपुर्जों की खराब क्वालिटी, यांत्रिक थकान, चालकों और इंजीनियरों में असन्तोष तथा रखरखाव में समुचित व्यवस्था का न होना आदि हैं।

रक्षामंत्री इन कारणों को स्वीकार करने में हिचकिचा गए। पर संसद की लोक लेखा समिति के 87वें प्रतिवेदन में एक ऐसे विमान की चर्चा की गयी है, जो वायुसेना का बुनियादी ट्रेनिंग विमान है।

समिति ने कहा है–'प्रशिक्षण विमान एच.डी.–2 में विशेषकर इंजन की खराबी से भारी संख्या में दुर्घटनाएं हुए हैं। परिणामस्वरूप एकल उड़ान बन्द करनी पड़ी। अंतरिम प्रबंधक के रूप में प्रारम्भिक उड़ान की अवधि 40 घंटे से घटाकर 30 घंटे कर दी गयी। समिति यह समझती है कि सामान्य प्रशिक्षण कार्य 1983 के पश्चात ही सम्भव हो सकेगा जब एच.पी.टी.–32 विमान पर्याप्त संख्या में उपलब्ध हो जाएंगे।

समिति ने इसे दुर्भाग्यपूर्ण बताते हुए गहरी चिन्ता व्यक्त की है कि प्रशिक्षण की वर्तमान अन्तरिम प्रणाली से आरम्भिक स्तर पर पूर्ण अभ्यास नहीं हो पाता।

जाहिर है कि रक्षा मंत्रालय देश की रक्षा सम्बन्धी महत्वपूर्ण आवश्यकताओं के मामले में भी परम्परागत नौकरशाही ढांचे को स्वीकार किए हुए है। नहीं तो कोई कारण नहीं है कि दुर्घटनाएं कम न हो। जब प्रशिक्षण के दौरान ही पर्याप्त अभ्यास उड़ाने नहीं होंगी, तब मारक विमानों का दुर्घटनाओं से बचना कैसे सम्भव हो सकेगा?

इस सन्दर्भ में केवल एच.टी.–2 विमान से होने वाली घटनाओं और दुर्घटनाओं के जायजे से स्पष्ट होगा कि पिछले 15 वर्षों में दुर्घटनाओं में वृद्धि हुई है। रक्षा विशेषज्ञों के अनुसार इन विमानों में इंजन से गैस निकलने, सिलेंडर हैड के दोष, इंजन में कम्पन आदि त्रुटियां हैं। तथ्य यह भी है कि ये विमान बहुत पुराने हो गए हैं। इनके अतिरिक्त पुर्जे नहीं मिलते। सिगनल उपकरण पुराने पड़ गए हैं और साइरस मेजर इंजन विश्वसनीय नहीं रह गए हैं। इस कारण इन विमानों को सेवा में रखना कठिन हो गया है, किन्तु मजबूरी है कि किसी नये विमान के आने तक इन्हें 1984 तक सेवा में रखना पड़ेगा।

कुछ खराबियां और थीं। इंजन के कट्स, सिलेंडर हैड के क्रैक्स, दुहरे पेंच और बटनों का ढीला होना, इंजन के माउंट, एयरफ्रेम आदि के दोष अब दूर कर दिए गए हैं।

एच.टी.–2 प्रारम्भिक प्रशिक्षण विमान को अप्रैल 1953 में वायुसेना की सेवा में लिया गया था। जब दुर्घटनाएं बढ़ने लगीं तो नवम्बर 1965 में एक शक्तिशाली और आधुनिक इंजन वाला विमान लाने के बारे में विचार किया गया। उस समय रक्षा उत्पादन विशेषज्ञों को आशा थी कि 1970 तक एच.टी.–2 विमान बदला जा सकेगा। इस दिशा में प्रयास भी शुरू किए गए किन्तु हिन्दुस्तान एयरोनाटिक्स और रक्षा विशेषज्ञों को केवल इस बात का पता लगाने में ढाई वर्ष लग गए कि क्या परिवर्तन किया जाए। इस मामले का सबसे दुर्भाग्यपूर्ण पहलू यह है कि 'रेवती मार्क–दो' विमान वायुसेना के प्रशिक्षण कार्यक्रम के काबिल है कि नहीं, इस बात का निर्णय करने में साढ़े पांच वर्ष लगे। यानी हिन्दुस्तान एयरोनाटिक्स ने उक्त विमान के उपयोग के औचित्य पर फरवरी, 1969 में सरकार को एक रिपोर्ट भेजी। वह रिपोर्ट सितम्बर, 1974 तक रक्षा मंत्रालय के 'कोल्ड स्टोरेज' में पड़ी रही।

इस बात को स्वीकार करते हुए रक्षा उत्पादन सचिव ने पिछले वर्ष कहा था, सरकार को निष्कर्ष पर पहुंचने में काफी लम्बा समय लगा। मैं स्वीकार करता हूं कि यह कोई उत्तर नहीं है। लोक लेखा समिति ने रक्षा उत्पादन विभाग और आवश्यक मामले में बरती गयी लापरवाही पर गहरी चिन्ता व्यक्त की।

इस असाधारण विलम्ब पर लोक लेखा समिति के अध्यक्ष श्री सतीश अग्रवाल ने समिति की ओर से रक्षा मंत्रालय से कहा कि वह पिछले 15 वर्षों के दौरान आरम्भ की गयी विकास सम्बन्धी मुख्य परियोजनाओं की विस्तृत पुनरीक्षा करें, ताकि उनके निष्पादन में होने वाले विलम्ब के कारणों का पता लगाया जा सके। इसका उद्देश्य यह भी होना चाहिए कि विलम्ब के कारण रक्षा कार्मिकों के मनोबल तथा युद्ध उपयुक्तता पर पड़ने वाले प्रभाव तथा उसे दूर करने के लिए किये जाने वाले उपायों के बीच सह–सम्बन्ध स्थापित हों। इस अध्ययन में उन परियोजनाओं को भी निर्दिष्ट किया जाना चाहिए, जो बीच में अधूरी छोड़ दी गयी हैं तथा उनके छोड़ दिये जाने के कारणों का पता लगाया जाना चाहिए।

अब नये प्रोटो–टाइप विमान का विकास किया गया है। ये विमान तीन किस्म के हैं। एक ने जुलाई 1981 में अपनी प्रथम प्रदर्शन उड़ान भरी थी। अब हिन्दुस्तान एयरोनाटिक्स का अनुमान है कि भारतीय वायुसेना को बेहतर किस्म का प्रशिक्षण विमान 1985–86 में सौंप दिया जाएगा। अर्थात् जिस समस्या पर 1965 में विचार शुरू किया गया, उस रक्षा सम्बन्धी काम का अंजाम 20 वर्ष बाद 1985 में मिलने की उम्मीद है। जब तक एच.टी.–2 प्रशिक्षण विमान सेवा में रहेंगे।

इस विलम्ब का दूसरा असर हुआ विमान निर्माण की लागत पर। विकास संबंधी

लागत का अनुपात अप्रैल 1975 में 168 लाख रु. लगाया गया था, वह 1980 में 537.40 लाख रु. हो गया। अर्थात एक विमान की कीमत 6.40 लाख रु. से बढ़कर 19.25 लाख रु. हो गयी।

इससे सहज ही अनुमान लगाया जा सकता है कि रक्षा सम्बन्धी मामलों में किस की कितनी दिलचस्पी है।

प्रक्षेपणास्त्र प्रणाली

रक्षा साधनों के विकास और निर्माण के कामों में विगत दो दशक से धन की बर्बादी और स्पष्ट सूझबूझ का अभाव दिखाई दे रहा है।

रक्षा संबंधी कतिपय परियोजनाओं के कार्यों पर एक पैनी नजर डाल लें। जैसे एक टैंक मार प्रक्षेपणास्त्र प्रणाली का डिजाइन और विकास का काम जब एक दशक में भी पूरा नहीं हुआ तो उसे बन्द करना पड़ा। परिणाम हुआ 4 करोड़ 68 लाख 82 हजार रुपए का अतिरिक्त व्यय भार।

ऐसा क्यों हुआ?

1 अप्रैल 1962 को रक्षा अनुसंधान तथा विकास प्रयोगशाला हैदराबाद को एक टैंक मार प्रक्षेपणास्त्र प्रणाली का डिजाइन और विकास का काम सौंपा गया, जिसे 'एक क्षमता विकास परियोजना' नाम दिया गया। बाद में जनवरी 1964 में इसे 'स्टाफ परियोजना' के रूप में बदल दिया गया। इसके तहत एक ऐसा हथियार बनाना था जो दो हजार गज की दूरी तक टैंकों को भेद सके। रक्षा अनुसंधान और विकास प्रयोगशाला इस हथियार प्रणाली का विकास एक दशक में भी नहीं कर सकी।

इस परियोजना के संदर्भ में यह एक तथ्य है कि फ्रांस को छोड़कर और कोई देश नहीं है जो मझोले आकार के टैंक पर टैंक–रोधी प्रक्षेपणास्त्र लगाता हो। भारतीय विशेषज्ञों ने परियोजना का ढांचा तैयार करते समय यह परिकल्पना की थी कि मझोले टैंकों के उपयोग के दौरान थोड़े समय तक उनके स्थिर रहने से होने वाली हानि को लम्बी रेंज तक मार करने की क्षमता से पूरी की जा सकेगी, लेकिन ऐसा नहीं हो सका। इसलिए कि जो प्रयोग किए गए उसमें इस हथियार की विश्वसनीयता 1500 गज की दूरी तक मार करने की 64 प्रतिशत थी जबकि आवश्यकता 2000 गज की दूरी पर 90 से 95 प्रतिशत तक की थी।

इस हथियार प्रणाली के विकास में देरी का परिणाम यह हुआ कि सेना के लिए 4 करोड़ रुपए मूल्य के दो किस्मों के हथियार मंगाने पड़े। इसके अतिरिक्त हथियार को एक

वाहन पर माउंट करने के लिए 23.47 लाख रू. के कुछ और उपकरण भी विदेशों से मंगाने पड़े। इतना ही नहीं अक्टूबर 1972 में 17.13 लाख रुपए के नए 'माउंट' भी मंगवाने पड़े।

इस विकास और निर्माण कार्य की लोकसभा की लोक लेखा समिति ने जांच की और इसी वर्ष अपने 113वें प्रतिवेदन में समिति ने कहा 'इस परियोजना को वाहन अनुसंधान और विकास प्रतिष्ठान को सौंपने से पूर्व मुख्यालय द्वारा इस प्रस्ताव की तकनीकी संभावना पर गहराई से विचार नहीं किया गया था। यदि ऐसा किया गया होता तो परीक्षण और गलती की प्रक्रिया बिल्कुल समाप्त नहीं होती तो कम अवश्य हो जाती, जिसका परिणाम अंततः कुछ भी नहीं निकलता।'

समिति ने सरकार को चेतावनी देते हुए उक्त प्रतिवेदन में साफ–साफ कहा 'समिति को विश्वास है कि सरकार इस मामले में अपने अनुभव से उचित सबक सीखेगी।'

17

डाकुओं की सैरगाह!

(मई, 1983)

राजस्थान में डाकू समस्या दो अलग–अलग भौगोलिक परिस्थितियों से जुड़ी है। पहली, चम्बल के बीहड़ और दूसरी, थार के रेगिस्तान से। थार के रेगिस्तान में पांचवें–छठे दशक में डकैतों का आतंक था, लेकिन आत्मसमर्पण की नीति ने यहां इस समस्या को समाप्त करने में महत्वपूर्ण भूमिका निभाई है।

राजस्थान में दस्यु आत्मसमर्पण की कथा उस समय शुरू होती है, जब स्व. जयनारायण व्यास वहां के मुख्यमंत्री थे। मुख्यमंत्री बनने के बाद उन्होंने इस दिशा में सार्थक प्रयास किया और इसमें उन्हें सफलता भी मिली। 1954 में पाकिस्तान की सीमा से जुड़े जैसलमेर जिले के सीमावर्ती गांव सांकड़ा में 90 डाकुओं ने उनके समक्ष आत्मसमर्पण किया था। यह गांव डाकुओं के गांव के रूप में कुख्यात रहा है। आत्मसमर्पण की कार्यवाही की न तो आज की तरह पब्लिसिटी की गयी थी, न उन्होंने इसे अपने राजनीतिक हथियार के रूप में ही इस्तेमाल किया। दूसरा आत्मसमर्पण हुआ 1963 में तत्कालीन गृहमंत्री स्व. रामकिशोर व्यास के समक्ष। तब कोई 30 डाकुओं ने एक सीमावर्ती इलाके में हथियार डाले। तीसरी बार तत्कालीन गृहमंत्री श्री मथुरादास माथुर के समक्ष।

आवरण कथा

राजस्थान

डाकुओं की सैरगाह !

राजस्थान में डाकू समस्या दो अलग-अलग भौगोलिक परिस्थितियों से जुड़ी है। पहली, चम्बल के बीहड़ और दूसरी, थार के रेगिस्तान से। थार के रेगिस्तान में पांचवें-छठे दशक में डकैतों का आतंक था, लेकिन आत्मसमर्पण की नीति ने यहां इस समस्या को समाप्त करने में महत्वपूर्ण भूमिका निभाई है।

राजस्थान में दस्यु आत्मसमर्पण की कथा उस समय शुरू होती है, जब स्व० जयनारायण व्यास वहां के मुख्यमंत्री थे। मुख्यमंत्री बनने के बाद उन्होंने इस दिशा में सार्थक प्रयास किया और इसमें उन्हें सफलता भी मिली। १९५४ में पाकिस्तान की सीमा से जुड़े जैसलमेर ज़िले के सीमावर्ती गांव सांकड़ा में ९० डाकुओं ने उनके समक्ष आत्मसमर्पण किया था। यह गांव डाकुओं के गांव के रूप में कुख्यात रहा है। आत्मसमर्पण की कार्यवाही की न तो आज की तरह पब्लिसिटी की गयी थी, न उन्होंने इसे अपने राजनीतिक हथियार के रूप में ही इस्तेमाल किया। दूसरा आत्मसमर्पण हुआ १९५६ में तत्कालीन गृहमंत्री स्व० रामकिशोर व्यास के समक्ष। तब कोई ३० डाकुओं ने एक सीमावर्ती इलाके में हथियार डाले। तीसरी बार तत्कालीन गृहमंत्री श्री मथुरादास माथुर के समक्ष।

इस प्रकार थार का रेगिस्तान डाकुओं से एक बार मुक्त हो गया। इन डाकुओं ने जिस तरह आतंक फैला रखा था, उसकी मिसाल अन्यत्र कहीं नहीं मिलती। यहां लालपुरी, सोढा, इन्दर सिंह भाटी, कल्याण सिंह, लक्षमण सिंह, खानूडा, मेघडा जैसे डाकू सरदार थे। ये डाकू असली अर्थों में डाकू थे यानी पहले डंके की चोट पर एलान करते और फिर डाका डालते थे। डाका डालने के बाद पाकिस्तान भाग जाते। डाकू पानी के साधन व ऊंट हथिया लेते, व्यापारियों से माल-असबाब लूट लेते। मगर किसी गरीब को या ब्राह्मण और औरत को छूना अपराध समझते थे। औरत के शरीर पर सोने के कितने ही गहने हों, डाकू उनका स्पर्श तक नहीं करते थे। आज रेगिस्तान में न वैसे डाकू हैं, न वैसी डकैतियां होती हैं। दरअसल राजस्थान के सीमावर्ती इलाके डाकुओं की सैरगाह हैं, जहां डाका डालने के बाद उत्तर प्रदेश व मध्य प्रदेश के दस्यु आराम करते हैं।

राजस्थान में डाकुओं की समस्या इस समय मुख्य रूप से चम्बल के बागियों से जुड़ी है। २९ अगस्त, १९७६ को धौलपुर के पास तालाबशाही में इस क्षेत्र के २१ डाकुओं ने तत्कालीन मुख्यमंत्री हरिदेव जोशी के समक्ष आत्मसमर्पण किया था। बाद में भी छिटपुट आत्मसमर्पण हुए, किन्तु समस्या समाप्त होने के बजाय बढ़ती गयी। धौलपुर अपराध की कर्मभूमि के रूप में सुर्खियों में रहा। उल्लेखनीय है कि पूर्वगठित भरतपुर जिले के क्षेत्रफल के बड़ा होने और डाकुओं की समस्या से सर्वाधिक प्रभावित होने के कारण पिछले वर्ष अप्रैल में धौलपुर को राजस्थान का २७वां जिला बनाया गया।

धौलपुर जिला उत्तर प्रदेश और मध्य प्रदेश की सीमाओं से घिरा हुआ है। इस जिले के चार थाने सरमथुरा, बसई डांग, धौलपुर, राजखेड़ा, मध्य प्रदेश की और सेपऊ, मनिया आदि थाने उत्तर प्रदेश की सीमा पर हैं। यही धौलपुर से शुरू होते हैं चम्बल के बीहड़।

१९७६ में धौलपुर के पास तालाब शाही में तत्कालीन मुख्यमंत्री हरिदेव जोशी के समक्ष डाकुओं का आत्मसमर्पण

राजस्थान में डाकू उन्मूलन अभियान से वर्षों तक जुड़े रहने वाले एक वरिष्ठ पुलिस अफसर का कहना है कि "यह अभियान डाकू अधिक बनाता है, कम नहीं करता। उन्मूलन के नाम पर राजनीतिज्ञ अपने विरोधियों को मौत के घाट उतरवाते हैं। वस्तुतः डाकू समस्या सामाजिक-आर्थिक समस्या है और इसे इसी परिप्रेक्ष्य में देखा जाना चाहिए। पहले डाकुओं की सांठगांठ व्यापारियों से रहती थी, अब पुलिस और नेताओं से।"

राजस्थान में डाकू उन्मूलन अभियान के तहत १९८२ में २५८ डाकू पकड़े गये, २४ मुठभेड़ें हुई और १९ डाकू मौत के घाट उतार दिये गये। राज्य सरकार डाकू उन्मूलन अभियान पर कितना रुपया खर्च कर रही है, यह तो पता नहीं चला, मगर इस मुहिम के लिए 'विशेष पुलिस' की पहली और पांचवीं बटालियन काम कर रही है। इन बटालियनों की कम्पनियां धौलपुर-कोटा जिलों के अलावा सवाई माधोपुर और भरतपुर जिलों में भी आवश्यकतानुसार भेज दी जाती हैं।

राजस्थान में डाकू उन्मूलन के लिए भरतपुर, सवाई माधोपुर और धौलपुर जिलों का एक नया रेंज बनाया गया है। उत्तर प्रदेश, राजस्थान और मध्य प्रदेश में डाकू उन्मूलन अभियान को संगठित रूप से चलाने के लिए 'धौलपुर' में मुख्यालय बनाने की घोषणा भी की गयी थी। यह घोषणा १४ अप्रैल, १९८१ को मुख्यमंत्री अर्जुन सिंह ने भोपाल में एक संवाददाता सम्मेलन में की थी। इसके अलावा मई, १९८१ में राजस्थान की ओर से सुझाव दिया गया था कि तीनों राज्यों (उत्तर प्रदेश, मध्य प्रदेश, राजस्थान) की 'संयुक्त कमान' बनाकर अपने-अपने क्षेत्र के अनुपात के अनुसार तीनों राज्य 'पुलिस फोर्स' का व्यय दें। मध्य प्रदेश तथा उत्तर प्रदेश की पुलिस इसके लिए तैयार नहीं हुई।

—बजेन्द्र रेही
धौलपुर से

इस प्रकार थार का रेगिस्तान डाकुओं से एक बार मुक्त हो गया। इन डाकुओं ने जिस तरह आतंक फैला रखा था, उसकी मिसाल अन्यत्र कहीं नहीं मिलती। यहां लालपुरी, सोढा, इन्दर सिंह भाटी, कल्याण सिंह, लक्ष्मण सिंह, खनूडा, मेघडा जैसे डाकू सरदार थे। ये डाकू असली अर्थों में डाकू थे यानी पहले डंके की चोट पर एलान करते और फिर डाका डालते थे। डाका डालने के बाद पाकिस्तान भाग जाते। डाकू पानी के साधन व ऊंट हथिया लेते, व्यापारियों से माल–असबाब लूट लेते। मगर किसी गरीब को या ब्राह्मण और औरत को छूना अपराध समझते थे। औरत के शरीर पर सोने के कितने ही गहने हों, डाकू उनका स्पर्श तक नहीं करते थे। आज रेगिस्तान में न वैसे डाकू हैं, न वैसी डकैतियां होती हैं। दरअसल राजस्थान के सीमावर्ती इलाके डाकुओं की सैरगाह हैं, जहां डाका डालने के बाद उत्तर प्रदेश व मध्य प्रदेश के दस्यु आराम करते हैं।

राजस्थान में डाकुओं की समस्या इस समय मुख्य रूप से चम्बल के बागियों से जुड़ी है। 29 अगस्त, 1973 को धौलपुर के पास तालाबशाही में इस क्षेत्र के 21 डाकुओं ने तत्कालीन मुख्यमंत्री हरिदेव जोशी के समक्ष आत्मसमर्पण किया था। बाद में भी छिटपुट आत्मसमर्पण हुए, किन्तु समस्या समाप्त होने के बजाए बढ़ती गई। धौलपुर अपराध की कर्मभूमि के रूप में सुर्खियों में रहा। उल्लेखनीय है कि पूर्वगठित भरतपुर जिले के क्षेत्रफल के बड़ा होने और डाकुओं की समस्या से सर्वाधिक प्रभावित होने के कारण पिछले वर्ष अप्रैल में धौलपुर को राजस्थान का 27वां जिला बनाया गया।

धौलपुर जिला उत्तर प्रदेश और मध्यप्रदेश की सीमाओं से घिरा है। इस जिले के चार थाने सरमथुरा, बसई डांग, धौलपुर, राजखेड़ा, मध्य प्रदेश की और सेपऊ, मनिया आदि थाने उत्तर प्रदेश की सीमा पर हैं। यहीं से शुरू होते हैं चम्बल के बीहड़।

राजस्थान में डाकू उन्मूलन अभियान से वर्षों तक जुड़े रहने वाले एक वरिष्ठ पुलिस अफसर का कहना है "यह अभियान डाकू अधिक बनाता है, कम नहीं करता। उन्मूलन के नाम पर राजनीतिज्ञ अपने विरोधियों को मौत के घाट उतरवाते हैं। वस्तुतः डाकू समस्या सामाजिक–आर्थिक समस्या है और इसे इसी परिप्रेक्ष्य में देखा जाना चाहिए। पहले डाकुओं की सांठगांठ व्यापारियों से रहती थी, अब पुलिस और नेताओं से।"

राजस्थान में डाकू उन्मूलन अभियान के तहत 1982 में 258 डाकू पकड़े गए, 24 मुठभेड़ें हुईं और 19 डाकू मौत के घाट उतार दिए गए। राज्य सरकार डाकू उन्मूलन अभियान पर कितना रुपया खर्च कर रही है, यह तो पता नहीं चला, मगर इस मुहिम के लिए 'विशेष पुलिस' की पहली और पांचवीं बटालियन काम कर रही हैं। इन बटालियनों की

कम्पनियां धौलपुर–कोटा जिलों के अलावा सवाई माधोपुर और भरतपुर जिलों में भी आवश्यकतानुसार भेज दी जाती हैं।

राजस्थान में डाकू उन्मूलन के लिए भरतपुर, सवाई माधोपुर और धौलपुर जिलों का एक नया रेंज बनाया गया है। उत्तर प्रदेश, राजस्थान और मध्य प्रदेश के डाकू उन्मूलन अभियान को संगठित रूप से चलाने के लिए 'धौलपुर' में मुख्यालय बनाने की घोषणा भी की गयी थी। यह घोषणा 14 अप्रैल, 1981 को मुख्यमंत्री अर्जुन सिंह ने भोपाल में एक संवाददाता सम्मेलन में की थी। इसके अलावा मई, 1981 में राजस्थान की ओर से सुझाव दिया गया था कि तीनों राज्यों (उत्तर प्रदेश, मध्य प्रदेश, राजस्थान) की 'संयुक्त कमान' बनाकर अपने–अपने क्षेत्र के अनुपात के अनुसार तीनों राज्य 'पुलिस फोर्स' का व्यय दें। मध्य प्रदेश तथा उत्तर प्रदेश की पुलिस इसके लिए तैयार नहीं हुई।

18

दिल्ली में देह

(मई, 1983)

पुरानी दिल्ली में अजमेरी गेट से जुड़ी हुई सड़क है जी.बी रोड। इस सड़क पर गाने–बजाने के नाम पर धंधा करने वालों के लाइसेंससुदा 21 कोठे हैं। कहने की जरूरत नहीं कि इन कोठों में गाना–बजाना कम देह का व्यापार अधिक होता है। यह धंधा न सवेरे रुकता है, न शाम, न दोपहर, न रात चौबीसों घंटे चलता है।

आखिर यह धंधा चलता कैसे है? लड़कियां कहां से आती हैं? कोठों की मालकिनें क्या करती हैं? इनको संरक्षण कौन देता है? क्या इस धंधे के देशव्यापी गिरोह हैं?

पिछले दिनों कमला मार्केट पुलिस ने कोई 200 लड़कियां इन कोठों से बरामद की थीं। लड़कियों द्वारा पुलिस को दिए गए बयानों के अनुसार उन्हें बहला–फुसलाकर कोठों पर पहुंचाया गया। शारदा बाई के कोठे से बरामद 25 वर्षीय गुजराती युवती रत्ना ने बताया, "एक ट्रक चालक शादी का झांसा देकर दिल्ली लाया और शारदा बाई को सौंप कर चला गया।" असम की रहने वाली बीस वर्षीया खातून को नौकरी दिलाने के बहाने दिल्ली लाया गया और यहां आकर वह निम्मी बाई के कोठे की एक मशीन बन कर रह गई।

विशेष

दिल्ली में देह

पुरानी दिल्ली में अजमेरी गेट से जुड़ी हुई सड़क है जी.बी. रोड। इस सड़क पर गाने-बजाने के नाम पर धंधा करने वालों के लाइसेंसशुदा इक्कीस कोठे हैं। कहने की जरूरत नहीं कि इन कोठों में गाना बजाना कम, देह का व्यापार अधिक होता है। यह धंधा न सवेरे रुकता है, न शाम, न दोपहर, न रात। चौबीसों घंटे चलता है।

आखिर यह धंधा चलता कैसे? लड़कियां कहां से आती हैं? कोठों की मालकिनें क्या करती हैं? उन्हें संरक्षण कौन देता है? क्या इस धंधे में देशव्यापी गिरोह हैं?

पिछले दिनों कमला मार्केट पुलिस ने कोई दो सौ लड़कियां इन कोठों से बरामद की थीं। लड़कियों द्वारा पुलिस को दिये गये बयानों के अनुसार उन्हें बहला-फुसला कर कोठों पर पहुंचाया गया और वेश्यावृत्ति के लिये मजबूर किया गया। शारदा बाई के कोठे से बरामद 25 वर्षीय गुजराती युवती रत्ना ने बताया, "एक ट्रक चालक शादी का झांसा देकर दिल्ली लाया और शारदा बाई को सौंप कर चला गया।" असम की रहने वाली बीस वर्षीया [illegible] को नौकरी दिलाने के बहाने दिल्ली लाया गया और यहां आकर वह निम्मी बाई के कोठे की एक 'मशीन' बन कर रह गयी।

एक वरिष्ठ पुलिस अधिकारी का कहना है कि अपहृत की गयी और घर से भागी

[illegible] भी हैं, जिनका खर्चा भर चलता है। ऐसी मालकिनों के पास लड़कियां ठहरती कम हैं। यों इस पेशे में जुड़ी रहने वाली लड़कियां उस कोठे में रहना पसंद करती हैं, जहां "ग्राहक" अधिक हों भले ही वहां "मालकिन" द्वारा दी गयी यंत्रणा अधिक भुगतनी पड़े।

पेशा करने वाली लड़कियों में अधिकांश पूर्वी एवं दक्षिणी भारत की हैं।

[illegible] लड़कियां [illegible] की नाक का [illegible] होती हैं। वे कभी-कभार सिनेमा भी देख आती हैं और धंधा [illegible] आती हैं। [illegible] में जो भी रुपया मिलता है, वह सब मालकिन के सामने पेश कर दिया जाता है—पूरी ईमानदारी के साथ। दंगा भी होता [illegible] लेकिन दंगा करने के बाद लड़की कोठे [illegible] नहीं लौटती, किसी दूर शहर के चकले [illegible] चली जाती है।

एक वरिष्ठ पुलिस अधिकारी का कहना है कि अपहृत की गई और घर से भागी लड़कियों में से 50 प्रतिशत लड़कियां ऐसे ही पेशेवर लोगों के चक्कर में जा फंसती हैं और फिर चकलों की ही बनकर रह जाती हैं।

जी.बी रोड पर जो कोठे हैं उनमें आमतौर पर 1500 से 2000 लड़कियां हर समय मौजूद रहती हैं। यंत्रणा गृह से किसी भी तरह कम नहीं है ये कोठे जहां पेशा करने वाली लड़कियां नारकीय जीवन जीती हैं। पशुओं के तबेले से भी बदतर इन कमरों में 10 से 25 तक लड़कियां रहती हैं। एक कमरा 10–15 फुट या 15–20 फुट से अधिक नहीं है।

उस दिन उदासीन दोपहर के कोई दो बजे थे। गीली, गंदगी से अंटी और बदबू से भरी हुई 16 सीढ़ियां चढ़ने के बाद जब मैं ऊपर पहुंचा तो देखा वहां दो कमरे थे। दोनों ओर की लड़कियों ने सोचा शायद कोई ग्राहक है। सो दोनों कमरों की लड़कियां नुमाइश की तरह दरवाजे पर आकर खड़ी हो गयीं। कुछ ने भद्दे इशारे किए और कुछ ने खींचने के लिए हाथ बढ़ाया। इस बीच एक मशक वाला मुझे ठेलता हुआ एक कोठे में दाखिल हो गया। मैं भी उसी के पीछे–पीछे हो लिया। मेरे साथ फोटोग्राफर थे अनिल दुग्गल। कैमरे वाले को देखकर लड़कियां चौंकीं। उन लड़कियों में से एक को अलग ले जाकर हमने आने का प्रयोजन बताया। वह मुझे "मालकिन" के कमरे में ले गई। मालकिन थी नहीं। छोटा–सा बैडरूम था वह। बाहर के माहौल से बिल्कुल अलग। यहां बैठकर लगा ही नहीं कि किसी बदबूदार सुरंग से होकर आया हूं।

तीन से दस मर्दों की काम पिपासा शांत करने वाली एक लड़की पचास से पांच सौ रुपया रोज़ कमाती है। बदले में उसे केवल 15–20 रुपये मिलते हैं। इसी से उसकी रोटी और कपड़े आदि का खर्चा चलता है और इसी से कोई–कोई अपने दूर–दराज रहने वाले भाई–बहन और बूढ़े–बीमार मां–बाप को भी पालती हैं।

सामने के कमरे में कोने में एक पागल सी लड़की नजर आती है। मालूम हुआ कि अंधेरा होते ही उसके मुंह पर पट्टी बांध दी जाती है, और मूंज की एक खाट पर पायों से उसके हाथ पैर बांध दिए जाते हैं। क्योंकि वह चीखती–चिल्लाती बहुत है। दो सौ से पांच सौ रुपये खर्च करने वाले "मर्द" आते हैं और चले जाते हैं। जब दस ग्राहक उसे नोंच–खरोंच कर लौट जाते हैं तो उसे मुक्त कर दिया जाता है। इसके बदले उसे क्या मिलता होगा? सूखी रोटी और दाल। और फिर उसे नींद की गोलियां देकर सुला दिया जाता है ताकि दूसरों की एय्याशी में खलल न पड़े।

कई कोठों में बेंचें पड़ी हुई हैं और कईयों में तख़्ते। 'काम' सबके सामने भी हो सकता है और एकांत में भी। 'केबिन' में जाने की कीमत अलबत्ता ज्यादा होती है।

इन कोठों में कुछ "मालकिनें" ऐसी भी हैं जिनकी रोज की आमदनी 2 से 5 हजार रुपया है। कुछ मालकिनों ने कोठे खरीदने के लिए उधार रुपया लिया और अब ब्याज भी देती हैं। तीन सौ, चार सौ रुपया रोज।

ऐसा नहीं कि यहां सभी पैसे वाली हैं। कुछ गरीब भी हैं, जिनका खर्चा भर चलता है। ऐसी मालकिनों के पास लड़कियां ठहरती कम हैं। यों इस पेशे से जुड़े रहने वाली लड़कियां उस कोठे में रहना पसंद करती हैं, जहां "ग्राहक" अधिक हों भले ही वहां "मालकिन" द्वारा दी गयी यंत्रणा अधिक भुगतनी पड़े।

पेशा करने वाली लड़कियों में अधिकांश पूर्वी एवं दक्षिणी भारत की हैं। आमतौर पर ये लड़कियां अपने कई नाम रख लेती हैं। यहां तक कि जिस कोठे पर जाती हैं, उस कोठे पर इनका एक नया नामकरण हो जाता है। वैसे नाम से लड़कियों की यहां कोई पहचान नहीं होती। पहचान होती है कद और काठी से। जो जितने ज्यादा "मर्द" झेलती है, वह उतनी ही "इज्जतदार" मानी जाती है। ऐसी गिनी–चुनी लड़कियां मालकिन की नाक का नग होती हैं। वे कभी–कभार सिनेमा भी देख आती हैं और धंधा भी कर लेती हैं। ग्राहक से जो भी रुपया मिलता है, वह सब मालकिन के सामने पेश कर दिया जाता है–पूरी

ईमानदारी के साथ। दंगा भी होता है लेकिन दंगा करने के बाद लड़की कोठे पर नहीं लौटती, किसी दूसरे शहर के चकले पर चली जाती है।

कोठों, पर लड़कियों की सप्लाई 'सामान' की तरह होती है। उमर के हिसाब से कीमत कूंती जाती है। ठीक–ठाक 'माल' की कीमत तीन–चार हजार रुपए और सामान्य की पांच सौ रुपया मिल जाती है। एक रिपोर्ट के अनुसार उत्तरी–पूर्वी भारत में देह के सौदागरों के ऐसे अंतर्राज्यीय गिरोह हैं जो प्रतिवर्ष 250 से 300 लड़कियां वेश्यावृत्ति के लिए बम्बई, दिल्ली और पंजाब भेजते हैं। ये लड़कियां आमतौर पर गरीब घरों की होती हैं, जो नौकरी और विवाह जैसे झांसों में चकलों पर पहुंचा दी जाती हैं। पूर्वी उत्तर प्रदेश में भी यह धंधा जोर पकड़ता जा रहा है।

ऐसे गिरोहों के सदस्य छोटे स्तर के पुलिस वालों और स्थानीय स्तर के राजनीतिज्ञों से अपनी पटरी बिठाए रखते हैं। दिल्ली में जमुनापार, राजेन्द्र नगर, अजमेरी गेट और दरियागंज इलाके के कुछ ऐसे प्रभावशाली लोग हैं जो इन को संरक्षण देते हैं।

रही जी.बी. रोड के कोठों की मालकिनों की बात। यों अभी तक कोई विस्तृत सर्वेक्षण नहीं किया गया है, किन्तु पुलिस रिकार्ड उपलब्ध है। उसके अनुसार सबसे सम्पन्न कोठे वाली मानी जाती है–कोठा नम्बर 25 की मालकिन 'मधु'। लगभग पचास वर्षीय मधु का संबन्ध दिल्ली पुलिस के एक हवलदार से बताया जाता है जो कई बार निलंबित भी हो चुका है। स्वभाव से क्रूर और शराब की शौकीन यह औरत धंधा चलाने में भी माहिर है। कहते हैं, राजेन्द्र नगर और गांधीनगर में इसकी विशाल कोठियां हैं। चार कारें हैं। अनुमान है कि यह कोई एक करोड़ रुपए की सम्पत्ति की मालकिन है। सोना उसे बहुत प्रिय है और हर वक्त आभूषणों से लदी रहती है। माना जाता है कि इसके पास दस किलो से कम सोना नहीं होगा। इसके पास कोई 40 लड़कियां हैं और दैनिक आमदनी पांच–छह हजार रुपये बतायी जाती है। इसने कोठे के नीचे तहखाने भी बना रखे हैं। पुलिस ने कई बार छापा मारा। एक बार सात और एक बार तीन लड़कियां इसके चंगुल से मुक्त कराई गईं। मुक्त कराई गई लड़कियों के अनुसार यह औरत इतनी क्रूर है कि पेशा करने के लिए लड़कियों से न केवल मारपीट करती है बल्कि उन्हें गर्म सलाखों से दागा भी करती है।

कोठा नम्बर 54 चलाती तो रामप्यारी है, किन्तु इसका असली मालिक कोई और है। पर्दे के पीछे वह "बड़ा आदमी" यह काम करता है। कहा जाता है कि वह कभी जी.बी. रोड की तरफ नहीं आया। उसकी गांधीनगर में एक विशाल कोठी है। 10–12 कारें और कुछ मिनी बसें भी हैं। यह आदमी एक बड़ा होटल बना रहा है। लाला लाजपतराय मार्केट

में दुकान भी चलाता है। यह रईस और रोबदार आदमी मूलतः राजस्थान का निवासी बताया जाता है। "चकला" चलाने वालों को प्राथमिकता से संरक्षण देता है। इसके पास दो टेलीफोन हैं और राजस्थान के कुछ राजनीतिज्ञों से गहरे संपर्क बताए गए हैं। कोई चालीस लड़कियां हैं इसके पास भी। रोज की आमदनी लगभग पांच हजार रुपए।

कोठा नम्बर 56 की मालकिन प्रेम हाजरा का नाम भी पुलिस रिकार्ड में एक आदतन अपराधी के रूप में दर्ज है। इसके विरुद्ध 1965 से 82 के बीच कोई 8 मुकदमें दर्ज किए गए। इसकी नई पड़ोसन फातिमा बाई की शिकायत यह है कि यह उसका कोठा नहीं चलने देती–यानी जो भी ग्राहक आता है लड़झगड़ कर झपट लेती है। पुलिस को शिकायत है कि यह औरत पुलिस वालों की झूठी शिकायतें करती रहती है।

प्रेम हाजरा का कोठा जी.बी. रोड की ऊपरी मंजिल पर दक्षिण की ओर है। लगभग तीन फुट की संकरी और अंधेरी सीढ़ी पार करके उस कोठे में पहुंचा जाता है।

उस दिन पुलिस वाले इसी कोठे पर गए थे, मुसीबत में फंस गए थे।

"खातून कहां है?" एस.आई. ओमप्रकाश ने प्रेम हाजरा से पूछा था।

"यहां कोई खातून नहीं है", मुहंतोड़ जवाब था प्रेम हाजरा का। अभी वार्तालाप हो रही थी कि दलाल हमीद ने प्रेम और लता के कान में कुछ कहा। अचानक लता उठी और उसने जीने का दरवाजा बंद करके ताला लगा दिया। एस.आई. ओमप्रकाश और सिपाही दीपचंद के चेहरे तमतमा गए। फिर भी उन्होंने धैर्य नहीं खोया। फिर ओमप्रकाश और दीपचंद ने कमरे से बाहर निकलने के लिए दरवाजे का ताला खुलवाने का प्रयत्न किया किन्तु प्रेम हाजरा, लता, बानो और हमीद उर्फ दीनू पुलिस वालों से लिपट गए। और उनको किसी भी तरह बाहर जाने नहीं दिया। हारकर वे लोग कोई तरकीब सोचने लगे। पुलिस वालों को बेबस देखकर प्रेम ने कहा–"अभी फ्लाइंग बुलवाकर तुमको पकड़वाते हैं।

तुमने रिक्शा स्टैंड हटाकर हमारी रोजी पर लात मारी है।" फिर कमला मार्केट थाने पर किसी ने फोन किया तब पुलिस अधिकारी वहां पहुंचे और पड़ोस के मकान की दीवार लांघकर दोनों पुलिस कर्मचारी मुक्त कराए गए।

इस घटना की दर्ज प्रथम सूचना रिपोर्ट (एफ.आई.आर.) के आधार पर भारतीय दंड संहिता की धारा 353, 332, 186 और 506 के तहत अपराध कायम किए गए और चार लोगों–प्रेम हाजरा, लता, दीनू और बानो को गिरफ्तार किया गया। बाद में सभी जमानत पर छूट गए।

हम कोठे के अहाते में पहुंचे कि दूर से ही एक डपट सुनाई दी। "तू स्साली हरामजादी..... कपड़े नहीं उतारेगी।" एक कोठे की मालकिन ने एक नई लड़की द्वारा आनाकानी करने पर गालियों की बौछार लगाई थी। खिड़की से देखा तो उसके हाथ में रबर का हंटर था और लड़की की पीठ पर दुर्भाग्य की कितनी ही लकीरें।

16 बाइ 20 के उस कमरे में कोई बीस–बाईस लड़कियां थीं उस दिन। लड़कियां आती और जाती रहती हैं। इस कोठे में मुश्किल से ही कोई टिक पाती हैं। पुलिस वाले भी चौंकते हैं। उस कोठे के नाम से। उस दिन मैं जब जी.बी. रोड पहुंचा तो प्रेम हाजरा अपने कोठे के नीचे ही खड़ी थी। मुझे तो वह जानती नहीं थी, अलबत्ता मेरे साथ गए इलाके के पुलिस अधिकारी को देखकर बोली–"सिपैया! सलाम तो लेता जा!

पुलिस की मुसीबत यह है कि कोठों से बरामद लड़कियां आमतौर पर अपना सही नाम–पता नहीं बतातीं। परिणाम यह होता है कि गवाह और प्रमाण के अभाव में अपराधी बच निकलता है।

कोठा नम्बर 58 में पद्मिनी का भी एक कमरा है। बताया जाता है कि इसके पास तीन–चार कारें हैं और जमुना पार की बस्ती में एक शानदार फ्लैट भी।

कोठा नं0 70 की मालकिन अम्बर बाई पुलिस रिकार्ड में एक शरीफ पेशेवाली मानी जाती है। यूं इसके पास भी कोई 70–75 लाख रुपये की सम्पत्ति बताई जाती है। राजेन्द्र नगर में इसकी भी विशाल कोठी है और माडल टाउन में एक बड़ी दुकान है। तीन–चार कारें भी हैं।

मालकिनें कैसे बनती हैं?

यों यह धंधा शुद्ध जुबानी धंधा है। इनको समझने के लिए मरियम का किस्सा बहुत है। मरियम पहले मधु के साथ थी। मधु से झगड़ा हो जाने पर अलग हुई तो मामू से पैसा लेकर कोठा खरीदा। कोई तीन लाख रुपये में। अब 350 रुपये रोज का ब्याज देती

है। असल में जिनके पास जमा पूंजी नहीं है उनकी आमदनी का बहुत बड़ा हिस्सा तो ब्याज, पुलिस तथा "दादा" लोगों में बंट जाता है।

अब रही ग्राहकों की बात। तो दिन में जो ग्राहक आते हैं उनमें कॉलेज के लड़के, पास–पड़ोस के गांवों से सामान खरीदने आए व्यापारी आदि अधिक होते हैं। मैंने कुछ ऐसे युवकों से वहीं कोठे पर बात की। एक लड़के से पूछा तो उलटे मुझे कहने लगा–"आप कैसे आए?" मैंने जवाब दिया–'तुम्हारी तरह सीढ़ियां चढ़कर।' जब उस को मंतव्य समझाया तब उसने कहा–"नाम नहीं बताऊंगा। पर पढ़ता दिल्ली की एक बड़ी पब्लिक स्कूल में हूं। एक बार एक दोस्त के साथ आया था। अब महीने में तीन–चार बार आता हूं।" 18 वर्ष का यह लड़का बातचीत में बहुत गंभीर था।

एक बुजुर्ग भी मिले। 50–55 के आसपास के होंगे। सवाल किया तो कहने लगे–"एक लड़की को ढूंढने आया था।"

दिल्ली के वेश्या बाजार, जी.बी.रोड के कोठों में पेशा करने वाली कुछ युवतियों से बातचीत की।

एक युवती प्यारी (30 वर्ष) पिछले दस वर्षों से और दूसरी लता (19 वर्ष) पांच वर्षों से शरीर बेचकर रोटी कमा रही हैं। उन्हें न तो पेशे से नफरत हैं, न ऊब। उनसे टेप पर रिकार्ड की गई बातचीत के कुछ संपादित अंश :

गीता तो तुम्हारा यह तो यहां का नाम होगा। असली नाम क्या है?

असली नाम है प्यारी।

कहां की रहने वाली हो?

आंध्र प्रदेश। तिरुपति के पास।

यह पेशा कब से शुरू किया?

बीस बरस की उमर से। पिताजी मर गए थे। घर में मां और छोटे–छोटे भाई–बहन हैं। उनको पालने के लिए यह काम कर रही हूं।

क्या अनुभव है इस पेशे का? कितना पैसा कमा लेती हो?

जो भी मिल जाए। 15–20 रुपए तो कमा ही लेती हूं। उससे खाती–पीती हूं, अपना कपड़ा बनाती हूं। बच्चों को देखती हूं।

कितने बच्चे हैं?

दो मर गए। एक जिन्दा है। लड़की है। शाहिदा। पढ़ने जाती है।

उससे भी यही पेशा करायेंगी क्या?

जी..... नहीं। कान पकड़ती हूं, यह काम नहीं कराऊंगी।

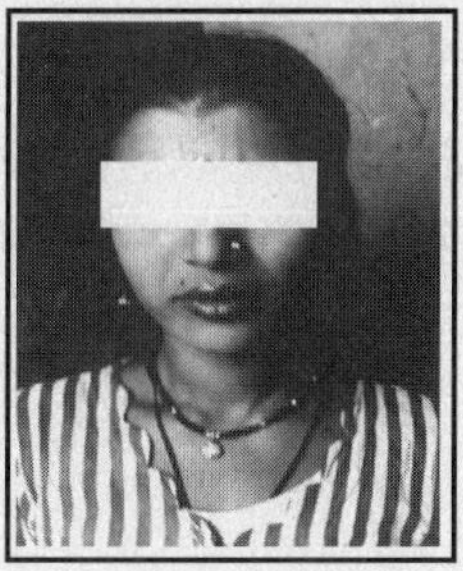

एक रात में आप कितने लोगों से मिलती हैं?

दो–चार जने आते हैं हमारे पास तो।

कोई क्रूर आदमी आया कभी?

इतनी उमर हो गई हमारी। अब हमको याद रहेगा कि कौन आदमी आया। सभी एक से ही होते हैं। पर वैसा कोई याद नहीं आया।

सबसे ज्यादा आदमी अब तक किस रात आए?

यह तो याद नहीं। हां, जब हमने ये काम शुरू किया था तब 10–12 आदमी भी आ जाता था। अब हमारे वश का है नहीं। दो–चार काम कर लेती हूं पेट पालने भर का।

अगर आपको यहां से बाहर निकाल दिया जाए तो?

मेरे को कौन निकालेगा। मेरी तो खुद की मजबूरी है।

पैसे भेजती हैं यहां से बच्चों–मां को?

जी हां। मैं खुद भी जाती हूं और खर्चा दे कर आ जाती हूं।

मृत्युदण्ड राजकीय हत्या है!

• ब्रजेंद्र रेही

पिछले एक अर्से से उच्चतम न्यायालय द्वारा फांसी के आदेश स्थगित किये जाने के निर्णय चर्चा का विषय बने हुए हैं। एक बार फिर एक सजा के रूप में फांसी के औचित्य पर प्रश्नचिह्न लगने शुरू हुए हैं। एक ओर तो फांसी को "उचित सजा" कहकर उसकी वकालत की जा रही है और दूसरी ओर इसे मानवीय-मूल्यों का उल्लंघन कहा जा रहा है। इस महत्वपूर्ण विषय पर ब्रजेंद्र रेही का विशेष लेख और दो विशिष्ट व्यक्तियों के साक्षात्कार।

19

मृत्युदंड राजकीय हत्या है?

(जुलाई, 1983)

कुछ वर्षों पूर्व दो नक्सलवादी युवकों– किश्ता गौड़ा और भूमैय्या को फांसी के फंदे पर लटका दिया गया था। तब इनको जीवनदान देने के लिए देश में आवाज उठी थी। जयप्रकाश नारायण, आचार्य कृपलानी जैसे राष्ट्रीय नेताओं ने भी तत्कालीन राष्ट्रपति से मृत्युदंड को आजीवन कारावास में बदलने का अनुरोध किया था, किन्तु राष्ट्रपति नहीं माने।

इसमें कोई दो राय नहीं कि फांसी तथाकथित विकसित मानव सभ्यता का एक बर्बर और पाशविक कानूनी हथियार है। लोकतांत्रिक देशों में इस पशुवत् कानून का इस्तेमाल लंबी बहस का विषय बना हुआ है। हालांकि दुनिया के लगभग 70 देशों में मृत्युदंड कानून से बाहर कर दिया गया है। इनमें से कुछ देश हैं: आस्ट्रिया, ब्राजील, कोलम्बिया, कोस्टारिका, डेनमार्क, इक्वाडोर, फिजी, फिनलैण्ड, जर्मन जनवादी गणतंत्र, होण्डुरास, आइसलैण्ड, लक्जम्बर्ग, नार्वे, स्वीडन, वेनेजुएला, उरूग्वे आदि। इसी तरह कुछ देशों ने युद्धकाल को छोड़कर शेष शान्तिकाल में मृत्युदंड पर प्रतिबंध लगा दिया है। ये देश हैं: कनाडा, इटली, नीदरलैंड, पनामा, माल्टा, पेरू, स्पेन, स्वीट्जरलैण्ड आदि।

अब सवाल यह है कि क्या मृत्युदंड जारी रख कर उन अपराधों से समाज ने मुक्ति पा ली है, जिनके लिए यह दण्ड निर्धारित है? उत्तर 'ना' में ही है।

इस संबंध में 'ब्रिटिश रॉयल कमीशन ऑन कैपिटल पनिशमेन्ट' पर एक सरसरी नजर डाल लें। उसकी रिपोर्ट के 23वें पन्ने पर लिखा है:

'हम प्रोफेसर सैलिन के इस विचार से सहमत हैं कि आंकड़ों के आधार पर निकाले गए निष्कर्षों से इस बात का कोई स्पष्ट प्रमाण नहीं मिलता कि इन राज्यों में मृत्युदंड का मानव–हत्या के अपराध की दर पर कोई प्रभाव पड़ा हो। आंकड़ों से यह भी स्पष्ट होता है कि भले ही मृत्युदंड का उपयोग किया जाए या न किया जाए। भले ही फांसी जल्दी–जल्दी लगायी जाए या न लगायी जाए, हत्या के अपराध की घटनाओं की पुनरावृत्ति पर मृत्युदंड के बजाए अन्य कारणों का ही प्रभाव पड़ता है। ऐसा उन दोनों प्रकार के देशों में होता है जहां मृत्युदंड है और जहां समाप्त कर दिया गया है।'

इस संदर्भ में संयुक्त राष्ट्रसंघ द्वारा 1962 में प्रकाशित 'कैपिटल पनिशमेन्ट' पुस्तक में कहा गया है– 'एकत्रित की गयी सूचनाएं इस बात को पुष्ट करती हैं कि मृत्युदंड समाप्त कर दिए जाने से उन अपराधों की संख्या में कोई वृद्धि नहीं होती, जिन पर से उन्हें हटा लिया गया है। हमारा यह मत 19वीं शताब्दी के अनुभवों को भी पुष्ट करता है जिसमें चोरी, राहजनी, धोखाधड़ी और नकली सिक्के बनाने पर से मृत्युदंड धीरे–धीरे हटा लिया गया। उसका परिणाम यह हुआ था कि मृत्युदंड आंशिक रूप से समाप्त हो जाने के फलस्वरूप इन अपराधों में वृद्धि की अपेक्षा कमी ही आई है।

यह एक तथ्य है कि अभी तक हमारे यहां मृत्युदंड प्राप्त अपराधियों का कोई मनोवैज्ञानिक अध्ययन नहीं किया गया है। हां, फांसी की सजा पाए कैदियों की जीवनचर्या विचार के लिए अवसर अवश्य देती है।

उदाहरण के लिए विद्या जैन हत्याकांड के अभियुक्त उजागर सिंह को ही लें। जेल की सींखचों में उसने जीवन के बुझते हुए चिराग की लौ में आध्यात्मिक पुस्तकों का अध्ययन जारी रखा। इसी तरह 70 हत्याएं करने वाला राजस्थान का शंकरिया निरक्षर था, किन्तु जेल में वह पढ़–लिख गया। किसी और की नहीं– आत्म–प्रेरणा से, उसने एक दिन जेल अधिकारी से कहा था– "मैं मौत से पहले यह जान पाया कि जीवन क्या है? यदि मुझे जेल से छोड़ दिया जाए तो मैं नहीं जानता कि क्या काम करूं। पर वह काम कभी नहीं करूंगा, जिसकी मुझे सजा मिली। मैं जानता हूं कि मुझे फांसी होगी ही, पर मौत से पहले की इस जिंदगी का मुझे गर्व है।" यूं मौत की सजा का उद्देश्य यह है कि ऐसे अपराधी जो समाज के लिए घातक साबित हों, उन्हें फांसी पर लटका दिया जाए या बिजली के झटके से उनका प्राणांत कर दिया जाए।

सभ्यता का तकाजा है, हिंसक–मानव को सभ्य मानव बनाना। यदि कानून ऐसा करने में सफल नहीं है तो यह उसकी कमजोरी है और इसीलिए एमनेस्टी इंटरनेशनल ने दुनिया के कई देशों में मृत्युदंड के विरुद्ध अभियान चला रखा है। फिर मृत्युदंड चाहे राजनीतिक कारणों से दिया गया हो या आपराधिक कारणों से, वह समाज द्वारा किया गया एक अक्षम्य अपराध ही कहा जाएगा।

संयुक्त राष्ट्र संघ द्वारा प्रकाशित रिपोर्ट 'कैपिटल पनिशमेन्ट' में पृष्ठ 61 पर लिखा गया हैः 'मृत्युदंड के भय से अपराधों में कोई कमी नहीं होती, इस संबंध में जितनी भी परंपरागत दलीलें दी जाती हैं, वे निराधार हैं। इसी रिपोर्ट में एक जगह कहा गया है– 'शिष्टतावश हम चाहें कोई भी वक्तव्य दें, यह तो हम सभी जानते हैं कि न्यायपालिका भी गलती कर सकती है, और कुछ गलतियां तो निश्चित रूप से पिछले दिनों हुई हैं।'

हाल ही में केन्द्र सरकार को पेश की गई 'जेल सुधार समिति' की रिपोर्ट में विख्यात कानूनविद् श्री आनन्द नारायण मुल्ला ने लिखा है : 'संसार में सबसे बड़ा दंड, मृत्युदंड है, और यदि अपराधों को रोकने में इसकी उपादेयता नहीं है, तो यह सोचना फिजूल होगा कि आजीवन कारावास का दंड वह भय उत्पन्न कर सकता है, जिससे अपराधों में कमी हो, यह तथ्य विश्व के अनेक देशों ने मृत्युदंड को समाप्त करके दिया है। यह इस बात का प्रमाण है कि इसकी क्रूरता तो स्पष्ट है, किन्तु अपराधों की रोकथाम में इसकी उपादेयता बिल्कुल नहीं हैः

समिति ने सरकार को जो सुझाव दिए हैं, वे इस प्रकार हैंः

(1) जेल अधिनियम 1894 की धारा 30 (2) को बदला जाना चाहिए, यानी फांसी की सजा पाए कैदियों को लंबे समय तक काल कोठरी में रखने के बजाए ऐसे ही अपराधियों को एक साथ बैरक में रखा जाए। उन्हीं अपराधियों को काल कोठरी में रखा जाए। जिन्हें अन्ततोगत्वा फांसी देनी ही है।

(2) राष्ट्रपति से दया याचिका संबंधी नियम संबंधित अपराधी को उसकी भाषा में विस्तार से बताए जाएं।

(3) राज्यों की किसी एक या आवश्यकतानुसार एक से अधिक जेल में फांसी लगाने की व्यवस्था हो।

(4) फांसी की सजा वाले कैदियों को उनके शौक के अनुसार उपयोगी काम पर लगाया जाए।

(5) शिक्षा, खेलकूद आदि की व्यवस्था हो।

(6) उनकी पारिवारिक समस्याएं सुलझायी जाएं।

हालांकि रिपोर्ट सरकार के विचाराधीन है, किन्तु अब यह तथ्य प्रमाणित हो गया है कि मृत्युदंड, एक बर्बर कानूनी व्यवस्था है। किसी लोकतांत्रिक देश में इस प्रकार की राजकीय हत्या का क्या औचित्य है?

और फिर हमारा देश तो बुद्ध और गांधी का देश है, जहां अहिंसा को सबसे बड़ा धर्म माना गया है, मृत्युदंड के बारे में गांधीजी ने कहा था, 'मैं मृत्युदंड को अहिंसा के सिद्धांत के विरुद्ध मानता हूं। सिर्फ जीवन देने वाला ही जीवन लेने का अधिकारी भी है। हर अपराध एक तरह की बीमारी है और अपराधी का इलाज इसी दृष्टि से किया जाना चाहिए।'

पर इतिहास गवाह है कि 'इलाज' के नाम पर मनुष्य ने बदले की क्रूर भावना से ही काम किया है। वैसे देखा जाये तो यह 'इलाज' वस्तुतः एक व्यक्ति के खिलाफ समाज का युद्ध ही है– 'एक ऐसा युद्ध जो एक राष्ट्र उस व्यक्ति के खिलाफ छेड़ता है, जिसे मारना वह उपयोगी और आवश्यक मानता है।'

और इस 'उपयोगिता' और 'आवश्यकता' की परिभाषा का एक स्वरूप हमें इतिहास के उन उदाहरणों में मिलता है, जिनमें किसी को फांसी की सजा दिया जाना एक सार्वजनिक समारोह होता था। इतिहास ऐसे उदाहरणों से भरा पड़ा है। लोगों को फांसी देखने के लिए बाकायदा आमंत्रित किया जाता था, और दर्शकों को देखकर लगता था, जैसे वे देखने का मजा ले रहे हों। वैसे अधिकारियों का तर्क यह रहा है कि इस तरह की सार्वजनिक फांसी से दर्शकों को एक प्रकार की चेतावनी मिलती है, और यह 'चेतावनी' देने के लिए शेरिफ लोगों को 'मनोरंजन' के नाम पर बुलाते थे।

पर तथ्य साक्षी है कि सदियों से दी जा रही इस 'चेतावनी' का कोई असर नहीं पड़ा है। अर्सा हो गया जयप्रकाश नारायण और आचार्य कृपलानी के नेतृत्व में देश के नौ वरिष्ठ नागरिकों ने अपने हस्ताक्षरों से एक घोषणापत्र जारी किया था। इसमें कहा गया था कि 'मृत्युदंड' एक अमानवीय सजा है जो मनुष्य के जिंदा रहने के बुनियादी अधिकार का उल्लंघन करती है।'

यह बात इससे पहले भी दुनिया के अलग–अलग देशों में अलग–अलग विचारधारा के लोगों ने कही है– और आज पहले से कुछ ज्यादा जोरों से कही जा रही है। अलग–अलग मंचों से अलग–अलग आधारों पर इस अमानवीय सजा को समाप्त करने की मांग उठ रही है।

इनमें से एक आधार यह भी है कि यह सजा एक तरह से समाज के एक वर्ग द्वारा, दूसरे कमजोर वर्ग को दबाए रखने का हथियार बनी हुई है। यह तर्क देने वाले अपने पक्ष में इस तथ्य का हवाला देते हैं कि 'प्रारंभ से ही गरीब, कमजोर और अक्षम व्यक्ति जेलों में जाते रहे हैं, फांसी पर चढ़ते रहे हैं–अपराध, गरीबी और अज्ञान हमेशा साथ–साथ रहे हैं, यह तर्क देने वालों की मान्यता है कि जब कानून बनाने वाले इस बात को समझ जायेंगे तो वे सजा देने के बजाए कारणों का निदान खोजेंगे।'

लेकिन इस बात को समझा कब जायेगा? और क्या तब तक इस राजकीय हत्या को जारी रहने दिया जाएगा?

मारने का हक किसी को नहीं है

• आनंद नारायण मुल्ला

मृत्युदण्ड के बारे में आपकी क्या राय है ?

इस मामले में मैं सुप्रीमकोर्ट की राय से सहमत हूं. इसलिए कि हमारे यहां मृत्युदंड बहुत ही सीमित मामलों में दिया जाता है. यूं मारने का हक किसी को भी नहीं है. केवल उन्हीं लोगों को मृत्युदंड दिया जाता है, जिनके बारे में यह निश्चित हो जाता है कि उनका जिन्दा रहना समाज के लिए घातक है.

अनेक देशों ने मृत्युदंड समाप्त कर दिया है. यह इस बात का प्रमाण है कि इसमें क्रूरता है और अपराधों की रोकथाम में इसकी उपादेयता बिल्कुल नहीं है. इस

पालिका के वश की बात नहीं है.

मैंने हाल ही में 'जेल सुधार समिति' की रिपोर्ट में लिखा है कि विधायिका इस बात पर विचार करे कि क्या दंड संहिता में मानव-हत्या या किसी अन्य नाम से एक नया अपराध जोड़ा जाए, जिसमें न्यायपालिका को दंड की अवधि कम रखने का विवेकाधिकार हो.

जब तक विधायिका ध्यान न दे, क्या ऐसी सजा सुनाते समय, अदालत मानवीय दृष्टिकोण भुला दे ?

सजा कानून के आधार पर दी जाती है किन्तु सुनवाई की प्रक्रिया में मानवीय दृष्टिकोण ही होना चाहिए. इसलिए कि सजा, समाज के हित में दी जा रही है और समाज मानवों के समूह से ही बनता है.

यह भी याद रखने की बात है कि

दण्ड प्रक्रिया और न्याय प्रशासन की चार कड़ियां हैं : विधान मंडल, पुलिस, न्यायपालिका और कारागार. मेरा स्पष्ट मानना है कि भारतीय दंड संहिता की धारा ३०२ और भारतीय दंड-प्रक्रिया संहिता की धारा ४३३ ए, यदि अपने वर्तमान रूप में बनी रहीं, तो हमारे अनेक प्रयास निष्फल हो जाएंगे.

आज पुलिस और अपराधियों की सांठगांठ स्पष्टत: परिलक्षित है. इस प्रकार के गठजोड़ को न्यायपालिका भी कम नहीं कर पाई. दुर्भाग्यवश न्यायपालिका ने कुछ फौजदारी मामलों में साक्ष्य के मूल्यांकन और उन पर अपना अभिमत प्रकट करके पुलिस को उनके अपराधी कार्यकलापों के विरुद्ध हतोत्साहित करने के बजाए, प्रोत्साहित

किया है. इस सारे चक्रव्यूह में यदि कभी कोई निर्दोष इंसान भी क्रूर सजा पा जाए तो कोई आश्चर्य नहीं. ऐसी स्थिति में अदालत की जिम्मेदारी कुछ अधिक बढ़ जाती है.

*** राष्ट्रपति किन मापदंडों के आधार पर किसी की सजा माफ करते हैं ? उनको यह अधिकार क्यों है ?**

राष्ट्रपति देश का सर्वोच्च नागरिक है और इसीलिए उसे यह अधिकार दिया गया है कि वह चाहे तो किसी की सजा माफ कर दे. याद रखने की बात है कि न्याय के दो खण्ड हैं : इंसाफ और रहम. इंसाफ अदालतें करती हैं और रहम राष्ट्रपति. रहम, इंसाफ के खिलाफ भी किया जा सकता है. राष्ट्रपति के पास 'रहम के सिद्धान्त' का ही मापदंड है.

*** फांसी देने के वर्तमान तरीके के बारे में आपकी क्या राय है ?**

इस तरीके से किसी की जान मत लीजिए कि वह बर्बर मालूम हो. समाज के हित में जान ली जा रही है तो उसमें बर्बरता दिखाने की क्या जरूरत है ?

20

मारने का हक किसी को नहीं है : आनन्द नारायण मुल्ला

(जुलाई, 1983)

मृत्युदण्ड के बारे में आपकी क्या राय है?

इस मामले में सुप्रीम कोर्ट की राय से सहमत हूं, इसलिए कि हमारे यहां मृत्युदण्ड बहुत ही सीमित मामलों में दिया जाता है यूं मारने का हक किसी को भी नहीं है। केवल उन्हीं लोगों को मृत्युदण्ड दिया जाता है, जिनके बारे में यह निश्चित हो जाता है कि उनका जिन्दा रहना समाज के लिए घातक है।

अनेक देशों ने मृत्यदण्ड समाप्त कर दिया है। यह इस बात का प्रमाण है कि इसमें क्रूरता है और अपराधों की रोकथाम में इसकी उपादेयता बिल्कुल नहीं है। यह कार्यपालिका के वश की बात नहीं है।

मैंने हाल ही में 'जेल सुधार समिति' की रिपोर्ट में लिखा है कि विधायिका इस बात पर विचार करे कि क्या दंड संहिता में मानव–हत्या या किसी अन्य नाम से एक नया अपराध जोड़ा जाए, जिससे न्यायपालिका को दंड की अवधि कम रखने का विवेकाधिकार हो।

जब तक विधायिका ध्यान न दे, क्या ऐसी सजा सुनाते समय अदालत मानवीय दृष्टिकोण भुला दे?

सजा कानून के आधार पर दी जाती है किन्तु सुनवाई की प्रक्रिया में मानवीय दृष्टिकोण ही होना चाहिए। इसलिए कि सजा, समाज के हित में दी जा रही है और समाज मानवों के समूह से ही बनता है।

यह भी याद रखने की बात है कि दण्ड प्रक्रिया और न्याय प्रशासन की चार कड़िया हैं : विधान मंडल, पुलिस, न्यायपालिका और कारागार। मेरा स्पष्ट मानना है कि भारतीय दंड–प्रक्रिया संहिता की धारा 433ए, यदि अपने वर्तमान रूप में बनी रही, तो हमारे अनेक प्रयास निष्फल हो जाएंगे।

आज पुलिस और अपराधियों की सांठगांठ स्पष्टतः परिलक्षित है। इस प्रकार के गठजोड़ को न्यायपालिका भी कम नहीं कर पाई है। दुर्भाग्यवश न्यायपालिका ने कुछ फौजदारी मामलों में साक्ष्य के मूल्यांकन और उन पर अपना अभिमत प्रकट करके पुलिस को उनके अपराधी कार्यकलापों के विरुद्ध हतोत्साहित करने के बजाए, प्रोत्साहित किया है। इस सारे चक्रव्यूह में यदि कभी कोई निर्दोष इंसान भी क्रूर सजा पा जाए तो कोई आश्चर्य नहीं। ऐसी स्थिति में अदालत की जिम्मेदारी कुछ अधिक बढ़ जाती है।

राष्ट्रपति किन मापदंडों के आधार पर किसी की सजा माफ करते हैं? उनको यह अधिकार क्यों है?

राष्ट्रपति देश का सर्वोच्च नागरिक है और इसीलिए उसे यह अधिकार दिया गया है कि वह चाहे तो किसी की सजा माफ कर दे। याद रखने की बात है कि न्याय के दो खण्ड हैं : इंसाफ और रहम, इंसाफ अदालतें करती हैं और रहम राष्ट्रपति। रहम, इंसाफ के खिलाफ भी किया जा सकता है। राष्ट्रपति के पास 'रहम के सिद्धांत' का ही मापदंड है।

फांसी देने के वर्तमान तरीके के बारे में आपकी क्या राय है?

इस तरीके से किसी की जान मत लीजिए कि वह बर्बर मालूम हो। समाज के हित में जान ली जा रही है तो उसमें बर्बरता दिखाने की क्या जरूरत है?

21

फांसी एक आवश्यक बुराई है : राधाकांत सक्सेना

(जुलाई, 1983)

श्री राधाकांत सक्सेना इस समय केंद्र सरकार द्वारा गठित 'जेल सुधार समिति' के निदेशक के पद पर कार्यरत हैं। जेल सेवा के वरिष्ठ अधिकारी श्री सक्सेना इससे पूर्व राजस्थान के जेल महानिरीक्षक के पद पर भी कार्य कर चुके हैं।

फांसी की सजा के बारे में आपकी क्या राय है?

फांसी की सजा एक आवश्यक बुराई है। यह तब तक है जब तक कि हम कठोरतम और क्रूर अपराधियों को सुधारने के अपने ज्ञान को पूरा नहीं कर लेते हैं।

मसलन, एक समय था जब ब्रिटेन में चोरी के अपराधी को भी प्राणदंड दिया जाता था। धीरे–धीरे जब यह पता चला कि चोर को सुधारा जा सकता है, उसके तरीके हैं, तो प्राणदंड देना बंद कर दिया गया। यही बात फांसी से संबंधित अपराध के बारे में भी लागू हो सकती है। यदि हम मानसिक विकास के किसी स्तर पर किसी व्यक्ति के आवेश, क्रोध या क्रूर प्रतिक्रिया के भाव को दया या इंजेक्शन से रोक सकने का ज्ञान प्राप्त कर लें तो फांसी समाप्त की जा सकेगी। आज फांसी इसलिए दे रहे हैं क्योंकि उसका विकल्प नहीं है।

फांसी एक आवश्यक बुराई है

• राधाकांत सक्सेना

जा सकेगी. आज फांसी इसलिए दे रहे हैं क्योंकि उसका विकल्प नहीं है.

मूलतः मैं फांसी के पक्ष मे नहीं हूं. हत्या, मनुष्य का पशु श्रेणी मे विघटन है. और फांसी, वह भी पाशविकता की प्रतीक.

*** फांसी की सजा पाए अपराधियों का मनोविज्ञान कैसा होता है ? एक जेल अधिकारी के रूप मे आपके अनुभव क्या हैं ?**

पहली बात तो यह है कि फांसी की सजा पाने के बाद अपराधी एक प्रकार से क्रियाहीन हो जाता है. उसे लगता है, जीवन मे कुछ रहा ही नहीं. वह सीमित परिस्थितियों का उपयोग पढ़ने-लिखने और आध्यात्मिक चिन्तन के लिए करता है.

उदाहरण के लिए ७१ हत्याएं करने वाले राजस्थान के कनपटीमार शकरिया का मामला लें. वह बिल्कुल अनपढ़ था. फांसी की सजा पाने के बाद उसने पढ़ना-लिखना शुरु किया. यहां तक कि उसकी लिपि बहुत खूबसूरत थी. वह श्रीमद्भागवत, रामायण आदि पढ़ता रहता था. मृत्यु उसके दरवाजे पर खड़ी थी, यह जानकर भी वह पढ़ता रहा.

फांसी के अपराधी आमतौर पर शान्तचित्त हो जाते हैं.

*** फांसी के अपराधी की परिभाषा क्या है ? उसे जेल मे कैसे रखा जाता है ?**

सामान्यतः फांसी के कैदी जिस कोठरी मे रहते हैं, वह ७×९ फुट की होती है. उसमे न तो वह ज्यादा घूम-फिर सकता है, न किसी से सम्पर्क कर सकता है. जेल अधिनियम १८९४ की धारा ३० (२) मे कहा गया है कि फांसी की सजा वाले [illegible] कैदी को कोठरी मे रखा जाएगा.

सर्वोच्च न्यायालय ने सुनील [illegible] बनाम दिल्ली प्रशासन वाले [illegible] मे १९७८ मे निर्णय देते हुए [illegible] अधिनियम की उक्त धारा के [illegible] को सीमित कर दिया तथा [illegible] कोठरियों मे उन लोगों को [illegible] जाए जो अन्ततः फांसी की [illegible] मुक्त न हो पाएं. (यानी राष्ट्रपति

मौत की कुर्सी

मूलतः मैं फांसी के पक्ष में नहीं हूं। हत्या, मनुष्य का पशु श्रेणी में विघटन है और फांसी, वह भी पाशविकता की प्रतीक है।

फांसी की सजा पाए अपराधियों का मनोविज्ञान कैसा होता है? एक जेल अधिकारी के रूप में आपके अनुभव क्या हैं?

पहली बात तो यह है कि फांसी की सजा पाने के बाद अपराधी एक प्रकार से क्रियाहीन हो जाता है। उसे लगता है, जीवन में कुछ रहा ही नहीं। वह सीमित परिस्थितियों का उपयोग पढ़ने–लिखने और आध्यात्मिक चिन्तन के लिए करता है।

उदाहरण के लिए 72 हत्यांए करने वाले राजस्थान के कनपटीमार शंकरिया का मामला लें, वह बिल्कुल अनपढ़ था। फांसी की सजा पाने के बाद उसने पढ़ना–लिखना शुरू किया। यहां तक कि उसकी लिपि बहुत खूबसूरत थी। वह श्रीमद्भागवत, रामायण आदि पढ़ता रहता था। मृत्यु उसके दरवाजे पर खड़ी थी, यह जानकर भी वह पढ़ता रहा। फांसी के अपराधी आमतौर पर शान्त–चित्त हो जाते हैं।

फांसी के अपराधी को जेल में कैसे रखा जाता है?

सामान्यतः फांसी के कैदी जिस कोठरी में रहतें हैं, वह 7 बाई 9 फुट की होती है। उसमें न तो वह ज्यादा घूम–फिर सकता है, न किसी से सम्पर्क कर सकता है। जेल अधिनियम 1894 की धारा (2) में कहा गया है कि फांसी की सजा वाले प्रत्येक कैदी को कोठरी में रखा जाएगा।

सर्वोच्च न्यायालय में सुनील बत्रा बनाम दिल्ली प्रशासन वाले मामले में 1978 में निर्णय देते हुए उक्त अधिनियम की उक्त धारा के उपयोग को सीमित कर दिया तथा कहा कि कोठरियों में उन लोगों को ही रखा जाए जो अन्ततः फांसी की सजा से मुक्त न हो पाएं (यानी राष्ट्रपति से भी माफी न मिले) और जिन्हें फांसी लगना निश्चित हो।

मुझे यह कहते हुए अफसोस है कि सर्वोच्च न्यायालय के इस निर्णय के बाद भी फांसी के कैदियों पर जेलों में इस पर अमल नहीं किया गया। यानी अब भी फांसी के सभी कैदियों को काल कोठरियों में रखा जाता है जबकि मोटे तौर पर एक माह से अधिक नहीं रखा जाना चाहिए।

▼ ▼ ▼

मौत से पहले : उसने सिगरेट पी, इसने जलेबी खायी !

उसके हाथ पीठ पीछे बांधे हुए थे. काल कोठरी से कदम बाहर रखा ही था कि उसे सिगरेट की तलब हो आई. जेल अधीक्षक से उसने सिगरेट पीने की इच्छा जाहिर की हालांकि फांसी का फंदा अब कुछ ही गज दूर रह गया था.

कानूनन उसके हाथ खोले नहीं जा सकते थे. कुछ क्षण सभी लोग ठिठक गए. फिर जेल अधीक्षक की आज्ञा से एक सिपाही ने सिगरेट उसके मुंह में लगा दी और दूसरे ने माचिस जला दी. वह मस्ती से सिगरेट का धुंआ उड़ाता हुआ कदम-कदम मौत के दरवाजे तक पहुंच गया. कुछ मिनटों बाद फंदा उसके गले में था.

मौत से पहले भी आदमी में जिजीविषा कितनी गहरी होती है, यह इस फांसी के फंदों के व्यवहार से स्पष्ट है. सामान्यतः फांसी की सजा पाए कैदियों से उनकी अंतिम इच्छा पूछी जाती है. अपवाद को छोड़ कर जेल अधिकारी उनकी इच्छा पूरी करने की कोशिश करते हैं.

एक और घटना है : जयपुर की जेल में बंद भगवाना ने फांसी से पहले जलेबियां खाने की इच्छा व्यक्त की. जेल अधीक्षक ने तीन बजे हलवाई की दुकान खुलवाई. मौत से पहले भगवाना ने गरम-गरम जलेबियों का स्वाद लिया.

इसी तरह गुरुजंट सिंह का भी किस्सा है. उसे जयपुर जेल में फांसी पर लटकाया गया था. उसने और उसकी प्रेमिका ने कोई १६-१७ हत्याएं की थीं. वह औरत तो गोली लगने से पहले ही परलोक गमन कर गयी किन्तु गुरुजंट को मौत, सजा के रूप में मिली. फांसी पर झूलने से पहले उसने जेल अधीक्षक से कहा :

'आपको एक कष्ट देना चाहता हूं'.

क्या ? जेल अधीक्षक के चेहरे पर प्रश्नों के चिन्ह तैर गए.

'ज्यादा नहीं. मेरी लाश पर मेरी प्रेमिका की फोटो रख कर अंतिम संस्कार करवा दें.' उसने हर शब्द पूरे वजन के साथ कहे थे

'ठीक है', जेल अधीक्षक ने उसे आश्वस्त किया. फिर उसकी यह अंतिम इच्छा भी पूरी की गई.

पूं मेहरचंद जाट भी किस्सों के इतिहास में अपना पृष्ठ जोड़ गया. उसे १ मई को जयपुर जेल में मौत की नींद दी गई.

काल कोठरी में वह मौत के लिए तैयार हो गया. फांसी के तख्ते पर ले जाने से पहले स्नान किया, वस्त्र बदले. गरम गरम चाय की चुस्कियां लेलेकर पी. जब फांसी के तख्त पर ले जाने के लिए उसके हाथ बांधे जाने लगे तो उसने कहा

'मैं तो वैसे ही चलूंगा. हाथ बांधने से क्या फायदा !'

यह तो दस्तूर है — अधीक्षक और जिलाधीश ने उसे समझाते हुए कहा.

'ठीक है. आप अपना दस्तूर पूरा करो! अपना क्या है!' — वह बोला.

फांसी के कुछ समय पहले जब उससे अंतिम इच्छा पूछी गई तो उसने इतना ही कहा— 'मेरी जमीन मेरे पुत्र के नाम कर दी जाए. जब तक वह बालिग न हो, सरकार उसकी देखरेख करे.'

वैसे ११ नवंबर १९८१ को जयपुर कारागार में ६० वर्षीय मेहरचंद से मुलाकात की थी. उसे गंगानगर के सत्र न्यायाधीश ने १४ नवंबर १९८० को अपने भाई, भाभी और उनके तीन मासूम बच्चों की कुल्हाड़ी से निर्मम हत्या के अपराध में फांसी की सजा दी थी.

गंगानगर जिले की नोहर तहसील के बाम्बलवास गांव के रहने वाले मेहरचंद ने मुझ से कहा था :

जब मेरे भाई भाभी की हत्या हुई, मैं गांव में नहीं था. वहां से २० किलोमीटर दूर अपने ससुराल में था. जब मैंने थानेदार से कहा कि भाई की हत्या की रपट लिखो तो उसने पैसा मांगा. मुझे गलत सजा मिली है.'

उसका गला भर आया था. आंखों में आंसू भी छलछला आए थे. उसने कहा 'मुझे फांसी की सजा का दुःख नहीं है. दुःख इस बात का है कि मुझे मेरे भाई और उसके बच्चों के साथ मार देते तो अच्छा था.'

दिल्ली की तिहाड़ जेल में ८ मई को श्रीमती विद्या जैन की हत्या के अपराध में करतार सिंह और उजागर सिंह को फांसी पर लटकाया जाना था किन्तु उच्चतम न्यायालय के एक आदेश के कारण उनकी मौत लगभग १० सप्ताह तक टल गई.

जेल अधिकारियों के अनुसार इन अभियुक्तों को यह उम्मीद नहीं थी कि उन्हें फांसी के लिए तैयार रहना पड़ेगा, इसलिए कि कोठरी में उन्हें कोई १ वर्ष हो गए. उन्होंने एक दिन जेल अधीक्षक से कहा — 'जिन्दगी चल रही है यहां पर. नहीं मालूम सरकार क्या करती है.'

22

मौत से पहले : उसने सिगरेट पी, इसने जलेबी खायी!

(जुलाई, 1983)

उसके हाथ पीठ पीछे बांधे हुए थे, काल कोठरी से कदम बाहर रखा ही था कि उसे सिगरेट की तलब हो आई। जेल अधीक्षक से उसने सिगरेट पीने की इच्छा जाहिर की हालांकि फांसी का फंदा अब कुछ ही गज दूर रह गया था।

कानूनन उसके हाथ खोले नहीं जा सकते थे, कुछ क्षण सभी लोग ठिठक गए। फिर जेल अधीक्षक की आज्ञा से एक सिपाही ने सिगरेट उसके मुंह में लगा दी और दूसरे ने माचिस जला दी। वह मस्ती से सिगरेट का धुआँ उड़ाता हुआ कदम–कदम मौत के दरवाज़े तक पहुंच गया। कुछ मिनटों बाद फंदा उसके गले में था।

मौत से पहले भी आदमी में जिजीविषा कितनी गहरी होती है। यह इस फांसी के कैदी के व्यवहार से स्पष्ट है। सामान्यतः फांसी की सजा पाए कैदियों से उनकी अंतिम इच्छा पूछी जाती है। अपवाद को छोड़ कर जेल के अधिकारी उनकी इच्छा पूरी करने की कोशिश करते हैं।

एक और घटना है : जयपुर की जेल में बंद भगवाना ने फांसी से पहले जलेबियां खाने की इच्छा व्यक्त की। जेल अधीक्षक ने तीन बजे हलवाई की दुकान खुलवाई, मौत से पहले भगवाना ने गरम–गरम जलेबियों का स्वाद लिया।

इसी तरह गुरूजंट सिंह का भी किस्सा है। उसे जयपुर जेल में फांसी पर लटकाया गया था। उसने और उसकी प्रेमिका ने कोई 16–17 हत्याएं की थीं। वह औरत तो गोली लगने से पहले ही परलोक गमन कर गयी किन्तु गुरूजंट को मौत, सजा के रूप में मिली। फांसी पर झूलने से पहले उसने जेल अधीक्षक से कहा:

'आपको एक कष्ट देना चाहता हूँ।'

क्या? जेल अधीक्षक के चेहरे पर प्रश्नों के बिम्ब तैर गये।

'ज्यादा नहीं, मेरी लाश पर मेरी प्रेमिका की फोटो रख कर अंतिम संस्कार करवा दें।' उसने हर शब्द पूरे वजन के साथ कहे थे।

'ठीक है', जेल अधीक्षक ने उसे आश्वस्त किया। फिर उसकी यह अंतिम इच्छा भी पूरी की गई।

यूं मेहरचंद जाट भी किस्सों के इतिहास में अपना पृष्ठ जोड़ गया। उसे 3 मई को जयपुर जेल में मौत की नींद दी गई।

काल कोठरी में वह मौत के लिए तैयार हो गया। फांसी के तख्ते पर ले जाने से पहले स्नान किया, वस्त्र बदले, गरम–गरम चाय, चुस्कियां ले–ले कर पी। जब फांसी के तख्त पर ले जाने के लिए उसके हाथ बांधे जाने लगे तो उसने कहा :

'मैं तो वैसे ही चलूंगा, हाथ बांधने से क्या फायदा?'

'यह तो दस्तूर है' – अधीक्षक और जिलाधीश ने उसे समझाते हुए कहा।

'ठीक है, आप अपना दस्तूर पूरा करो, अपना क्या है ?' वह बोला।

फांसी के कुछ समय पहले जब उससे अंतिम इच्छा पूछी गई तो उसने इतना ही कहा– 'मेरी जमीन मेरे पुत्र के नाम कर दी जाए, जब तक वह बालिग न हो, सरकार उसकी देखरेख करे।'

वैसे 11 नवंबर 1981 को जयपुर कारागार में 60 वर्षीय मेहरचंद से मुलाकात की थी। उसे गंगानगर के सत्र न्यायाधीश ने 14 नवंबर 1980 को अपने भाई, भाभी और उनके तीन मासूम बच्चों की कुल्हाड़ी से निर्मम हत्या के अपराध में फांसी की सजा दी थी।

गंगानगर जिले की नोहर तहसील के बाम्बलवास गांव के रहने वाले मेहरचंद ने मुझसे कहा था :

'जब मेरे भाई–भाभी की हत्या हुई, मैं गांव में नहीं था, वहां से 20 किलोमीटर दूर अपने ससुराल में था। जब मैंने थानेदार से कहा कि भाई की हत्या की रपट लिखो तो उसने पैसा मांगा। मुझे गलत सजा मिली है।'

उसका गला भर आया था, आंखों में आंसू भी छलछला आए थे। उसने कहा 'मुझे फांसी की सजा का दुःख नहीं है, दुःख इस बात का है कि मुझे मेरे भाई और उसके बच्चों के साथ मार देते तो अच्छा था।'

दिल्ली की तिहाड़ जेल में 8 मई को श्रीमती विद्या जैन की हत्या के अपराध में करतार सिंह और उजागर सिंह को फांसी पर लटकाया जाना था किन्तु उच्चतम न्यायालय के एक आदेश के कारण उनकी मौत लगभग 10 सप्ताह तक टल गयी। जेल अधिकारियों के अनुसार इन अभियुक्तों को यह उम्मीद नहीं थी कि उन्हें फांसी के लिए तैयार रहना पड़ेगा। इसलिए कि कोठरी में उन्हें कोई 9 वर्ष हो गए। इन्होंने एक दिन जेल अधीक्षक से कहा – 'जिन्दगी चल रही है यहां पर, नहीं मालूम सरकार क्या करती है।'

▼ ▼ ▼

श्रीलंका में बंधक भारतीय श्रमिक !

इसमें कोई दो राय नहीं कि श्रीलंका के राष्ट्रपति जूनियस रिचार्ड जयवर्द्धन को इस समय वहां का सर्वाधिक लोकप्रिय नेता होने का गौरव प्राप्त है। पिछले चुनाव में उन्होंने 51.9 प्रतिशत वोट प्राप्त करके इस पर जनता की मुहर भी लगवा ली। इसके बावजूद इस समय भी वहां एक समस्या वर्षों से गंभीर रूप धारण किये हुए है। वह समस्या है भारतीय मूल के तमिलभाषी लोगों की नागरिकता की। इस समय श्रीलंका में तीन लाख से ज्यादा भारतीय मूल के श्रमिक गुलामों और बंधकों की जिंदगी जी रहे हैं।

विदेशमंत्री ने पिछले दिनों लोकसभा में बताया था कि भारतीय मूल के तेरह लाख पचास हजार लोग श्रीलंका में बस गये हैं। इनमें से चार लाख 96 हजार 954 को वहां की नागरिकता दे दी गई है। कोई तीन लाख 75 हजार लोग भारत आ चुके हैं।

जिन लोगों को वहां नागरिकता नहीं दी गयी है, उन्हें दो श्रेणियों में वर्गीकृत किया गया है: (1) राष्ट्रीयताविहीन व्यक्ति और (2) जिन्हें काम का अधिकार प्राप्त है। यह स्पष्ट है कि राष्ट्रीयताविहीन लोगों को न तो मतदान का अधिकार प्राप्त है, न चिकित्सा, शिक्षा, रोजगार और आवास की वे सुविधाएं, जो वहां के नागरिकों को उपलब्ध हैं।

1827 में ऐसे प्रवासी भारतीयों की संख्या दस हजार थी। धीरे-धीरे ये श्रमिक वहीं बसने लग गये। वर्षों से वहां रहने के बाद भी इन बागान श्रमिकों को नागरिक अधिकार नहीं दिये गये। ब्रिटिश सरकार ने इन लोगों की समस्याओं के समाधान के लिये 'डोनोगमोर आयोग' गठित किया। आयोग ने जुलाई 1928 में ब्रिटिश संसद में अपनी रिपोर्ट पेश की। रिपोर्ट में सिफारिश की गयी कि श्रीलंका में बसे दो लाख छब्बीस हजार भारतीय मूल के बागान श्रमिकों को

मतदान का अधिकार दिया जाये। बाद में 1948 में श्रीलंका की आजादी के बाद हुए चुनाव में सात बागान प्रतिनिधि सौम्यमूर्ति संविधान के तहत श्रीलंका की संसद के लिये चुन लिये गये। फिर उसी वर्ष 15 नवम्बर को श्रीलंका की संसद ने एक कानून बनाया और तमिल श्रमिकों को नागरिकता नहीं देने का फैसला किया। इससे तमिल लोगों में असंतोष फैला किंतु वे इतने सक्षम नहीं थे कि ठोस विरोध कर सकें। असंतोष की आग पर राख डालने के लिये 1949 में कुछ उपनियम बनाये गये। ये बहुत जटिल थे और इससे निरक्षर श्रमिकों को कोई लाभ नहीं पहुंचा।

जून 1953 में लंदन में पंडित जवाहरलाल नेहरू और श्रीलंका के तत्कालीन प्रधानमंत्री डडले सेनानायक के बीच इस समस्या पर वार्ता हुई। पंडित नेहरू ने सेनानायक के इस सुझाव को अमान्य कर दिया कि तमिल श्रमिकों को एक वर्ष के भीतर भारत भेज दिया जाये। बाद में जनवरी 1954 में श्रीलंका के प्रधानमंत्री सर जान कोटलेवाला और पंडित नेहरू के बीच समझौता हुआ किंतु उसमें श्रमिकों को भारत भेजने की बात नहीं थी। इस तरह कूटनीतिक स्तर पर दवा की तलाश होती रही किंतु समस्या की ताप में जलते श्रमिकों को कोई राहत नहीं मिली।

अंततोगत्वा तत्कालीन प्रधानमंत्री लालबहादुर शास्त्री ने इस मसले को गंभीरता से उठाया और शास्त्री-सिरमाओ समझौता हुआ। इस समझौते में यह तय किया गया कि नागरिकताविहीन लोगों को एक निर्धारित अनुपात के अनुसार दोनों देश अपना-अपना नागरिक मानेंगे। फिर 1974 में प्रधानमंत्री श्रीमती इंदिरा गांधी और श्रीमती भंडारनायक इस बात पर सहमत हुए कि शेष नागरिकताविहीन लोगों को दोनों देशों की नागरिकता बराबर बराबर अनुपात में दे दी जायेगी। 1964 में जो समझौता हुआ था, उसमें कहा गया था कि 15 वर्ष की अवधि यानी 15 अक्तूबर 1979 तक इस समस्या को एक प्रकार से निपटा दिया जायेगा। किंतु इसका दुखद पहलू यह है कि दोनों देशों की सरकारों ने उस संवेदनशीलता से इस कार्य को सम्पन्न नहीं किया, जिसकी अपेक्षा की गयी थी।

इस प्रकार जो समस्या 1979 तक निपट जानी चाहिए थी, वह लटकी रही और इस समयावधि में मात्र दो लाख दस हजार 687

23

श्रीलंका में बंधक भारतीय श्रमिक

(मार्च, 1983)

इसमें कोई दो राय नहीं कि श्रीलंका के राष्ट्रपति जूनियस रिचार्ड जयवर्द्धन को इस समय वहां का सर्वाधिक लोकप्रिय नेता होने का गौरव प्राप्त है। पिछले चुनाव में उन्होंने 51.9 प्रतिशत वोट प्राप्त करके इस पर जनता की मुहर भी लगवा ली। इसके बावजूद इस समय भी वहां एक समस्या वर्षों से गंभीर रूप धारण किए हुए है। वह समस्या है भारतीय मूल के तमिलभाषी लोगों की नागरिकता की। इस समय श्रीलंका में तीन लाख से ज्यादा भारतीय मूल के श्रमिक गुलामों और बंधकों की जिंदगी जी रहे हैं।

विदेशमंत्री ने पिछले दिनों लोकसभा में बताया था कि भारतीय मूल के तेरह लाख पचास हजार लोग श्रीलंका में बस गए हैं। इनमें से चार लाख 96 हजार 954 को वहां की नागरिकता दे दी गई है। कोई तीन लाख 75 हजार लोग भारत आ चुके हैं।

जिन लोगों को वहां की नागरिकता नहीं दी गई है, उन्हें दो श्रेणियों में वर्गीकृत किया गया हैः (1) राष्ट्रीयताविहीन व्यक्ति और (2) जिन्हें काम का अधिकार प्राप्त है। यह स्पष्ट है कि राष्ट्रीयताविहीन लोगों को न तो मतदान का अधिकार प्राप्त है, न चिकित्सा, शिक्षा, रोजगार और आवास की वे सुविधाएं, जो वहां के नागरिकों को उपलब्ध हैं।

ये भारतीय कौन हैं? वहां कब गए? क्या काम करते हैं? उनकी समस्याएं क्या हैं? उन समस्याओं को हल करने की दिशा में क्या प्रयास हुए?

इन सवालों का जवाब जानने के लिए इस शताब्दी के पहले दो दशकों के इतिहास पर भी नजर डालनी होगी। इतिहास के पृष्ठ इस बात के गवाह हैं कि कोई डेढ़ सौ वर्ष पहले दक्षिण भारत के तमिल भाषा बोलने वाले अनेक लोग रोजगार की तलाश में श्रीलंका गए। वहां जाकर ये लोग चाय बागानों में मजदूरी करने लगे। ब्रिटिश काल में की गयी जनगणना के अनुसार सन् 1827 में ऐसे प्रवासी भारतीयों की संख्या दस हजार थी। धीरे–धीरे ये श्रमिक वहीं बसने लग गए। वर्षों से वहां रहने के बाद भी इन बागान श्रमिकों को नागरिक अधिकार नहीं दिए गए। ब्रिटिश सरकार ने इन लोगों की समस्याओं के समाधान के लिए 'डोनोगमोर आयोग' गठित किया। आयोग ने जुलाई 1928 में ब्रिटिश संसद में अपनी रिपोर्ट पेश की। रिपोर्ट में सिफारिश की गयी कि श्रीलंका में बसे दो लाख छब्बीस हजार भारतीय मूल के बागान श्रमिकों को मतदान का अधिकार दिया जाए। बाद में 1948 में श्रीलंका की आजादी के बाद हुए चुनाव में सात बागान प्रतिनिधि सोलबरी संविधान के तहत श्रीलंका की संसद के लिए चुन लिए गए। फिर उसी वर्ष 15 नवम्बर को श्रीलंका की संसद ने एक कानून बनाया और तमिल श्रमिकों को नागरिकता नहीं देने का फैसला किया। इससे तमिल लोगों में असंतोष फैला किंतु वे इतने सक्षम नहीं थे कि ठोस विरोध कर सकें। असंतोष की आग पर राख डालने के लिए 1949 में कुछ उपनियम बनाये गये। ये बहुत जटिल थे और इससे निरक्षर श्रमिकों को कोई लाभ नहीं पहुंचा।

जून 1953 में लंदन में पंडित जवाहर लाल नेहरू और श्रीलंका के तत्कालीन प्रधानमंत्री डुडले सेनानायक के बीच इस समस्या पर वार्ता हुई। पंडित नेहरू ने सेनानायक के इस सुझाव को अमान्य कर दिया कि तमिल श्रमिकों को एक वर्ष के भीतर भारत भेज दिया जाए। बाद में जनवरी 1954 में श्रीलंका के प्रधानमंत्री जान कोटलेवाला और पंडित नेहरू के बीच समझौता हुआ किंतु उसमें श्रमिकों को भारत भेजने की बात नहीं थी। इस तरह कूटनीतिक स्तर पर दवा की तलाश होती रही किंतु समस्या की ताप में जलते श्रमिकों को कोई राहत नहीं मिली।

अंततोगत्वा तत्कालीन प्रधानमंत्री लालबहादुर शास्त्री ने इस मसले को गंभीरता से उठाया और शास्त्री–सिरिमाओ समझौता हुआ। इस समझौते में यह तय किया गया कि नागरिकताविहीन लोगों को एक निर्धारित अनुपात के अनुसार दोनों देश अपना–अपना नागरिक मानेंगे। फिर 1974 में प्रधानमंत्री श्रीमती इंदिरा गांधी और श्रीमती भंडारनायक इस

बात पर सहमत हुए कि शेष नागरिकताविहीन लोगों को दोनों देशों की नागरिकता बराबर–बराबर अनुपात में दे दी जायेगी। 1964 में जो समझौता हुआ था, उसमें कहा गया था कि 15 वर्ष की अवधि यानी 15 अक्टूबर 1979 तक इस समस्या को एक प्रकार से निपटा दिया जायेगा। किंतु इसका दुखद पहलू यह है कि दोनों देशों की सरकारों ने उस संवेदनशीलता से इस कार्य को सम्पन्न नहीं किया जिसकी अपेक्षा की गयी थी।

इस प्रकार जो समस्या 1979 तक निपट जानी चाहिए थी, वह लटकी रही और इस समयावधि में मात्र दो लाख दस हजार 687 लोगों को ही श्रीलंका सरकार ने नागरिकता प्रदान की।

वर्षों से श्रीलंका में काम कर रहे मजदूरों के भारत आने में विलम्ब का एक कारण तो यह है कि श्रीलंका सरकार उन श्रमिकों की भविष्यनिधि, संपत्ति और मुद्रा संबंधी औपचारिकताएं पूरी करने में विलम्ब करती है। दूसरा, इन श्रमिकों का वहां की अर्थव्यवस्था में महत्वपूर्ण योगदान है और इसे श्रीलंका सरकार अच्छी तरह से समझती है। अब तो स्थिति यह भी है कि श्रीलंका के मूल नागरिक, जो कभी तमिल श्रमिकों को श्रीलंका में बाहरी तत्व समझते थे, वे भी उन्हें आवश्यक मानने लगे हैं। इसलिए कि चाय बागानों पर भारतीय मजदूरों का एक प्रकार से नियंत्रण है। यदि भारतीय श्रमिक भारत लौट आए तो श्रीलंका में ऐसे श्रमिक प्रशिक्षित करना कठिन होगा जो चाय बागानों में काम कर सकें।

आर्थिक रीढ़ को मजबूत बनाने वाले तमिल श्रमिकों को भारत भेजने में श्रीलंका सरकार कूटनीतिक तौर–तरीके अपना रही है। वह नहीं चाहती कि चाय उद्योग पर संकट मंडराये। प्रत्यावर्तित श्रमिकों को भारत भेजने संबंधी प्रशासनिक ढिलाई को इसी परिप्रेक्ष्य में देखना चाहिए। फिर वहां चाय बागानों का राष्ट्रीयकरण भी कर दिया गया और उन्हें सरकार नियंत्रित निगम चला रहे हैं। ऐसी परिस्थिति में श्रीलंका श्रमिकों को भारत क्यों भेजेगा?

राष्ट्रीयताविहीन भारतीयों की मांग है कि जिन भारतीय मूल के लोगों को पंजीकरण द्वारा नागरिकता प्रदान की गयी है, उसे रद्द किया जाये तथा प्रत्येक व्यक्ति से श्रीलंका सरकार यह पूछे कि वे वहां बसना चाहते हैं या लौटना चाहते हैं। जो लोग श्रीलंका में बसना चाहें– उन्हें सुरक्षा, भाषा, रोजगार तथा व्यापार की गारंटी दी जाये और बिना शर्त नागरिकता प्रदान की जाये। जो लोग श्रीलंका छोड़कर भारत आना चाहें, उन्हें उनकी चल संपत्ति बिना किसी रुकावट के भारत लाने दी जाये।

हालांकि यह भी एक तथ्य है कि इन श्रमिकों में कई वहीं पर बसना चाहते हैं, लेकिन एक बड़ा तबका उन लोगों का भी है, जो श्रीलंका में अपने को सुरक्षित नहीं समझता। इस संदर्भ में पिछले कुछ वर्षों में हुई सांप्रदायिक घटनाएं उल्लेखनीय हैं। मई 1981 में वहां आपातस्थिति लगा दी गयी थी, इसलिए कि वहां हिंसक दंगे भड़क उठे थे। ये दंगे तमिलभाषियों और सिंहलियों के बीच हुए जिसकी आग पर आतंकवादी तत्वों ने अपने स्वार्थ की रोटी सेंकी। फिर कुछ समय के लिए ये दंगे इसलिए शांत हो गये, क्योंकि जयवर्द्धने के राष्ट्रपति बनने के बाद तमिलभाषियों को कई अधिकार दिए गए लेकिन उसका असर दीर्घकाल तक नहीं रहा। इसका सबसे चिंताजनक पहलू यह था कि जून 1981 में हुए दंगों के दौरान पुलिस ने निर्दोष तमिलभाषियों पर जुल्म किए। वे घाव भरे नहीं थे कि अगस्त 1981 में पुनः अशांति फैली। इसके बाद दंगे कुछ रुक गये, किंतु जातीयता की आग भीतर–भीतर सुलगती रही। राजनीतिक पांव जमाने की स्वाभाविक इच्छा रखने वाले दलों ने पिछले दरवाजे से जहां तमिलभाषियों और सिंहलियों को गोपनीय मदद की वहीं श्रीलंका सरकार ने कहा कि दंगों के पीछे विदेशी ताकतें हैं।

इन दंगों में कई लोग मारे गये और कई जख्मी हुए। स्थिति की गंभीरता का अनुमान तो इसी से लगाया जा सकता है कि 31 अगस्त 1981 को दोगावांतलावा क्षेत्र में एक चाय के बागान में काम करने वाले डेढ़ हजार भारतीय मूल के कामगारों पर सिंहलियों ने हमला किया। तमिलभाषी भारतीय मूल के श्रमिकों की जान बचाने के लिए सेना आयी जरूर किंतु सिंहलियों के विरूद्ध कार्रवाई करने के बजाय कई भारतीय मूल के लोगों को

बंदूक की नोंक पर सेना के ट्रकों में ठूंस कर अन्यत्र ले जाया गया। तमिलभाषियों ने इस वारदात पर गहरा रोष व्यक्त किया। अगस्त 1981 में सिंहलियों ने आतंक फैलाने के लिए तमिलभाषी लोगों पर हमला किया और दो महिलाओं के साथ बलात्कार किया।

इधर चाय बागानों में काम करने वाले श्रमिकों की हालत भी दिनोंदिन बिगड़ती गयी। भारतीय मूल के श्रमिकों की नागरिकता का सवाल ज्यों–ज्यों उलझता गया त्यों–त्यों श्रमिकों पर मालिकों का नियंत्रण और कठोर होता गया। बागानों में काम करने वाले श्रीलंका के मूल निवासी अपने रिश्तेदारों से मिलने और छुट्टियां बिताने कहीं भी आ–जा सकते हैं, किंतु भारतीय मूल के लोगों को यह सुविधा नहीं दी गयी। उन्हें बागानों के पास बनाये गये सुविधाहीन मकानों में रहना पड़ता है। ये मकान भी वर्षों पुराने हैं। यूं उन्हें मकान के बजाए बैरक कहना ज्यादा ठीक रहेगा। इसलिए कि ये तथाकथित मकान दस फुट चौड़े, बारह फुट लंबे होते हैं। इनकी छत टीन की होती है। एक–एक बैरक में दो–दो और कहीं–कहीं तीन–तीन परिवार रहते हैं। इनकी हालत लगभग पशुओं जैसी है। इसलिए कि प्रातःकाल चार बजे उठकर ये अपना आवश्यक नित्य–कर्म करते हैं और ठीक साढ़े छः से काम शुरू कर देते हैं जो शाम पांच से छः बजे के बीच खत्म होता है। हां, इतना अवश्य है कि दोपहर में एक घंटे का भोजनावकाश जरूर मिलता है। महिलाएं कमर पर चाय की टोकरियां बांधे कमरतोड़ परिश्रम करती हैं और घरों में गृहस्थी का वजन भी ढोती हैं। परिणाम होता है कुपोषण, बीमारी, कम आयु में मृत्यु। मतलब यह कि इन लोगों के लिए चिकित्सा सुविधा अत्यन्त कम है।

पीढ़ियों से वहां रह रहे लोगों की शिक्षा की भी समुचित व्यवस्था नहीं हो पायी है। कई बागानों के आसपास स्कूलों की इमारतें अवश्य बन गई हैं, किंतु उनमें शिक्षकों का अभाव है। जरूरत के मुताबिक तमिलभाषी शिक्षक उपलब्ध नहीं हैं, जितनी कि जरूरत है। राजनीतिक कारणों से भारत से शिक्षक बुलाने के लिए श्रीलंका सरकार तैयार भी नहीं है।

आखिर यह सवाल किससे पूछा जाए कि बन्दूकों की तरह जीवन यापन करने वाले इन तमिल श्रमिकों की हालत में कब सुधार होगा?

पाक द्वारा राजस्थान सीमा पर बड़े पैमाने पर युद्धाभ्यास

—ब्रजेन्द्र रेही—

राजस्थान पाक सीमा क्षेत्र में किसी स्थान से १५ अक्तूबर। सीमा पार से यहां पहुंचने वाली खबरों के अनुसार पाकिस्तान ने राजस्थान से लगने वाली सीमा-चौकियों के आसपास 'युद्ध-अभ्यासों' में बढ़ोतरी कर दी है। भारी मात्रा में अस्त्र-शस्त्र सामरिक महत्व के ठिकानों पर इकट्ठे किए जा रहे हैं।

आशंका यह व्यक्त की जा रही है कि आगामी कुछ महीनों में पाकिस्तान इस सीमा क्षेत्र में भड़काने वाली कार्रवाई कर सकता है।

सीमा पार से यहां पहुंची खबरों के अनुसार पाकिस्तान ने अपनी सीमा चौकियों पर सुरक्षा सैनिकों की संख्या में बढ़ोतरी कर दी है। पश्चिमी राजस्थान से लगने वाली सीमान्त चौकियों पर पाकिस्तान ने ५वीं और दूसरी कोर लगा रखी है।

अधिकृत जानकारी के अनुसार पाकिस्तान ने पश्चिमी सीमान्त पर सैनिक महत्व के ठिकानों पर 'अमेरिकी राडार' लगा रखे हैं। हाल ही में इनकी संख्या में भी वृद्धि की गई है। यह भी आशंका व्यक्त की गई है कि जैसलमेर-बाड़मेर से लगी सीमा में पाकिस्तान ने अपने ठिकानों पर 'इलेक्ट्रोनिक हथियारों' को भी इकट्ठा करना शुरू कर दिया है।

यह उल्लेखनीय है कि सितम्बर में पाकिस्तान की वायुसेना ने 'वायुसेना दिवस' मनाया था। इस अवसर पर एयर चीफ मार्शल जमाल अहमद खान ने एक आदेश जारी कर वायुसेना के अधिकारियों और जवानों से कहा कि वे किसी भी चुनौती का मुकाबला करने के लिए तैयार रहें। उन्होंने कहा कि यदि हम पर युद्ध थोपा गया तो हम उसका कड़ा जवाब देने में सक्षम हैं।

इसी दिन पाकिस्तान की वायुसेना के सभी ठिकानों फैजल, लाहौर, सरगोधा, चकलाला और पेशावर के वायुसेना अड्डों पर जवानों को शपथ दिलाई गई कि वे किसी भी परिस्थिति में दिलेरी से मुकाबले के लिए तैयार रहें।

पाकिस्तानी जनता का मनोबल बढ़ाने के उद्देश्य से वर्षों बाद पहली बार वायुसेना के मारक विमानों का बड़े स्तर पर प्रदर्शन किया गया और 'अभ्यास' दिखाए गए। इस अवसर पर पाकिस्तानी जनता ने एफ-१६, मिराज, ए-५, एफ-६, बी-५७, एफ टी-५, टी-३३, टी-३७ मश्शाक और सी-१३० लड़ाकू विमानों तथा हवा में मार करने वाली मिसाइलों को देखा।

राजस्थान सीमा पर

सीमा पर चल रही अवांछनीय और खतरनाक गतिविधियां चिन्ता का विषय हैं। खुली सीमाओं के कारण असम में विदेशी नागरिकों की घुसपैठ की समस्या का सामना करना पड़ा और पंजाब में सिख आतंकवादियों को हथियार और प्रशिक्षण की सुविधा मिली। अब राजस्थान के साथ लगने वाला ४७० किलोमीटर क्षेत्र भी चर्चा का विषय बना है। यहां विदेशियों और आतंकवादियों की घुसपैठ के अलावा तस्करी भी एक बड़ी समस्या है। प्रस्तुत है रपट की पहली किस्त।

24

पाक द्वारा राजस्थान सीमा पर.....

(अक्टूबर, 1985)

राजस्थान–पाक सीमा क्षेत्र में किसी स्थान से, 15 अक्टूबर।

सीमा पार से यहां पहुंचने वाली खबरों के अनुसार पाकिस्तान ने राजस्थान से लगने वाली सीमा–चौकियों के आसपास 'युद्ध–अभ्यासों' में बढ़ोत्तरी कर दी है। भारी मात्रा में अस्त्र–शस्त्र सामरिक महत्व के ठिकानों पर इकट्ठे किए जा रहे हैं। आशंका यह व्यक्त की जा रही है कि आगामी कुछ महीनों में पाकिस्तान इस सीमा क्षेत्र में भड़काने वाली कार्रवाई कर सकता है।

खबरों के अनुसार पाकिस्तान ने अपनी सीमा चौकियों पर सुरक्षा सैनिकों की संख्या में भी बढ़ोत्तरी कर दी है। पश्चिमी राजस्थान से लगने वाली सीमान्त चौकियों पर पाकिस्तान ने 5वीं और दूसरी कोर लगा रखी है।

अधिकृत जानकारी के अनुसार पाकिस्तान ने पश्चिमी सीमान्त पर सैनिक महत्व के ठिकानों पर 'अमेरिकी राडार' लगा रखे हैं। हाल ही में इनकी संख्या में भी वृद्धि की गई है। यह भी आशंका व्यक्त की गई है कि जैसलमेर–बाड़मेर से लगी सीमा में पाकिस्तान ने अपने ठिकानों पर 'इलेक्ट्रोनिक हथियारों' को भी इकट्ठा करना शुरू कर दिया है।

यह उल्लेखनीय है कि सितम्बर में पाकिस्तान की वायुसेना ने 'वायुसेना दिवस' मनाया था। इस अवसर पर एयर चीफ मार्शल जमाल अहमद खान ने एक आदेश जारी कर वायुसेना के अधिकारियों और जवानों से कहा कि वे किसी भी चुनौती का मुकाबला करने के लिए तैयार रहें। उन्होंने कहा कि यदि हम पर युद्ध थोपा गया तो हम उसका कड़ा जवाब देने में सक्षम हैं।

इसी दिन पाकिस्तान की वायुसेना के सभी ठिकानों, फेजल, लाहौर, सरगोधा, चकलाला और पेशावर के वायुसेना अड्डों पर जवानों को शपथ दिलाई गई कि वे किसी भी परिस्थिति में दिलेरी से मुकाबले के लिए तैयार रहें।

पाकिस्तानी जनता का मनोबल बढ़ाने के उद्देश्य से वर्षों बाद पहली बार वायुसेना के मारक विमानों का बड़े स्तर पर प्रदर्शन किया गया और 'अभ्यास' दिखाए गए। इस अवसर पर पाकिस्तानी जनता ने एफ–6, मिराज, ए–5, एफ–6, बी–57, एफ.टी–5, टी–33, टी–37 मश्शाक और सी–130 लड़ाकू विमानों तथा हवा में मार करने वाली मिसाइलों को देखा।

सीमा प्रहरियों के साये में पनपता तस्करी का धन्धा

पाकिस्तान से लगने वाली पश्चिमी राजस्थान की सीमा पर तैनात सुरक्षा कर्मचारी और पुलिस का एक भाग, तस्करों के लिए 'भाड़े के सिपाहियों' का काम कर रहा है। नहीं तो कोई कारण नहीं कि सीमा को सील कर दिए जाने के बाद भी सितम्बर के महीने में पाकिस्तान से 'माल' आता रहा और देश के तस्करों द्वारा बाजारों में पहुंचाया जाता रहा।

राजस्थान के चार सीमान्त जिलों श्रीगंगानगर, बीकानेर, जैसलमेर और बाड़मेर के बीस से ज्यादा पुलिस थानों पर 'तस्करों' का शासन है। इन जिलों में ड्यूटी पर तैनात तीन वरिष्ठ भारतीय पुलिस सेवा के अधिकारियों पर 'तस्कर–गिरोहों' को सुरक्षा प्रदान करने के गम्भीर आरोप हैं।

एक पुलिस अधीक्षक ने जब सीमान्त क्षेत्र के एक बहुचर्चित तस्कर को गिरफ्तार करने की कोशिश की तो ऊपर से 'बला मोल न लेने' की सलाह दी गई। जैसलमेर के दो प्रभावशाली तस्करों की पहुंच राजस्थान की राजधानी तक ही नहीं, दिल्ली तक भी है। कहा यह भी जा रहा है कि राजस्थान से लोकसभा का चुनाव जीते एक केन्द्रीय मंत्री तक भी इन 'तस्कर–गुरुओं' की पहुंच है।

सबसे आश्चर्यजनक पहलू यह है कि 'तस्कर मार्केट' पर दिल्ली के छह और

पंजाब के दो तस्कर–सम्राटों का कब्जा है। पुलिस के पास इन लोगों के नाम हैं, लेकिन राजनीतिक दबाव–प्रभाव के कारण कोई कार्रवाई सम्भव नहीं दिखती।

तस्करों तथा सुरक्षा बल और पुलिस के बीच मुठभेड़ होती है लेकिन इस मामले का एक रोचक पहलू यह भी है कि जब भारतीय नागरिकों के साथ 'मुठभेड़' हो जाती है तो पुलिस उन तस्करों को गिरफ्तार करने में सफल हो जाती है लेकिन अब तक के अनेक मामलों का विवरण यह बताता है कि पाकिस्तानी तस्कर मुठभेड़ के दौरान माल छोड़कर बच निकलने में कामयाब हो जाते हैं।

ऐसा नहीं है कि पुलिस और सीमा सुरक्षा बल तस्करी रोकने के लिए कोई काम नहीं कर रहे हैं। तस्कर गिरफ्तार भी किए जाते हैं, मुठभेड़ें भी होती हैं और माल भी बरामद किया जाता है। लेकिन इसका प्रतिशत वास्तविक तस्करी के मुकाबले बहुत कम है।

पश्चिमी राजस्थान के रेगिस्तान में अनाज की पैदावार तो नहीं हो पाई लेकिन पिछले तीन वर्षों में रेतीले टीलों और कंटीली झाड़ियों में 'तस्करों' की जैसी फसल लहलहाने लगी है, वह सुरक्षा के लिए जहरीला खतरा है।

पाकिस्तान से प्रतिवर्ष तस्करी द्वारा लगभग एक अरब रुपए का 'माल' पश्चिमी राजस्थान की सीमा से बेखौफ आता है और बम्बई, दिल्ली तथा अन्य नगरों के बाजारों में बिक्री के लिए पहुंच जाता है। हाल के दो महीनों में जैसलमेर तथा बाड़मेर में अठारह करोड़ रुपए से अधिक मूल्य की हेरोइन की बरामदगी ने अवैध व्यापार की रेत में दबे तस्करी के बहीखातों को चौड़े ला दिया है।

तस्करी सीमावर्ती जिलों में एक नए पेशे की तरह पनाह पा रही है। इस धंधे में चार जिलों श्रीगंगानगर, बीकानेर, जैसलमेर और बाड़मेर के कोई पन्द्रह हजार लोग कठपुतलियां बने हुए हैं। इनकी डोरी उन 'बॉसेज' के हाथों में है, जो पाक और भारत में ऊंचे ओहदों और हैसियत का जामा पहने हुए हैं।

अवैध व्यापार के सरगनाओं और असफरों के अनुसार पश्चिमी राजस्थान के 'तस्कर मार्केट' पर जिन लोगों का कब्जा है, उनमें पाकिस्तान के चार और भारत के आठ 'बॉस' प्रमुख हैं। ये वे लोग हैं जो अपने एजेन्ट्स के माध्यम से तस्करी करते हैं। लगभग 1500 किलोमीटर लम्बी भारत–पाक सीमा पर भारतीय सीमा चौकी रामचन्द्रवाला में पाकिस्तान के बॉस हैं : लाहौर निवासी हाजी असगर और अकरम भट्ट, मुल्तान के खुर्शीद तेली और पेशावर के जंगी खां। ये वे लोग हैं, जो रेगिस्तान के रास्ते तस्करी का माल सप्लाई करते हैं।

हमारे देश में 'कंट्रोल–पावर' हैं दिल्ली के ए. सिंह, आर. मेहता, दलाल, एस.एस. शर्मा, मिस्टर दास, एन. सिंह और पी. सिंह तथा फिरोजपुर के बी. लाल।

स्वाभाविक है, तस्करों का यह धंधा सीमा पर तैनात दोनों देशों के अधिकारियों की मिलीभगत और लापरवाही के बिना चल ही नहीं सकता। पाकिस्तान में सेना के कमांडिंग लेवल तक के लोग इस काम में हाथ बंटाते हैं। नीचे के स्तर के लोग तस्करों को सुरक्षित सीमा पार करा कर भारत में घुसेड़ देते हैं। इतना ही नहीं पाक–सेना की मिलीभगत से राजस्थान से जुड़े पाक क्षेत्र में 'हेरोइन' के कई अवैध कारखाने हाल के वर्षों में खुल गए हैं। फ्रंटियर की सीमा में कोहाट में तो पाक सरकार ने 'हेरोइन' बनाने के लिए एक फैक्टरी को लाइसेंस भी दिया है।

भारतीय सीमा में प्रवेश के बाद तस्कर रेत के समुद्र में अंधेरे–अंधेरे सीमा सुरक्षा बल की चौकसी के बावजूद 'माल' को सुरक्षित ठिकानों तक पहुंचाने में सफल हो जाते हैं।

खुफिया सूत्रों ने श्रीगंगानगर जिले में तस्करों के प्रमुख एजेंटों की संख्या 37 आंकी है। इनमें 22 वर्ष से लेकर 55 वर्ष की आयु के लोग हैं। तस्करों की सर्वाधिक संख्या अनूपगढ़, हिन्दूमलकोट, रायसिंहनगर, पदमपुर, केसरीसिंहपुर और करणपुर में है। इसी तरह बीकानेर में 27, जैसलमेर में 14 तथा बाड़मेर में 10 ऐसे लोग हैं जिन्हें तस्करी की दुनिया में 'सेल्यूट' की इज्जत दी जाती है।

बीकानेर जिले में पूंगल, छतरगढ़, लूणकरणसर, खाजूवाला, जैसलमेर जिले में सांगढ़, सम, खुईयाला, रामगढ़, नाचना तथा बाड़मेर जिले में शीव, चौहटन, गडरारोड आदि तस्करों के गढ़ हैं। लेकिन तस्कर–व्यापार से जुड़े लोगों के अनुसार यह संख्या बहुत कम है।

सामान्यतः रेगिस्तान में तस्करों का सड़क तक पहुंचने का मार्ग वही होता है, जिन रास्तों में पानी के स्रोत हों। लेकिन श्रीगंगानगर जिले में स्थिति दूसरी है। यहां का कुछ इलाका पंजाब की तरह हराभरा है और सीमा के पास तक खेती की जाती है। दो सौ चालीस किलोमीटर लम्बी पाक से लगी श्रीगंगानगर जिले की सीमा में तस्कर खड़ी फसलों के बीच आराम से छिप जाते हैं।

इस जिले में 14 मार्ग ऐसे माने गए हैं जिन रास्तों से तस्कर भारतीय सीमा में प्रवेश करते हैं। इनमें पाकिस्तान की सीमा चौकी डिगोरिया, शेरसिंहवाला, चौकी नं. 277, कोडीनवाली, डब्बर, मुनियावाली, घंटीयावाली, मीयांवाली आदि प्रमुख हैं। ये वे रास्ते हैं, जिनसे तस्कर, पाकिस्तान के रक्षा कर्मचारियों की मदद से भारत में प्रवेश करते हैं।

बीकानेर जिले में पाक से लगी सीमा पर स्थित पाक चौकी फोर्ट अब्बास, किशनपुर और भारतीय सीमान्त गांव छतरगढ़, केलान और घड़साना के रास्ते तस्कर आते हैं। जैसलमेर जिले में तस्करों के प्रवेश के 15 रास्ते हैं। ये रास्ते इस जिले की 427 मिठड़ाऊ चौकी के बीच हैं। इनमें भी खिप्रा चौकी, अन्तर्राष्ट्रीय सीमा पर बने खम्भा संख्या 753 तथा सम और बाह के रास्ते का इस्तेमाल तस्करों द्वारा अधिक किया जाता है। बाड़मेर जिले में गडरारोड, रोहाड़ी और मुनावाव के मार्ग, तस्करों के मुख्य प्रवेश द्वार हैं।

इतना ही नहीं कि पाकिस्तान के रक्षा कर्मचारी तस्करों को भारत में प्रवेश कराते हैं बल्कि वे इन तस्करों के साथ 'भाड़े के गुंडों' को भी सहज आने देते हैं। ये भाड़े के गुंडे तस्करों के माल की हिफाजत करते हैं।

इन तस्करों के पास अच्छी नस्ल के ऊंट होते हैं जो सौ से डेढ़ सौ किलोमीटर बिना रुके चल सकते हैं। इनमें से कई ऊंट इतने ट्रेन्ड होते हैं कि संकट के समय माल और तस्कर–दोनों को बचा कर पाक सीमा में ले जाते हैं।

यहां तस्करी की अपनी एक अलग ही भाषा है। पुलिस ने तस्करों की बातचीत के जो मामले दर्ज किए हैं उनमें से 'गुप्त भाषा' के कुछ नमूने इस प्रकार हैं : 'काली की शादी होगी, परणने वाला पीला होगा, बारात अनूपगढ़ जाएगी। बारातियों की संख्या पन्द्रह होगी।' 'आर. सिंह की पत्नी को बच्चा होने वाला है। डाक्टर और कम्पाउंडर कल पहुंचेंगे। जरूरत पड़ने पर एस. सिंह से गाड़ी ले लें।'

पश्चिमी सीमा पर तस्करों के कुछ गिरोह ऐसे हैं, जिन्हें शक्तिशाली माना जाता है। इनमें टहलसिंह, हेवत, लेखासिंह, मेहड़, कंधारी, राजड़, पिथानिया, लोंगानी का नाम लिया जाता है।

तस्करी का माल मुख्य रूप से ऊंटों पर लाद कर लाया जाता है और निकटतम सड़क तक पहुंचाया जाता है। जहां से यह 'माल' जोंगा जीपों द्वारा अड्डों पर पहुंचा दिया जाता है। जैसलमेर में ऐसे अनेक लोग हैं, जिनके पास चार–चार जोंगा गाड़ियां हैं। अधिकृत सूत्रों का कहना है कि जोंगा गाड़ियों की संख्या बीस से ज्यादा नहीं है, लेकिन इस जिले में कोई सत्तर जोंगा गाड़ियां हैं।

पश्चिमी राजस्थान के सीमावर्त्ती चार जिलों में जिन लोगों पर तस्करी के आरोप लगाए गए हैं उनमें गाजी फकीर, लेखा सिंह, कबीरा, टहल सिंह, छोटिया, अमीन खां और मीख के नाम पुलिस रिकार्ड में सबसे ऊपर हैं।

वहां जोशी की नहीं, गाजी की चलती है!

एक आतंक का नाम है गाजी खां फकीर। रेत के टीबों से दिल्ली तक उसकी जैसी पहुंच किसी दूसरे आदमी की नहीं है। सरकार वहां हरिदेव जोशी की नहीं, गाजी फकीर की चलती है। फिर गाजी एक धार्मिक नेता भी है, जिसके 30 हजार से ज्यादा अगाध श्रद्धा रखने वाले अनुयायी भी हैं।

मैंने गाजी से कहा–'इन दिनों अखबारों की सुर्खियों में हैं आप। 'तस्कर' के रूप में कुछ ज्यादा ही चर्चा होती है। क्या आपका एक बड़ा गिरोह है?

–'आप उन अखबार वालों से पूछिए कि तुमने गाजी की शक्ल देखी है। आपको पता चल जाएगा कि सच्चाई क्या है। न जाने क्यों सब लोग मेरा नाम लेते रहते हैं।' गाजी यह कह कर कुर्सी पर आगे खिसक आए और मेरी आंखों में उत्तर पढ़ने की चेष्टा करने लगे।

सुना है आप पर शिवचरण माथुर, वृद्धिचन्द जैन, मोहम्मद उस्मान आरिफ बहुत भरोसा करते हैं?

–गाजी पहले तो चौंके। फिर कुर्सी से पीठ लगा कर कहने लगे 'अपनी किसी से दुश्मनी नहीं। सभी अपने हैं। मैं लोगों की मदद करता हूं तो ऊपर वाले भी प्यार करने लगे तो क्या बुरी बात है।....

लेकिन आपके बारे में तो यह ज्यादा चर्चित है कि आप पाकिस्तानियों की भी मदद करते हैं?

–मैं मुश्किल में पड़े हर इंसान की मदद करता हूं। मेरे पिताजी पीर साहब को मानते थे। पिताजी के कारण ही मेरी इज्जत है। मुसलमान लोग सब मेरी इज्जत करते हैं। मुझे 'वोट' के कारण कुछ लोग बदनाम कर रहे हैं। विरोध करने वाले 4–5 आदमी हैं। मैं उनका नाम नहीं लूंगा।

अच्छा 'वोट' के मामले में कुछ पैसा भी खर्च होता होगा? नेताओं को भी पैसे देने पड़ते होंगे?

गाजी ने साफ कहा–'हम किसी को कुछ नहीं देते। राजनीति में पैसा खर्च जरूर होता है। चुनाव में थोड़ा बहुत खर्चा अपनी तरफ से किया था। किसी के कहने से नहीं। आप किसी भी ईमानदार आदमी से जैसलमेर में पूछ लीजिए तो वह बता देगा कि गाजी कैसा आदमी है। मैं तो बस अपना काम करता हूं। मदद करने का। बस....

मैंने जैसलमेर के कुछ लोगों के नाम गिनाए तो गाजी ने कहा कि आप लक्ष्मीनारायण मेहता जी से मेरे बारे में पूछो।

किशन सिंह गाजी से पूछूं तो?

–नहीं। वह मेरा विरोधी है।

सच्चाई यह है कि गाजी खां फकीर धार्मिक सत्ता के साए में अपनी जमीन को पिछले चार–पांच वर्षों से और अधिक मजबूत करने में कामयाब हुए हैं।

गाजी का 'नेटवर्क' ही कुछ ऐसा है कि उसकी सत्ता की ताकत, आने वाले दिनों में और अधिक बढ़ जाएगी। आज भी जैसलमेर शहर और सीमा के आसपास के अनेक कस्बों और गांवों के पुलिस थाने, चौकियां और सरकारी दफ्तर गाजी के कब्जे में हैं।

गाजी 30–40 हजार मुसलमानों का ऐसा नेता है जिनमें से अधिकांश पिछले दो दशकों में इस सीमांत जिले में पाकिस्तान से आकर बस गए हैं। गाजी इन लोगों के व्यक्तिगत झगड़े निपटाता है, रोजगार के रास्ते दिखाता है। मस्जिदों और कब्रों का निर्माण तथा जीर्णोद्धार कराता है।

गाजी को 1975 में 'मीसा' में गिरफ्तार भी किया गया था। लेकिन कुछ दिनों बाद ही वह छूट कर आ गया। फिर जैसलमेर कोतवाली में उसकी 'हिस्ट्री शीट' भी खुली हुई थी, जो कुछ वर्षों पहले ही बन्द हुई है। पहले गाजी छुटभैये नेताओं के सहारे बढ़ा और धीरे–धीरे उसे समझ में आ गया कि 'ताकत' कैसे हासिल की जाती है। इसमें जिस आदमी ने 'दिमाग के पुर्जों' की देखभाल की वह जैसलमेर का एक वकील है।

गाजी खां को हमेशा शिकायत रही थी कि सरकारी अफसर मदद भी लेते रहे और उसके खिलाफ रिपोर्ट भी देते रहे। उसे इस बात से मतलब नहीं है कि कौन क्या धंधा करता है। चाहे वह तस्करी करता हो या पाकिस्तान के लिए जासूसी। गाजी को मतलब है सिर्फ उनकी मुश्किलें आसान करना। इस वर्ष हुए विधानसभा चुनाव में जैसलमेर से पहली बार एक अनुसूचित जनजाति का निर्दलीय उम्मीदवार मुलतानाराम जीता। वस्तुतः यह गाजी की जीत मानी जाती है। अब कांग्रेस के राज्य स्तरीय नेता और मंत्री, गाजी और जैसलमेर के कांग्रेस नेताओं के बीच सुलह कराने का प्रयास कर रहे हैं। इसलिए कि गाजी की बैंक 'मुसलमान वोट' की उपेक्षा सत्ता–नेता कैसे कर सकते हैं।

तस्करी के काम में छोटे–बड़े कई लोग लगे हुए हैं लेकिन बड़ी संख्या मुसलमानों और राजपूतों की है। ये दो जातियां ही जैसलमेर व बाड़मेर में प्रमुख हैं।

तस्कर व्यवसाय का नियंत्रण करने के लिए जैसलमेर जिले में तस्करों के 6 केन्द्र हैं। ये हैं भागू का गांव, घंटियाली, खुइयाला, छजेल, तम्मारा तथा बंधड़ा।

इन गांवों के ये नियंत्रण केन्द्र तस्करी के काम में लगे लोगों और पाकिस्तान

आने–जाने वालों का पूरा हिसाब–किताब रखते हैं। भागू गांव तथा घंटियाली नियंत्रण केन्द्र 7–7 गांवों की निगरानी रखते हैं जबकि खुइयाला–8, छजेल–10, तम्मारा–11 गांवों का। बंघड़ा का नियंत्रण केन्द्र बाड़मेर जिले में है जिसकी पहुंच पाकिस्तान से सटे हुए भारतीय कस्बे गडरा रोड तक है। बाड़मेर का शीव कस्बा भी तस्करी का गढ़ माना जाता है।

जैसलमेर जिले में लुणार और शाहगढ़ का इलाका नशीले पदार्थों की तस्करी का सुगम मार्ग है। पोछीना के इलाके तथा पाकिस्तान के लखीवारों तथा सेवाहू में रहने वाले अनेक लोगों का तस्कर–व्यापार में चोली–दामन का रिश्ता है।

शाहगढ़ का ऊपरी इलाका पाकिस्तान के मिसह, लूनवारी, गब्बर संघ, जरीतोब, और इस्लामाबाद के नजदीक हैं। ये ही वे रास्ते हें जिनसे तस्कर सीधे घुसपैंठ करते हैं। इसके अलावा कठिन मार्ग भी हैं जिन्हें पार करके आने के बाद तस्करों को बांदा, छतरैल, मीरकातर, रामगढ़ और सद्देवाला गांवों में पनाह मिल जाती है।

सबसे बड़ी बात तो यह है कि तस्करी के काम में लगे हुए लोगों ने पाकिस्तान जाने–आने की दरें तय कर रखी हैं। एक पुलिस अधिकारी के अनुसार जैसलमेर में चार सौ से ज्यादा लोग तस्करी के काम में लगे हैं। इनमें छोटिया, कंडा, रहमिया, हलीम, मतारा, हुसैन आदि के विरुद्ध मामले दर्ज हुए हैं।

जैसलमेर से लगभग 18 कि.मी. दूर सोबला में तस्करों के गुप्त अड्डे हैं। यहां कोई भी बाहरी व्यक्ति प्रवेश नहीं कर सकता। हां, मौत खींचकर ले जाए तो अलग बात है।

श्रीगंगानगर जिले में अनूपगढ़, रायसिंह नगर, केसरीसिंहपुर, हिन्दूमलकोट, घड़साना, करणपुर जैसे कस्बे और सीमा पट्टी पर बसे लगभग 30 गांवों में तस्करी के केन्द्र हैं।

बीकानेर जिले में छतरगढ़, पूंगल, लूणकरणसर, रिडमलसर, खाजूवाला और केला में तस्करों के एजेंटों का निवास है।

बाड़मेर के भूतपूर्व विधायक अमीन खां का नाम भी तस्करी की दुनिया से जोड़ा गया है। 1965 में इन्हें डी.आई.आर. में गिरफ्तार किया गया था। फिर 1970 व 1971 में मीसा में भी गिरफ्तारी हुई। 1973 में जब अमीन खां को पुनः गिरफ्तार किया गया तो तत्कालीन लोकसभा सदस्य अमृत नाहटा ने छुड़वाया। 1980 के चुनाव में इन्हें शीव विधानसभा क्षेत्र से कांग्रेस 'इ' का उम्मीदवार बनाया गया। कहते हैं अमीन खां को टिकिट दिलवाने में अब्दुल रहमान अन्तुले और अहमद बक्स सिंधी ने भी मदद की।

जैसलमेर के छोटिया को भी तस्करी की कारगुजारियों के लिए खूब याद किया

जाता है। इनके पास कई जोंगा गाड़ियां हैं। जैसलमेर का 'ग्रीन होटल' इनकी गतिविधियों का मुख्य केन्द्र हैं। 1982 में तत्कालीन जिलाधीश ने राज्य सरकार से इनकी शिकायत की थी।

मीरन खां यों तो जैसलमेर की नोटिफाई एरिया कमेटी के सदस्य हैं, लेकिन उनका रिश्ता भी तस्कर गिरोहों से जोड़ा गया है। मई में इसी वर्ष मीरन खां की लड़की के साथ छोटिया के भाई की शादी हुई है, जिसमें बड़ी संख्या में संदिग्ध व्यक्तियों ने भाग लिया था।

लेखासिंह और टहल सिंह श्रीगंगानगर जिले में तस्करों के सरगना हैं। लेखासिंह के गिरोह में 20 सदस्य हैं। अनूपगढ़ और घड़साना के बीच इसकी ढाणी है। पिछले दिनों इन दोनों को गिरफ्तार किया गया।

हैबत पहलवान छतरगढ़ जिला बीकानेर में रहता है। 1973 से यह तस्करी से जुड़ा। यह सात बार सीमा पार करके पाकिस्तान गया। तीसरी पाक यात्रा के दौरान वहां एक वर्ष रह कर आया। पुलिस अधिकारियों के संरक्षण में भी कई बार पाकिस्तान से अवैध माल लेकर आया।

पहले सोना, अब हेरोइन !

अगर इस वर्ष जुलाई–अगस्त में 18.34 करोड़ रु. की हेरोइन तस्करी के दो बड़े मामले पकड़े नहीं जाते तो यह रहस्य लंबे समय तक बना रहता कि पाकिस्तान से लगी बाड़मेर–जैसलमेर जिलों की सीमा भारत में पिछले दो वर्षों से हेरोइन तस्करी का मुख्य दरवाजा बनी हुई है।

आज उक्त दोनों जिलों के रीवड़ी, नेगडदा, बम्बारा, वली की बस्ती, खलीफे की बावड़ी, आंटिया, बीजोता, मंगलिया की बस्ती और देवड़ा गांव हेरोइन तस्करी के मुख्य केन्द्र माने जाते हैं।

उदाहरण के लिए मेगडदा गांव को ही लें, यह ऐसा गांव हैं, जहां चार वर्ष पहले एक भी जोंगा–जीप नहीं थी। अब वहां ऐसी दस गाड़ियां हैं। सहज ही सोचा जा सकता है कि सीमांत क्षेत्र के इस गांव में ऐसा कौनसा काम होता है, जिसमें इतनी संख्या में गाड़ियों की जरूरत हो। जाहिर है, इन गाड़ियों का इस्तेमाल तस्करी का माल ढोने में किया जाता है।

आरोप है कि पिछले कई महीनों से नेगडदा की जोंगा गाड़ियां हेरोइन तस्करी से जुड़ी हुई हैं। उनके नम्बर इस प्रकार हैं : 4145, 4151, 3949, 5097, 3309, 3660,

4382, 3517, 3515, 590 आश्चर्य की बात है कि इनमें से अधिकांश गाड़ियों का रजिस्ट्रेशन गुजरात में कराया गया है।

हेरोइन पाकिस्तान से चोरी–छिपे ऊंटों पर लाद कर लाई जाती है। तस्कर–बाजार में प्रति ऊंट किराया चालीस हजार रुपया है, जबकि उस पर करोड़ों रुपयों की हेरोइन लदी होती है। रेतीले टीबों को पार करके तस्कर उन स्थानों पर पहुंच जाते हैं, जहां तक जोंगा जीपें आसानी से जा सकती हैं। वहां से यह माल जोंगा जीपों में भरकर उपरोक्त गांवों में लाया जाता है। फिर दूसरे सामान में छिपाकर हेरोइन बम्बई, अहमदाबाद और दिल्ली पहुंचा दी जाती है।

हेरोइन की तस्करी में पाकिस्तानियों की भूमिका बड़ी महत्वपूर्ण है। इनमें ज्यादातर पठान हैं। सीमांत जिलों में कबीर, हासम, खमीसा और हमीरा के हेरोइन तस्करों से गहरे ताल्लुकात हैं। जैसलमेर की जो गैंग हेरोइन तस्करी से जुड़ी है, उसमें गुजरात और बम्बई के तस्कर भी शामिल हैं। तस्कर गिरोह के संबंध गुजरात के डीसा शहर के उस व्यक्ति से हैं, जिसकी गायत्री मंदिर के पास दुकान है। बम्बई में भी 'अलंकार' सिनेमा के पास के एक गेस्ट हाउस में जैसलमेर के तस्करों की 'बैठक' है।

जुलाई में बाड़मेर जिले में पकड़ी गई हेरोइन के मामले में नेगडदा निवासी एक तस्कर का बहनोई भी शामिल था। वह मुठभेड़ के समय बच निकला और दूसरे तस्करों को सचेत कर आया। इस तस्कर गिरोह का एक प्रभावी सदस्य कबीरा दिल्ली में पश्चिमी राजस्थान के एक संसद सदस्य से मिला और गिरोह के कुछ सदस्यों को बचाने में कामयाब हो गया। इस मामले में चौहटन कस्बे के एक पुलिस अधिकारी और भूतपूर्व क्षेत्रीय विधायक अमीन खां का भी नाम लिया गया।

आरोप है कि खलीफे की बावड़ी गांव में अगस्त में पाकिस्तान के मीयलानी कस्बे के दो तस्कर लालाखां और गफूर, हासन के यहां आकर ठहरे तथा आसपास के इलाकों के कच्चे मार्गों की फोटो खींचकर पाकिस्तान ले गए। 17 अगस्त को जैसलमेर जिले में पाकिस्तान के खेरा गांव निवासी खातिरखान को हेरोइन तस्करी के आरोप में गिरफ्तार किया गया था। पाक–राजस्थान सीमा से तस्करी की आड़ में जितनी बड़ी संख्या में पाकिस्तान के असामाजिक तत्व धड़ल्ले से प्रवेश कर जाते हैं, वह हमारी आंतरिक सुरक्षा के लिए गंभीर खतरा है।

एक सर्वेक्षण के अनुसार श्रीगंगानगर से बाड़मेर तक की सीमा पट्टी पर पांच–छः हजार ऐसे नागरिक हैं, जिनका सीमा पार आना–जाना लगा ही रहता है। ये लोग दोनों

देशों के नागरिक हैं, राशनकार्ड रखते हैं और खातेदार भी हैं। इन इलाकों में पाकिस्तानी करेंसी सरेआम चलती है। सीमांत जिलों में जो गांव कई वर्षों तक गैर आबाद रहे, उनमें से 45 गांवों में अब वे लोग बस गए हैं, जो पाक से आए हैं। पाकिस्तान से ऐसे लोग भी पासपोर्ट लेकर आते हैं, जो तस्करी में पैसा लगाकर चले जाते हैं। उनके भारत स्थित एजेंट भुगतान करते रहते हैं।

इस क्षेत्र के तस्कर–मार्केट में इस बात की चर्चा है कि यदि मई 1985 में बुरिया गांव के पास तस्करों और सीमा सुरक्षा बल के जवानों में मुठभेड़ नहीं होती तो 70 करोड़ रु0 से अधिक मूल्य की हेरोइन भारत के बाजारों में खपने के लिए चली जाती। मुठभेड़ के दौरान हेरोइन लदे पैंतीस ऊंट पाकिस्तान की सीमा में भाग कर बच निकले।

तस्करी के कंटीले तारों से घिरे इन सीमांत जिलों में यदि कोई ईमानदार अधिकारी किसी असामाजिक तत्व के खिलाफ कोई कार्रवाई करना चाहे तो नीचे का तबका उसे असफल बना देता है।

उदाहरण के लिए जैसलमेर के पुलिस अधीक्षक एक महिला तस्कर के ठिकाने पर छापा मारने के लिए रवाना हुए। तो थानेदार गिरजा शंकर ने उक्त महिला को सूचित कर दिया कि एस.पी. छापा मारने आ रहा है। यहीं नहीं, ऐसी अनेकों मिसाले हैं, जो यह बताती हैं कि सीमांत जिलों में भ्रष्ट पुलिस अधिकारियों की कमी नहीं है।

1965 से पहले पाकिस्तान की सीमा से भारी मात्रा में सोने की तस्करी की जाती थी। 1965 और 1971 की लड़ाई के बाद सोना आना कम हो गया। श्रीगंगानगर जिले की सरदारगढ़, जैतसर और अनूपगढ़ के आसपास के इलाके में दोहरी नागरिकता वाले तस्करों के मामले प्रकाश में आए हैं। बीकानेर जिले के खाजूवाला गांव में तस्करों का 'खास अड्डा' है। पिछले महीने की चार तारीख को टहल सिंह को गिरफ्तार किया गया। लेखसिंह–टहलसिंह की गतिविधियां बीकानेर–श्रीगंगानगर सीमा क्षेत्र में कुछ ज्यादा ही थीं। करणपुर–रायसिंहनगर में पहले 'विश्नोई' तस्करी में ज्यादा संलग्न थे। अब सिख और मुसलमान ज्यादा संख्या में तस्करी करते हैं क्योंकि उन्हें सीमापट्टी के मुस्लिम और सिख बाहुल्य गांवों में पनाह मिल जाती है। जैसलमेर में पुलिस अधीक्षक अनिल खन्ना ने चार महीने की अवधि में जिन 67 तस्करों को गिरफ्तार किया उनमें से 11 पाकिस्तान के निवासी थे।

ऐसे भी कई तस्कर हैं, जो पिछले 15–20 वर्ष से सीमा पार कर पाकिस्तान से राजस्थान आते हैं और तस्करी का 'माल' देकर वापस सीमा के पार लौट जाते हैं। इनमें हाल ही गिरफ्तार उबायाखान भी है।

उबायाखान किशनगढ़–शाहगढ़ के बीच के रास्तों से भारतीय सीमा में प्रवेश करता रहा। उसका पिछले 15 वर्षों से आना–जाना है। पाकिस्तान के रहीमयार खान जिले का रहने वाला है। इसके भाई भी तस्करी से जुड़े हुए हैं। ऐसा भी नहीं है कि अवैध ढंग से सीमा पार करने वाले एक–एक, दो–दो की संख्या में आते–जाते हों। यह संख्या 5 भी हो सकती है और 50 भी। जून महीने में 13 ऐसे भारतीय नागरिक पुलिस की गिरफ्त में आ गए, जो पाकिस्तान जाकर तस्करी का माल बेचकर आए थे।

यों जाहिर है, 1500 किलोमीटर लंबी सीमा पर तस्करी का धंधा बिना पुलिस, सीमा सुरक्षाबल और कस्टम वालों की मदद के संभव नहीं। विधायक देवी सिंह भाटी ने 7 अगस्त को केन्द्रीय गृहमंत्री को एक पत्र बीकानेर के निलंबित पुलिस अधीक्षक रोहिताश्व कुमार के संबंध में दिया। पत्र में भाटी ने लिखा है कि छबीरा गांव के दो तस्करों फत्तूखां और यासीन खां के यहां 1984 में दो पाक नागरिक पकड़े गए। लेकिन उक्त पुलिस अधीक्षक ने उन्हें छोड़ दिया।

बाड़मेर जिले की शीव तहसील से बड़ी संख्या में गाएं पाकिस्तान भेजी जाती हैं। इस काम में लगे लोगों की संख्या बीस के आसपास है।

पाकिस्तान से इन दिनों सिले–सिलाए वस्त्र, सिन्थेटिक कपड़े, नशीली दवाएं, घड़ियां, इलेक्ट्रानिक उपकरण और सोना तस्करी द्वारा लाया जाता है जबकि भारत से पाक को शराब, बीड़ियां, मूल्यवान रत्न, चांदी भेजी जाती है।

25

आतंकवाद का अजगर सीमा पर सुस्ता रहा है

(2 दिसंबर, 1985)

आतंकवाद का अजगर पाकिस्तान से सटी राजस्थान की सीमा पर अपने फन फैलाए सुस्ता रहा है। हालांकि सीमांत क्षेत्र की नाकेबन्दी सेना ने कर रखी है, फिर भी श्रीगंगानगर जिले के लगभग बीस गांव ऐसे हैं जहां पंजाब के अपराधी पनाह पाए हुए हैं। इनकी संख्या दो सौ के आसपास बताई जाती है।

आतंकवाद और हिंसा की दोस्ती से अवैध हथियारों के व्यापार को यहां लाभदायक 'बाजार' मिला है। पिछले महीनों में गिरफ्तार अनेक आतंकवादियों ने यह स्वीकार किया है कि पाकिस्तान बड़े पैमाने पर उग्रवादियों को प्रशिक्षित करने के बाद हथियार देकर भारतीय सीमा में भेज देता है। इसी महीने भारतीय सेना ने दस आतंकवादियों को गिरफ्तार किया है।

श्रीगंगानगर जिले में करणपुर, रामसिंह लार, केसरीसिंहपुर, गगतेवाल, 26 एच, मोहनपुरा, 28 एच., चक महाराजका, बनवाला, संतपुरा, सतराना, रावला, घड़साना, 36 गुर्जी ऐसे गांव और कस्बे हैं जहां आतंकवादियों को खुली हवा में सांस लेने का भरपूर मौका

आतंकवाद का अजगर सीमा पर सुस्ता रहा है

—ब्रजेन्द्र रेही—

आतंकवाद का अजगर पाकिस्तान से सटी राजस्थान की सीमा पर अपने फन फैलाए सुस्ता रहा है। हालांकि सीमांत क्षेत्र की नाकेबंदी सेना ने कर रखी है, फिर भी श्रीगंगानगर जिले के लगभग बीस गांव ऐसे है जहां पंजाब के अपराधी पनाह पाए हुए है। इनकी संख्या दो सौ के आसपास बताई जाती है।

आतंकवाद और हिंसा की दोस्ती से अवैध हथियारों के व्यापार को यहां लाभदायक 'बाजार' मिला है। पिछले महीनों में गिरफ्तार अनेक आतंकवादियों ने यह स्वीकार किया है कि पाकिस्तान बड़े पैमाने पर उग्रवादियों को प्रशिक्षित करने के बाद हथियार देकर भारतीय सीमा में भेज देता है। इसी महीने भारतीय सेना ने दस आतंकवादियों को गिरफ्तार किया है।

श्री गंगानगर जिले में करणपुर, रामसिह लार, केसरीसिहपुर, गगतेवाल, २६ एच., मोहनपुरा, २८ एच, चक महाराजका, बनवाला, संतपुरा, सतराना, रावला, घड़साना, ३६ गुर्जी ऐसे गांव और कस्बे है जहां आतंकवादियों को खुली हवा में सांस लेने का भरपूर मौका मिलता है। इसके अलावा एक हजार से ज्यादा ऐसे पाकिस्तानी भी है, जो सीमा के नजदीक के भारतीय गांवों में बसाए है।

अब सरसरी तौर पर आतंकवादी गतिविधियों के दस्तावेज भी टटोल लें। यों 'ब्लु स्टार ऑपरेशन' से पहले २ मई १९८४ को दो आतंकवादियों अजायबसिंह और नछत्तर सिंह को गिरफ्तार किया गया। इनका मुकदमा हनुमानगढ़ की अदालत में चल रहा है।

ब्लू स्टार ऑपरेशन के बाद एक ऐसे आतंकवादी रवीन्द्र सेठी को पकड़ने में पुलिस को कामयाबी मिली, जिसने रेल उलटने की योजना बनाई थी। ७ जून को रवीन्द्र सेठी कुछ साथियों के साथ एक गुरुद्वारे में आया। यहां उसने योजना बनाई कि दलपतसिंहपुर रेलवे स्टेशन के पास पैसेन्जर गाड़ी को उलट दिया जाए। लेकिन षड्यंत्र सफल नहीं हुआ। रवीन्द्र सेठी अपने तीन साथियों तजेन्दर सिंह, अमृतपाल सिंह तथा बलजिंदर सिंह के साथ पाकिस्तान की सीमा चौकी 'लाल बेबा' लौट गया। और वहां से लाहौर चला गया।

गंगानगर निवासी रवीन्द्र सेठी और उसके साथियों के विरुद्ध करणपुर पुलिस स्टेशन में १० जून १९८४ को मामला दर्ज कर लिया गया। कोई १० दिन बाद सेठी पाकिस्तान से हथियार, कारतूस और रुपया लेकर श्रीगंगानगर लौट आया। उसे घरवालों ने बताया कि पुलिस तलाश में है। वह श्रीगंगानगर से तुरंत पंजाब के मोगा शहर चला गया। अगस्त १९८४ में वह गंगानगर आया। जहां उसे २४ अगस्त को गिरफ्तार कर लिया गया। अक्तूबर १९८४ में तेजिन्दर सिंह को भी करेजी सिंह पुर में गिरफ्तार करने में पुलिस सफल हो गई। लेकिन अमृतपाल सिंह हाथ नहीं आया। इसकी गिरफ्तारी इस वर्ष जुलाई के अंतिम सप्ताह में हुई। २६ एच गांव का निवासी बलजिंदर सिंह अभी भी पाकिस्तान में बताया जाता है।

इसी वर्ष सितम्बर में कश्मीरा सिंह और ओमप्रकाश को गिरफ्तार किया गया। इनके पास से भी पाकिस्तानी हथियार बरामद किए गए। इन्होंने बताया कि पाकिस्तान के गुप्तचर अधिकारियों ने उन्हें रुपया और हथियार दिये तथा वे इन्हें भारतीय सीमा में छोड़ गए।

आतंकवादियों ने पूछताछ के फौरन पुलिस को बताया कि पाकिस्तान ने 'लाहौर' में एक 'प्रशिक्षण केन्द्र' स्थापित कर रखा है जहां सिख युवकों का ब्रेनवाश किया जाता है और हिंसा फैलाने का प्रशिक्षण दिया जाता है। यह प्रशिक्षण का कोर्स १० दिन का है।

इसी साल जून में भी पुलिस ने पंजाब से भागे दो कुख्यात आतंकवादियों मेजरसिंह और बलदेव सिंह को पकड़ने के लिए जाल बिछाया लेकिन दोनों उग्रवादियों ने एक-दूसरे को गोली मार दी। लगभग एक महीने बाद दो और उग्रवादी बलदेव सिंह और पालसिंह भी पकड़ लिए गए।

राजस्थान विधानसभा के सदस्य देवी सिंह भाटी ने केन्द्रीय गृहमंत्री को इसी साल अगस्त में एक ज्ञापन देकर एक पुलिस अधीक्षक पर आरोप लगाया था कि एक आतंकवादी कश्मीरा सिंह को बिना गहरी पूछताछ के छोड़ दिया गया। यह कथित आतंकवादी बीकानेर में राजस्थान पर्यटन विभाग के 'ढोलामारू' पर्यटक विश्रामगृह में दो दिन तक रुका रहा। इसी प्रकार इसी पुलिस अधीक्षक पर यह भी आरोप लगाया गया कि उसने उग्रवादी अमृतपाल सिंह को संरक्षण दिया।

मई १९८५ में यह स्पष्ट हो गया कि श्रीगंगानगर जिले में आतंकवादी पनाह पाते है और पाकिस्तान में प्रशिक्षण प्राप्त कर जैसलमेर के रास्ते राजस्थान सीमा में प्रवेश करते है। देश में हुए 'बम विस्फोटों' में जिन आतंकवादियों का हाथ बताया जाता है, उनमें से कोई पचास उग्रवादी जैसलमेर सीमा से भारत में आए थे।

हथियारों के जखीरे

जानकारों सूत्रों का मानना है कि पाकिस्तान से हथियार का भारी जखीरा आता रहा है। वे लोग भी लाते है, जो धार्मिक प्रचार की आड़ में भारतीय सीमा क्षेत्र में घूमते रहते है।

जैसलमेर जिले के देवीकोट, सियाम्बर, इन्द्राड़ी, भागू का गांव, छतरैल आदि ऐसे गांव है, जहां हथियारों के बड़े भंडार बताए जाते है। श्रीगंगानगर जिले में 'तलवाड़ा झील' कस्बा 'हथियार' बनाने का प्रमुख केन्द्र रहा है लेकिन अब यहां के ५०-६० हथियार बनाने वाले दिल्ली में यमुनापार के इलाके में अवैध हथियार बना रहे हैं।

इस साल पुलिस ने सौ से ज्यादा हथियारों के मामले दर्ज किए हैं। पाकिस्तान से तस्करी के द्वारा हथियार लाने में पुलिस अधिकारियों के हाथ से भी इंकार नहीं किया जा सकता। बीकानेर जिले का कुख्यात तस्कर हैवत, इस काम में सबसे माहिर रहा है। यों श्रीगंगानगर जिले के माटील राठान निवासी लेखा सिंह का नाम भी हथियारों की तस्करी में सबसे ऊपर है।

हैवत के बारे में बताया जाता है कि वह सात बार पाकिस्तान गया। पाकिस्तान से लाए हुए कुछ हथियार उसने पुलिसकर्मियों में भी बांटे। इसने ७ बंदूक व ६ पिस्तौलें श्रीगंगनगर और बीकानेर जिले में पाकिस्तान से लाकर बेचीं।

अवैध हथियारों के मामले में पिछले छह महीनों में जैसलमेर में जिन लोगों को गिरफ्तार किया गया उनमें शेरमल, खुदाबक्स, माले खां, मोहम्मद, मुबारक, शाहमीर, सावन खां, शेर खां, रोजे खां,लूनदास, जसवंत, केशरा आदि हैं।

ऐसा नहीं है कि राजस्थान सीमा पार हथियारों का अवैध धंधा और तस्करी हाल की बात हो। सितंबर १९८० में श्रीगंगानगर में काशीराम के घर से पाकिस्तानी स्टेनगन बरामद की गई थी। तब तीन लोगों को गिरफ्तार किया गया था। १९७५ में घड़साना क्षेत्र पाकिस्तान में बनी २६ रिवाल्वर और ३ पिस्तौलें बरामद की गई थीं। अगस्त १९८३ में पुलिस ने अमरीका में निर्मित एक स्वचालित हथियार बरामद किया था।

दस वर्षों में हथियारों की तस्करी कम होने के बजाए और बढ़ी है और इसमें कुछ पुलिसकर्मियों की भूमिका कम संदेहास्पद नहीं है। अवैध हथियारों के व्यापार और तस्करी को रोकने के लिए जरूरी है सीमांत क्षेत्र के गांवों में गहरी छानबीन की।

मिलता है। इसके अलावा एक हजार से ज्यादा ऐसे पाकिस्तानी भी हैं, जो सीमा के नजदीक भारतीय गावों में बसाये गए हैं।

अब सरसरी तौर पर आतंकवादी गतिविधियों के दस्तावेज भी टटोल लें। यों 'ब्लू स्टार ऑपरेशन' से पहले 2 मई 1984 को दो आतंकवादियों अजायबसिंह और नछत्तर सिंह को गिरफ्तार किया गया। इनका मुकदमा हनुमानगढ़ की अदालत में चल रहा है।

ब्लू स्टार ऑपरेशन के बाद एक ऐसे आतंकवादी रवीन्द्र सेठी को पकड़ने में पुलिस को कामयाबी मिली, जिसने रेल उलटने की योजना बनाई थी। 7 जून को रवीन्द्र सेठी कुछ साथियों के साथ एक गुरूद्वारे में आया। यहां उसने योजना बनाई कि दलपतसिंहपुर रेलवे स्टेशन के पास पैसेन्जर गाड़ी को उलट दिया जाए। लेकिन षड़यंत्र सफल नहीं हुआ। रवीन्द्र सेठी अपने तीन साथियों तजेन्दर सिंह, अमृतपाल सिंह तथा बलजिंदर सिंह के साथ पाकिस्तान की सीमा चौकी 'लाल बेबा' लौट गया और वहां से लाहौर चला गया।

गंगानगर निवासी रवीन्द्र सेठी और उसके साथियों के विरुद्ध करणपुर पुलिस स्टेशन में 10 जून 1984 को मामला दर्ज कर लिया गया। कोई 10 दिन बाद सेठी पाकिस्तान से हथियार, कारतूस और रुपया लेकर श्रीगंगानगर लौट आया। उसे घरवालों ने बताया कि पुलिस तलाश में है। वह श्रीगंगानगर से तुरंत पंजाब के मोगा शहर चला गया। अगस्त 1984 में वह गंगानगर आया। जहां उसे 24 अगस्त को गिरफ्तार कर लिया गया। अक्टूबर 1984 में तेजिन्दर सिंह को भी करेजीसिंहपुर में गिरफ्तार करने में पुलिस सफल हो गई। लेकिन अमृतपाल सिंह हाथ नहीं आया। इसकी गिरफ्तारी इस वर्ष जुलाई के अंतिम सप्ताह में हुई। 26 एच. गांव का निवासी बलजिंदर सिंह अभी भी पाकिस्तान में बताया जाता है।

इसी वर्ष सितम्बर में कश्मीरा सिंह और ओमप्रकाश को गिरफ्तार किया गया। इनके पास से भी पाकिस्तानी हथियार बरामद किए गए। इन्होंने बताया कि पाकिस्तान के गुप्तचर अधिकारियों ने उन्हें रुपया और हथियार दिये तथा वे इन्हें भारतीय सीमा में छोड़ गए।

आतंकवादियों ने पूछताछ के दौरान पुलिस को बताया कि पाकिस्तान ने 'लाहौर' में एक 'प्रशिक्षण केन्द्र' स्थापित कर रखा है जहां सिख युवकों का 'ब्रेनवॉश' किया जाता है और हिंसा फैलाने का प्रशिक्षण दिया जाता है। यहां प्रशिक्षण का कोर्स 10 दिन का है।

इसी साल जून में भी पुलिस ने पंजाब से भागे दो कुख्यात आतंकवादियों

मेजरसिंह और बलदेव सिंह को पकड़ने के लिए जाल बिछाया लेकिन दोनों उग्रवादियों ने एक–दूसरे को गोली मार दी। लगभग एक महीने बाद दो और उग्रवादी बलदेव सिंह और पालसिंह भी पकड़ लिए गए।

राजस्थान विधानसभा के सदस्य देवी सिंह भाटी ने केन्द्रीय गृहमंत्री को इसी साल अगस्त में एक ज्ञापन देकर एक पुलिस अधीक्षक पर आरोप लगाया था कि एक आतंकवादी कश्मीरा सिंह को बिना गहरी पूछताछ के छोड़ दिया गया। यह कथित आतंकवादी बीकानेर में राजस्थान पर्यटन विभाग के 'ढोलामारू' पर्यटक विश्रामगृह में दो दिन तक रुका रहा। इसी प्रकार इसी पुलिस अधीक्षक पर यह भी आरोप लगाया गया कि उसने उग्रवादी अमृतपाल सिंह को संरक्षण दिया।

मई 1985 में यह स्पष्ट हो गया कि श्रीगंगानगर जिले में आतंकवादी पनाह लेते हैं और पाकिस्तान में प्रशिक्षण प्राप्त कर जैसलमेर के रास्ते राजस्थान सीमा में प्रवेश करते हैं। देश में हुए 'बम विस्फोटों' में जिन आतंकवादियों का हाथ बताया जाता है, उनमें से कोई पचास उग्रवादी जैसलमेर सीमा से भारत में आए थे।

हथियारों के जखीरे

जानकारों सूत्रों का मानना है कि पाकिस्तान से हथियार का भारी जखीरा आता रहा है। वे लोग भी लातें हैं, जो धार्मिक प्रचार की आड़ में भारतीय सीमा क्षेत्र में घूमते रहते हैं।

जैसलमेर जिले के देवीकोट, सियाम्बर, इन्जाड़ी, भागू का गाँव, छतरेल आदि ऐसे गाँव हैं, जहाँ हथियारों के बड़े भंडार बताए जाते हैं। श्रीगंगानगर जिले में 'तलवाड़ा झील' कस्बा 'हथियार' बनाने का प्रमुख केन्द्र रहा है लेकिन अब यहाँ के 50–60 हथियार बनाने वाले दिल्ली में यमुनापार के इलाके में अवैध हथियार बना रहे हैं।

इस साल पुलिस ने सौ से ज्यादा हथियारों के मामले दर्ज किए हैं। पाकिस्तान से तस्करी के द्वारा हथियार लाने में पुलिस अधिकारियों के हाथ से भी इंकार नहीं किया जा सकता। बीकानेर जिले का कुख्यात तस्कर हेवत, इस काम में सबसे माहिर रहा है। यों श्रीगंगानगर जिले के माटील राठान निवासी लेखा सिंह का नाम भी हथियारों की तस्करी में सबसे ऊपर है।

हेवत के बारे में बताया जाता है कि वह सात बार पाकिस्तान गया। पाकिस्तान से लाए हुए कुछ हथियार उसने पुलिसकर्मियों में भी बाँटे। इसने 7 बंदूक व 6 पिस्तौलें श्रीगंगानगर और बीकानेर जिले में पाकिस्तान से लाकर बेचीं।

अवैध हथियारों के मामले में पिछले छह महीनों में जैसलमेर में जिन लोगों को गिरफ्तार किया गया उनमें शेरमल, खुदाबक्स, माले खाँ, मोहम्मद, मुबारक, शाहमीर, सावन खाँ, शेर खाँ, रोजे खाँ, लूनदास, जसवंत, केशरा आदि हैं।

ऐसा नहीं है कि राजस्थान सीमा पर हथियारों का अवैध धंधा और तस्करी हाल की बात हो। सितंबर 1980 में श्रीगंगानगर में काशीराम के घर से पाकिस्तानी स्टेनगन बरामद की गई थी। तब तीन लोगों को गिरफ्तार किया गया था। 1975 में घड़साना क्षेत्र से पाकिस्तान में बनी 26 रिवाल्वर और 3 पिस्तौलें बरामद की गई थीं। अगस्त 1983 में पुलिस ने अमरीका में निर्मित एक स्वचालित हथियार बरामद किया था।

दस वर्षों में हथियारों की तस्करी कम होने के बजाए और बढ़ी है और इसमें कुछ पुलिसकर्मियों की भूमिका कम संदेहास्पद नहीं है। अवैध हथियारों के व्यापार और तस्करी को रोकने के लिए जरूरी है सीमांत क्षेत्र के गाँवों में गहरी छानबीन की।

▼ ▼ ▼

राजस्थान

हेमचंद्र गोलछा न जिंदा न मुर्दा

आयकर विभाग जिसे जिन्दा मानता है और सम्पत्ति शुल्क विभाग जिसे मृत...

क्या किसी व्यक्ति को एक ही साथ जिन्दा और मुर्दा माना जा सकता है? अगर इसका उत्तर 'हां' में दिया जाये, तो बहुत से लोग चकरा जाएंगे। लेकिन, यह बात बिलकुल सही है। भारत सरकार के दो अलग-अलग विभागों ने इसे सही कर दिखाया है। आयकर विभाग जयपुर के जौहरी हेमचंद्र को जीवित मान रहा है, जब कि सम्पत्ति शुल्क विभाग उन्हें मृत मान चुका है।

पिछले दिनों जयपुर में हेमचंद्र गोलछा के दो पुत्रों शरद तथा सुधीर ने इस सरकारी गोरखधंधे के बारे में संवाददाताओं से कुछ कहने के बजाय पूछा, "अब आप ही बताइए, हम अपने बाप को मरा समझें या जिन्दा?"

अगर बाप जिन्दा हो, तो भला लड़कों को खुशी कैसे नहीं होगी? लेकिन, अगर मरे हुए बाप को सरकारी विभाग जिन्दा मान ले, तो दो करोड़ रुपए के आयकर की वसूली में इन लड़कों की बची-खुची सम्पत्ति भी नीलाम हो जाएगी और वे सड़क पर आ जाएंगे।

आखिर यह हेमचंद्र गोलछा कौन है, जिसके बारे में सरकार के दो विभाग भिन्न-भिन्न नजरिया रखते हैं?

हेमचंद्र गोलछा का किस्सा कई बार सुर्खियों मे आ चुका है। पहली बार तब, जब वह ब्राजील से एक ब्रिटिश युवती निकोला के साथ रियो-डि-जेनेरियो हवाई अड्डे से गायब हो गया था और दूसरी बार तब, जब जिनेवा की एक फर्म सलास-एस० ए० के मालिक जॉन एश्लीन ने गोलछा परिवार पर एक लाख रुपए की देनदारी का दावा किया था।

अपने दावे में जॉन एश्लीन ने जयपुर के जौहरी बाजार के हेमचंद्र गोलछा के पिता श्रीचंद गोलछा, पुत्र शरद और सुधीर गोलछा तथा बम्बई की कुछ फर्मों पर आरोप लगाया था कि इन लोगों ने हमारी फर्म के साथ व्यापार करते समय दो बीजक बनाकर लाखों रुपए की धोखा-धड़ी की। एश्लीन ने यह भी आरोप लगाया कि प्रतिवादियों ने करोड़ों रुपए के हीरे-जवाहरात तस्करी के जरिए भारत से बाहर भेजे। इस गलत तरीके से प्रतिवादियों ने विदेशों में करोड़ों रुपए की सम्पत्ति जमा कर ली है।

हेमचन्द्र गोलछा अपनी पत्नी प्रभा, पुत्र सुधीर और एक महिला मित्र के साथ

गोलछा की रहस्यमय कथा को जानने से पहले जॉन एश्लीन को जानना बहुत जरूरी है। जॉन एश्लीन जिनेवा का एक जवाहरात व्यापारी है और सलास-एस० ए० नाम की एक फर्म के नाम से हीरे-जवाहरात तथा कीमती पत्थरों का धंधा करता है। एश्लीन हेमचंद्र गोलछा तथा भारत के अन्य निर्यातकों का कमीशन एजेंट रहा है।

गोलछा और एश्लीन के सम्बन्ध वैसे तो बहुत ही मधुर थे, लेकिन कहा जाता है कि गोलछा एश्लीन की ऐयाशी की आदत से बहुत ही तंग था। एश्लीन ने अपने लिए एक ब्रिटिश युवती निकोला को सचिव नियुक्त किया था, जो अपने बॉस को हर तरह से खुश रखती थी, किन्तु उस पर गोलछा का व्यक्तित्व और प्रतिमा हावी हो गयी थी और वह गोलछा का बहुत ही आदर करने लगी थी। बाद में पता नहीं किन कारणों से जॉन एश्लीन ने निकोला को अपने पास से हटाकर गोलछा का सहायक बना दिया।

जुलाई, १९७६ की बात है। अचानक जॉन एश्लीन जिनेवा से ब्राजील गया और वहां से गोलछा को संदेश भेजकर ब्राजील पहुंचने का आदेश दिया। ६ जुलाई, १९७६ को गोलछा स्विस एयर फ्लाइट नम्बर २०४ से निकोला के साथ ब्राजील के लिए रवाना हुआ।

ब्राजील जाने से पहले ४ जुलाई को जिनेवा से गोलछा ने एक पत्र अपनी पत्नी प्रभा के नाम जयपुर भेजा, जिसमें लिखा था कि वह जॉन के बुलावे पर ब्राजील जा रहा है।

७ जुलाई को रियो पहुंचने की पुष्टि उनके प्रवास-पत्र (एमिग्रेशन कार्ड) से हुई, जिसे उन्होंने हवाई अड्डा अधिकारियों को दिखाया था। कहा जाता है कि जॉन ने गोलछा के ठहरने का प्रबन्ध होटल 'शेरटेन' में किया था, किन्तु वे वहां पहुंचे ही नहीं।

कहते हैं, गोलछा के लापता होने की घटना की पुलिस में रिपोर्ट लिखाने

८५

26

हेमचंद्र गोलछा न जिंदा न मुर्दा

आयकर विभाग जिसे जिन्दा मानता है और सम्पत्ति शुल्क विभाग जिसे मृत...

क्या किसी व्यक्ति को एक ही साथ जिन्दा और मुर्दा माना जा सकता है? अगर इसका उत्तर हां में दिया जाये, तो बहुत से लोग चकरा जाएगें। लेकिन, यह बात बिल्कुल सही है। भारत सरकार के दो अलग–अलग विभागों ने इसे सही कर दिखाया है। आयकर विभाग जयपुर के जौहरी हेमचंद्र को जीवित मान रहा है, जब कि सम्पति शुल्क विभाग उन्हें मृत मान चुका है।

पिछले दिनों जयपुर में हेमचंद्र गोलछा के दो पुत्रों शरद और सुधीर ने इस सरकारी गोरखधंधे के बारे में संवाददताओं से कुछ कहने के बजाय पूछा, "अब आप ही बताइए, हम अपने बाप को मरा समझें या जिन्दा?"

अगर बाप जिन्दा हो, तो भला लड़कों को खुशी कैसे नहीं होगी? लेकिन, अगर मरे हुए बाप को सरकारी विभाग जिन्दा मान ले, तो दो करोड़ रूपए के आयकर की वसूली में इन लड़को की बची–खुची सम्पति भी नीलाम हो जाएगी और वे सड़क पर आ जाएंगे।

अखिर यह हेमचंद्र गोलछा कौन है, जिसके बारे में सरकार के दो विभाग भिन्न–भिन्न नजरिया रखते हैं?

हेमचंद्र गोलछा का किस्सा कई बार सुर्खियों में आ चुका है। पहली बार तब, जब वह ब्राजील से एक ब्रिटिश युवती निकोला के साथ रियो–डि–जेनेरिया हवाई अड्डे से गायब हो गया था और दूसरी बार तब, जब जिनेवा की एक फर्म सलास–एस0ए0 के मालिक जॉन एश्लीन ने गोलछा परिवार पर एक लाख रूपए की देनदारी का दावा किया था।

अपने दावे में जॉन एश्लीन जयपुर के जौहरी बाजार के हेमचंद्र गोलछा के पिता श्रीचंद्र गोलछा, पुत्र शरद और सुधीर गोलछा तथा बम्बई की कुछ फर्मों पर आरोप लगाया था कि इन लोगो ने हमारी फर्म के साथ व्यापार करते समय दो बीजक (बिल) बनाकर लाखों रुपए की धोखाधड़ी की। एश्लीन ने यह भी आरोप लगाया कि प्रतिवादियों ने करोड़ों रुपए के हीरे–जवाहरात तस्करी के जरिए भारत से बाहर भेजे। इस गलत तरीके से प्रतिवादियों ने विदेशों में करोड़ों रुपए की सम्पत्ति जमा कर ली है।

गोलछा की रहस्यमय कथा को जानने से पहले जॉन एश्लीन को जानना बहुत जरूरी है। जॉन एश्लीन जिनेवा का एक जवाहरात व्यापारी है और सलास–एस0ए0 नाम की एक फर्म के नाम से हीरे–जवाहरात तथा कीमती पत्थरों का धंधा करता है। एश्लीन हेमचंद्र गोलछा तथा भारत के अन्य निर्यातकों का कमीशन एजेंट रहा है।

गोलछा और एश्लीन के सम्बन्ध वैसे तो बहुत ही मधुर थे, लेकिन कहा जाता है कि गोलछा एश्लीन की ऐयाशी की आदत से बहुत ही तंग था। एश्लीन ने अपने लिए एक ब्रिटिश युवती निकोला को सचिव नियुक्त किया था, जो अपने बॉस को हर तरह से खुश रखती थी, किन्तु उस पर गोलछा का व्यक्तित्व और प्रतिभा हावी हो गयी थी और वह गोलछा का बहुत ही आदर करने लगी थी। बाद में पता नहीं किन कारणों से जॉन एश्लीन ने निकोला को अपने पास से हटाकर गोलछा का सहायक बना दिया।

जुलाई, 1973 की बात है। अचानक जॉन एश्लीन जिनेवा से ब्राजील गया और वहाँ से गोलछा को संदेश भेजकर ब्राजील पहुंचने का आदेश दिया। 6 जुलाई, 1976 को गोलछा स्विस एयर फ्लाइट नम्बर 204 से निकोला के साथ ब्राजील के लिए रवाना हुआ।

ब्राजील जाने से पहले 4 जुलाई को जिनेवा से गोलछा ने एक पत्र अपनी पत्नी प्रभा के नाम जयपुर भेजा, जिसमें लिखा था कि वह जॉन के बुलावे पर ब्राजील जा रहा है।

7 जुलाई को रियो पहुंचने की पुष्टि उनके प्रवास–पत्र (एमिग्रेशन कार्ड) से हुई, जिसे उन्होंने हवाई अड्डा अधिकारियों को दिखाया था। कहा जाता है कि जॉन ने गोलछा के ठहरने का प्रबन्ध होटल 'शेरटेन' में किया था, किन्तु वे वहां पहुंचे ही नहीं।

कहते हैं, गोलछा के लापता होने की घटना की पुलिस में रिपोर्ट लिखाने के बजाय एश्लीन ने गोलछा के सौतेले भाई विमलचंद्र गोलछा को जयपुर एक चिट्ठी लिखी और फोन पर बताया कि हेमचंद्र तथा निकोला 7 जुलाई से गायब हैं। इस सूचना से गोलछा परिवार में खलबली मच गयी। जब काफी दिनों तक किसी और से कोई सूचना नहीं मिली, तो हेमचंद्र के पिता श्रीचंद्र गोलछा और दूसरे पुत्र सुधीर तथा साले राजेन्द्र शाह सितम्बर,'76 में जिनेवा गये। सुधीर ने पुलिस में रिपोर्ट लिखाने से पहले जॉन एश्लीन से मुलाकात की। सुधीर का कहना है कि जॉन ने उसे धमकी भरे लहजे में कहा था, "पुलिस में न जाएं तो ठीक है।"

मगर एश्लीन के सूत्रों का कहना है कि इन तीन व्यक्तियों ने जिनेवा में हेमचंद्र गोलछा द्वारा वहां छोड़े गये हीरे–जवाहरात की मांग की, जिसका मूल्य उस समय करीब 15 लाख डालर के लगभग था। ये हीरे–जवाहरात कुछ एश्लीन के पास थे बाकी अन्य डीलरों के पास। बताया जाता है कि एश्लीन गोलछा का माल वापस लौटाने के लिए तैयार था, लेकिन वह इसके लिए रसीद मांग रहा था। बाद में गोलछा परिवार के लोगों ने जिनेवा की अदालत में मामला दायर करके सारे माल को जब्त करा दिया, जिसे बाद में एक अन्य अदालत ने रद्द कर दिया।

लेकिन, सवाल यह है कि हेमचंद्र गोलछा अपनी सहायक निकोला के साथ कहां गायब हो गया? अगर उन दोनों की हत्या कर दी गयी, तो उनकी लाश का क्या हुआ? उनकी हत्या के पीछे क्या जॉन एश्लीन का हाथ था?

हेमचंद्र गोलछा के गायब होने के बारे में इंटरपोल की जिनेवा शाखा की फाइल नं0 1094/76 में भी उल्लेख किया गया है। इस संबंध में 'ग्रीन कॉर्नर नोटिस' शीर्षक से जारी विवरण में निम्न जानकारी दी गयी है:

नाम– हेमचंद्र गोलछा, जन्म अक्टूबर 1924, पुत्र श्रीचंद गोलछा, विवाहित, भारतीय नागरिक। अतिरिक्त जानकारी– वह जिनेवा (स्विट्जरलैंड) में रहते थे और उनके पासपोर्ट का नंबर था– 45–6458/448550/6 जुलाई, 1976 को अपनी सेक्रेटरी रोनिक निकोला के साथ रियो–डि–जेनेरियो (ब्राजील) के लिए रवाना हुए थे। दोनों हवाई अड्डे से निकलने के बाद लापता हो गये थे।

पिछले 4–5 वर्षों में गोलछा परिवार ने ब्राजील सरकार से कई बार पत्र व्यवहार किया, किन्तु कोई संतोषजनक उत्तर नहीं मिला। आश्चर्य की बात यह है कि निकोला का 'मृत्यु प्रमाण पत्र' तो दे दिया गया, किन्तु गोलछा परिवार को वह प्रमाण पत्र अब तक नसीब

नहीं हुआ। उल्टे जॉन एश्लीन की ओर से दायर मुकदमे ने हेमचंद्र गोलछा की संपत्ति का विवाद अवश्य खड़ा कर दिया।

जॉन एश्लीन द्वारा दायर किये गये जिस मुकदमे का शुरू में उल्लेख किया गया है, उसमें देश के 17 जवाहरात व्यवसायियों की भी एक सूची दी गयी है। ये व्यवसायी जयपुर और बम्बई के हैं तथा इनका नाम चोटी के रत्न–निर्माताओं में है। अदालत में पेश प्रार्थना–पत्र में जॉन की ओर से कहा गया है कि उक्त सभी व्यवसायी गोलछा की ही तरह उसके साथ रत्न निर्यात व्यवसाय करते हैं। नोटिस में गोलछा द्वारा बनाये जाने वाले दो बीजकों का उल्लेख करते हुए कहा गया कि इन बीजकों में से एक में रत्नों का वास्तविक मूल्य लिखा होता तथा दूसरे में कम से कम मूल्य बताया जाता। वास्तविक मूल्य वाला बीजक या तो वह खुद लेकर आता या जिनेवा आने वाले किसी व्यक्ति के हाथ भेजता था। कभी–कभी तो सादे बीजक भी भेज दिये जाते, जिस पर खरीदारों के दस्तखत होते थे। बाद में उन पर रत्नों का मूल्य लिख दिया जाता था।

सवाल यह उठता है कि जॉन ने गोलछा के रहते हुए इस प्रकार का मामला क्यों नहीं उठाया? जब गोलछा परिवार के सदस्यों ने जॉन से हेमचंद्र के बारे में पूछताछ की और उसका हिसाब–किताब पूछा, तो उसने क्यों नहीं जानकारी दी? क्यों जॉन ने सुधीर को पुलिस में जाने से रोका? ये सभी सवाल एक ऐसे रहस्य को बुनते हैं, जिसके पीछे गोलछा के लापता होने की कहानी छिपी है।

6 मार्च, 1981 को लोकसभा में वित्त राज्यमंत्री सवाई सिंह सिसोदिया ने एक प्रश्न के उत्तर में बताया था कि "रत्नों–उपरत्नों के निर्यातकर्ता हेमचंद्र गोलछा और कुछ निर्यातकर्ताओं के विरुद्ध जिनेवा के सलास एस0ए0 कंपनी के जॉन एश्लीन ने कुछ आरोप लगाये थे, जिसकी जांच के सिलसिले में दो अधिकारियों का एक दल अगस्त–सितंबर, 1980 में स्विट्ज़रलैंड और अमरीका गया था।" सिसोदिया ने यह नहीं बताया कि गोलछा के बारे में दल को कोई जानकारी है या नहीं।

गोलछा और एश्लीन कांड के पीछे तथ्य क्या हैं? यह तो गहरी छानबीन का विषय है– मगर यह तो पूछा ही जा सकता है कि जयपुर के आयकर विभाग के अधिकारियों ने किस आधार पर मृत्यु कर और सम्पत्ति कर की वसूली का नोटिस जारी किया है?

▼ ▼ ▼

27

बही खाता चांदी बाजार का

(अगस्त 1983)

दिल्ली का चांदी–व्यापार कोई तीन–चार सौ वर्ष पुराना है। पिछले डेढ–दो सौ वर्षों में तो दिल्ली का चांदनी चौक और दरीबां हीरे–जवाहरात और सोने–चांदी की उत्तर भारत की सबसे बड़ी 'मंडी' होने का गौरव भी प्राप्त कर चुके हैं।

एक सरकारी रिपोर्ट के अनुसार दिल्ली में 1968 में सोने–चांदी और जेवरात बनाने वालों की कोई 841 दुकानें थीं। इनमें 1344 लोग काम पर लगे हुए थे और कोई 50 लाख रूपये का वार्षिक व्यापार होता था।

आज दिल्ली में इस तरह की कोई पांच हजार दुकानें हैं और करीब एक लाख लोग इस व्यापार से जुड़े हुए हैं। चांदी व्यापारियों की दुकानें चांदनी चौक और दरीबां में ही नहीं बल्कि करोलबाग, सदर बाजार, कमला नगर तथा दिल्ली की लगभग सभी बड़ी कालोनियों में हैं। इन व्यापारियों की दिल्ली बुलियन मर्चेन्ट ऐसोसिएशनें हैं।

एक बड़े चांदी व्यापारी के अनुसार प्रतिदिन दिल्ली में तीस से चालीस सिल्लियों की लोटाफेरी होती है। एक सिल्ली में 30 किलो चांदी होती है। व्यापारियों की संख्या को देखते हुए यह संख्या कम है। एक सरकारी सूत्र के अनुसार 100 सिल्लियों का व्यापार रोज़ होता है। अर्थात प्रतिदिन एक करोड़ रूपये के आसपास लेन–देन होता है।

दिल्ली

बही खाता चांदी बाजार का

दिल्ली में पिछले दिनों सर्राफा-बाजार के चांदी-व्यापारियों पर लगातार कई हमले हुए और यहां के चांदी-व्यापारियों में असुरक्षा, घबराहट और अनिश्चय की स्थिति पैदा हो गयी। दिल्ली के चांदी-व्यापार की एक अंतर्कथा :

पुलिस के संरक्षण में चांदी व्यापार

दिल्ली का चांदी-व्यापार कोई तीन-चार सौ वर्ष पुराना है। पिछले डेढ़-दो सौ वर्षों में तो दिल्ली का चांदनी चौक और दरीबां हीरे-जवाहरात और सोने-चांदी की उत्तर भारत की सबसे बड़ी 'मंडी' होने का गौरव भी प्राप्त कर चुके हैं।

एक सरकारी रिपोर्ट के अनुसार दिल्ली में १९६८ में सोने-चांदी और जेवरात बनाने वालों की कोई ८४१ दुकानें थीं। इनमें १३४४ लोग काम पर लगे हुए थे और कोई ५० लाख रुपये का वार्षिक व्यापार होता था।

आज दिल्ली में इस तरह की कोई पांच हजार दुकानें हैं और करीब एक लाख लोग इस व्यापार से जुड़े हुए हैं। चांदी व्यापारियों की दुकानें चांदनी चौक और दरीबां में ही नहीं, बल्कि करोलबाग, सदर बाजार, कमला नगर तथा दिल्ली की लगभग सभी बड़ी कालोनियों में हैं। इन व्यापारियों की दिल्ली बुलियन मर्चेन्ट ऐसोसिएशन, दरीबां चांदी व्यापारी संघ सहित कोई ४० ऐसोसिएशनें हैं।

एक बड़े चांदी व्यापारी के अनुसार प्रतिदिन दिल्ली में तीस से चालीस सिल्लियों की लोटाफेरी होती है। एक सिल्ली में ३० किलो चांदी होती है। व्यापारियों की संख्या को देखते हुए यह संख्या कम है। एक सरकारी सूत्र के अनुसार १०० सिल्लियों का व्यापार रोज होता है। अर्थात प्रतिदिन एक करोड़ रुपये के आसपास लेन-देन होता है।

अब चांदी व्यापार के तौर-तरीके देख लें। खरीद-बिक्री के लिए चांदी के चार प्रकार हैं—कच्ची टंच चांदी, गट्टी चांदी, कड़ावल और सिक्का। इस समय इन चांदियों का प्रतिकिलो भाव क्रमशः ३२५० रुपये, ३१७५ रुपये, ३२१० रुपये तथा एक सौ पुराने सिक्कों का भाव ३४१५ रुपये है।

आमतौर पर चांदी आभूषणों, बर्तनों और पुरानी टूट-फूट के रूप में आती है। इस चांदी को 'रिफाइंड' किया जाता है, यानी गलाया जाता है। चांदी गलाने की बारह रिफाइनरी हैं, जिनमें रोजाना डेढ़ से दो सौ सिल्लियां ढाली जाती हैं।

चांदी की खरीद छोटे व्यापारी भी करते हैं और थोक व्यापारी भी। छोटे व्यापारी जहां गरीबों, मध्यम श्रेणी के जरूरतमंदों से चांदी के बर्तन, आभूषण और अन्य वस्तुएं औने-पौने दाम पर या कम-ज्यादा ले-देकर सौदा करते हैं, वहीं बड़े व्यापारी बड़ी मछली का शिकार ही करते हैं। ऐसे व्यापारियों की नजर पुराने जमींदारों-जागीरदारों और राजघरानों पर लगी होती है, जिनसे ये लोग मन मुताबिक कीमत ले-देकर लाभ कमाते हैं। कभी-कभी ऐसा भी होता है कि ऐतिहासिक और पुरातात्विक महत्व की वस्तुएं भी व्यापारियों के हाथ लग जाती हैं। वे उन्हें गलाने के बजाय चोरी-छिपे विदेशों में बेच देते हैं। १९७८ से पहले अनेक बहुमूल्य चांदी की कलात्मक वस्तुएं देश के बाहर बेच दी गयीं। इनमें से कुछ वस्तुएं आज भी लंदन के संग्रहालय में देखी जा सकती हैं।

गलियों-कूचों के सुनारों के पास किनारी जला कर चांदी ढलवाने या बेचने के लिए भी ग्राहक आते हैं। इनमें महिलाएं अधिक होती हैं।

दिल्ली में आज के मुकाबले १९८० में चांदी की खरीद-फरोख्त सबसे ज्यादा होती थी। उस वर्ष प्रतिदिन ५०० सिल्लियों का धंधा होता था।

यों दिल्ली के चांदी व्यापार ने १९३९ से जोर पकड़ा। १९४७ में सर्राफों की संख्या और ज्यादा हो गयी। १९७८ तक चांदी बाहर भी भेजी जाती थी। उस समय भी और आज भी दिल्ली चांदी व्यापार की देश की दूसरी बड़ी मंडी थी और आज भी है।

बुलियन मर्चेन्ट ऐसोसिएशन के सचिव श्रीकृष्ण गोयल के अनुसार : "१९७९ से पहले प्रतिदिन तकरीबन १० हजार किलो चांदी उत्तर प्रदेश, बिहार, राजस्थान, मध्य प्रदेश और पंजाब से आती थी। अब उतनी चांदी की आवक नहीं रह गयी है। १९८० में व्यापार में गिरावट आयी और चांदी की आवक मात्र पांच हजार किलोग्राम प्रतिदिन रह गयी। १९८१ और १९८२ में गिरावट और आयी। आज लगभग दो से तीन हजार किलो का व्यापार ही प्रतिदिन होता है।"

दिल्ली से चांदी बम्बई भेजी जाती है। वहां का व्यापार कुछ अलग तरह का है। दिल्ली में चांदी की खरीद-बिक्री तौल के भाव के अनुसार होती है, जबकि बम्बई में कमीशन के आधार पर यानी बम्बई के दलाल चांदी बिकवाने का सौदा कर लेते हैं और अपना कमीशन बना लेते हैं।

दिल्ली में आसपास के प्रदेशों से जो चांदी आती है, उसमें व्यापारी को प्रतिकिलो दस से पन्द्रह रुपये का लाभ हो जाता है। यह लाभ छोटे बाजारों में नहीं होता है।

दिल्ली सर्राफा में भावों में उतार-चढ़ाव लंदन और न्यूयार्क के भावों के आधार पर होता है। १९७४ में चांदी का भाव ११०० रुपये प्रति किलो था। बाद में इसमें गिरावट आयी और एक हजार रुपये प्रति किलो हो गया। फिर चांदी चढ़ने लगी, १४०० रुपये, १८०० रुपये फिर गिरी १६०० रुपये, फिर

अब चांदी व्यापार के तौर–तरीके देख लें। खरीद–बिक्री के लिए चांदी के चार प्रकार हैं––कच्ची टंच चांदी, गद्दी चांदी, कड़ावल और सिक्का। इस समय इन चांदियों का प्रतिकिलो भाव क्रमशः 3250 रूपये, 3175 रूपये, 3210 रूपये है।

आमतौर पर चांदी आभूषणों, बर्तनों और पुरानी टूट–फूट के रूप में आती है। इस चांदी को 'रिफाइंड' किया जाता है, यानी गलाया जाता है। चांदी गलाने की बारह रिफाइनरी हैं, जिनमें रोजाना ढेड़ से दो सौ सिल्लियां ढाली जाती हैं।

चांदी की खरीद छोटे व्यापारी भी करते हैं और थोक व्यापारी भी। छोटे व्यापारी जहां गरीबों, मध्यम श्रेणी के जरूरतमंदों से चांदी के बर्तन, आभूषण और अन्य वस्तुएं औने–पौने दाम पर या कम–ज्यादा ले–देकर सौदा करते हैं, वहीं बड़े व्यापारी बड़ी मछली का ही शिकार करते हैं। ऐसे व्यापारियों की नजर पुराने जमींदारों–जागीरदारों और राजघरानों पर लगी होती है, जिनमें ये लोग मन मुताबिक कीमत ले–देकर लाभ कमाते हैं। कभी–कभी ऐसा भी होता कि ऐतिहासिक और पुरातात्विक महत्व की वस्तुएं भी व्यापारियों के हाथ लग जाती हैं। वे उन्हें गलाने के बजाय चोरी–छिपे विदेशियों को बेच देते हैं। इनमें से कुछ वस्तुएं आज भी लंदन के संग्रहालय में देखी जा सकती हैं।

गलियों–कूचों के सुनारों के पास किनारी जला कर चांदी ढलवाने या बेचने के लिए भी ग्राहक आतें हैं। इनमें महिलाएं अधिक होती हैं।

दिल्ली में आज के मुकाबलें 1980 में चांदी की खरीद–फरोख्त सबसे ज्यादा होती थी उस वर्ष प्रतिदिन 500 सिल्लियों का धंधा होता था।

यों दिल्ली के चांदी व्यापार ने 1939 से जोर पकड़ा। 1947 में सर्राफों की संख्या और ज्यादा हो गयी। 1978 तक चांदी बाहर भी भेजी जाती थी। उस समय भी और आज भी दिल्ली चांदी व्यापार की देश की दूसरी बड़ी मंडी थी और आज भी है।

बुलियन मर्चेन्ट ऐसोसिएशन के सचिव श्रीकृष्ण गोयल के अनुसार :''1979 से पहले प्रतिदिन तकरीबन 10 हजार किलो चांदी उत्तर प्रदेश, बिहार, राजस्थान, मध्य प्रदेश और पंजाब से आती थी। अब उतनी चांदी की आवक नहीं रह गयी है। 1980 में व्यापार में गिरावट आयी और चांदी की आवक मात्र पांच हजार किलोग्राम प्रतिदिन रह गयी। 1981 और 1982 में गिरावट और आयी। आज लगभग दो से तीन हजार किलो का व्यापार ही प्रतिदिन होता है।'

दिल्ली से चांदी बम्बई भेजी जाती है। वहां का व्यापार कुछ अलग तरह का है। दिल्ली में चांदी की खरीद–बिक्री तौल के भाव के अनुसार होती है, जबकि बम्बई में

कमीशन के आधार पर यानी बम्बई के दलाल चांदी बिकवाने का सौदा कर लेते है।

दिल्ली के आसपास के प्रदेशों से जो चांदी आती है, उसमें व्यापारी को प्रतिकिलो दस से पन्द्रह रूपये का लाभ हो जाता है। यह लाभ छोटे बाजारों में नहीं होता है। दिल्ली सर्राफा में भावों में उतार–चढ़ाव लन्दन और न्यूयार्क के भावों के आधार पर होता है। 1974 में चांदी का भाव 1100 रूपये प्रतिकिलो था। बाद में इसमें गिरावट आयी और एक हजार रूपये प्रतिकिलो हो गया। फिर चांदी बढ़ने लगी, 1400 रूपये, 1800 रूपये फिर गिरी 1600 रूपये फिर चढ़ी 2200 रूपये और 1980 में तो आश्चर्यजनक रूप से चांदी का प्रति किलो दाम 5400 रूपये तक पहुंच गया। जब चांदी के भाव बढ़ रहे थे, यानी 1980 में, तब दिल्ली के एक–दो बड़े व्यापारियों ने करोड़ो की चांदी खरीद ली। आज भी उन व्यापारियों के तहखानों में कई सौ चांदी की सिल्लियां जमा बतायी जाती हैं।

चांदी व्यापारी श्रीकृष्ण गोयल के अनुसार देश में 72–73 हजार टन चांदी है। लेकिन यह तो आंकड़ा मात्र है। एक विशेषज्ञ के अनुसार मंदिरों, राजघरानों आदि को मिलाकर देश में कोई पांच लाख टन से ज्यादा की चांदी हो सकती है।

1980 में चांदी के भाव तेजी से बढ़े तो कस्टम और आयकर अधिकारी भी हरकत में आ गये। उस समय दिल्ली के 20 चांदी व्यापारियों के यहाँ छापे मारे गये, लेकिन सरकार एक किलो चांदी भी अपने पास नहीं रख सकी। अलबत्ता जो चांदी पकड़ी थी, वह भी धीरे–धीरे रिलीज कर दी गयी। इन दिनों दिल्ली का चांदी व्यापार अपराधियों और पुलिस की साठ–गांठ का शिकार हो रहा है। बुलियन मर्चेन्ट ऐसोसिएशन के सचिव श्रीकृष्ण गोयल के अनुसार चांदी व्यापारियों को लूटने वाले न केवल अपराधी हैं बल्कि पुलिस वाले भी हैं।

28 जून की बात है। एक आदमी जामा मस्जिद के सामने से हाथ में थैला लिए तेज कदमों से चांदनी चौक की ओर बढ़ रहा था। एक पुलिस इन्सपैक्टर अचानक उसके सामने आ गया और उसने पूछा– ''क्या है तुम्हारे थैले में?''

''चांदी है साब।'' वह आदमी बोला।

''चांदी है...हूं ..कहां से लाये हो?

यह तो चोरी की लगती है। पुलिस स्टेशन चलो।'' पुलिस वाले ने कहा।

''चोरी की नहीं है साब। मेरी अपनी है। बेचने के लिए लाया हूं।'' आदमी बोला।

''नहीं, यह चोरी की लगती है, चलो थाने...'' वह और कड़क कर बोला और उस आदमी को एक धक्का दिया।

उस आदमी ने गिड़गिड़ाते हुए कहा––"साब! विश्वास करो। यह चोरी की नहीं है।"

वह फिर कड़का–– "कैसे नहीं है चोरी की। चल उधर...! और वह उसे मस्जिद के पास एक कोने में ले गया। कुछ देर बाद उनमें खुसर–फुसर हुई। उस आदमी ने कमीज के नीचे पहनी बनियान की जेब में हाथ डाला। पुलिस इंसपैक्टर ने अपनी शर्ट की ऊपर की जेब का बटन लगाया। अब पुलिस इंसपैक्टर अपनी मस्तानी चाल से हवा में डंडा लहराता हुआ जामा मस्जिद की ओर आ रहा था और वह थैले वाला आदमी मुर्दानी चाल से चांदनी चौक की ओर घिसटता जान पड़ रहा था।

एक युवा चांदी व्यापारी के अनुसार जब वह अपना माल लेकर दिल्ली रेलवे स्टेशन पर कदम रखता है, एक आदमी उसके पास आता है। वह उसकी 'न्यौछावर' दे देता है और स्टेशन के बाहर चला आता है। व्यापारी को इससे आपत्ति नहीं, क्योंकि वह झूठमूठ की परेशानी से बच जो गया।

इस तरह चांदी का चक्कर और चांदी से चांदी बनाने की हेरा–फेरी में जहां आयकर, कस्टम, केन्द्रीय जांच ब्यूरो के कर्मचारी 'गंगा स्नान' का पुण्य कमाते हैं, वहीं चोरी–छिपे लायी गयी या दाबी–मारी गयी चांदी से कुछ व्यापारी भी लाभान्वित होते हैं।

▼ ▼ ▼

विशेष रिपोर्ट

राजनीतिज्ञ पैसा लेकर भी सफेदपोश बने रहते हैं—शंकर गुप्ता

शंकर गुप्ता (५५ वर्ष) जयपुर के सबसे बड़े जौहरी कहे जाते हैं। यह अलग बात है कि तस्कर के रूप में उनका नाम पहले उछला, जौहरी के रूप में बाद में। अरबपति शंकर गुप्ता 'अखबार वालों' से बहुत दूर भागते हैं। लेकिन 'माया' से उनकी दूसरी मुलाकात पिछले दिनों फिर हुई, पहली तब जब उनके यहां कस्टम ने छापा मार कर २१ क्विंटल खरड़ें बरामद कीं।

आज के इस अरबपति जौहरी ने १४ साल की उम्र में एक सेठ की दुकान पर १५ रुपये मासिक वेतन पर अपनी जिंदगी शुरू की थी। शंकर गुप्ता ने अपना खुद का व्यवसाय पाकिस्तान से माल मंगा कर शुरू किया था। तब कुछ ही समय पहले देश का बंटवारा हुआ था। उस समय बहुत-सी चीजों के आयात पर प्रतिबंध नहीं था। इन्होंने पाकिस्तान से दो लाख मन नमक मंगाया। लेकिन इसी बीच आयात के नये कानून बन जाने के कारण भारतीय अधिकारियों ने नमक पर कब्जा कर लिया। शंकर गुप्ता ने अदालत का दरवाजा खटखटाया। उनके पक्ष में फैसला होते-होते नमक की कीमत बेतहाशा बढ़ गयी और अनचाहे ही इस धंधे में उन्हें भारी मुनाफा हुआ।

इसी तरह १९४८ में शंकर गुप्ता ने मात्र जहाज का भाड़ा अदा कर विदेशों से कई टन आलू मंगाये। उन दिनों विदेशों में इतना आलू पैदा हुआ था कि वहां लोग उसे जला रहे थे, जबकि भारत में भाव उन दिनों ६० रुपये मन था। शंकर गुप्ता ने पांच दिन के भीतर ही सारा आलू बेच दिया। फिर जब उन्होंने दुबारा आलू मंगाने का आर्डर दिया, तो देखा-देखी कुछ अन्य व्यापारियों ने भी आलू मंगाये। लेकिन इसी बीच गोदी कर्मचारियों की हड़ताल हो गयी और सारा आलू सड़ गया। संयोग से शंकर गुप्ता का माल नहीं सड़ा और ११० रुपये मन के हिसाब से आलू बेच कर उन्होंने भारी मुनाफा कमाया।

ऐसा नहीं कि शंकर गुप्ता हर बार मुनाफा ही कमाते रहे। एक बार तो ऐसा घाटा हुआ कि उन्हें अपना धोती-कुरता तक बेचना पड़ा। लेकिन अपनी व्यावसायिक बुद्धि से उन्होंने दूसरे की पूंजी से लाखों रुपये कमा लिये।

हुआ यह कि शंकर गुप्ता ने 'टाइम्स आफ इंडिया' में इस आशय का विज्ञापन दिया कि उन्हें अपनी फर्म के लिए एक बड़े रिटायर अफसर की जरूरत है, जिसे पांच हजार रुपये महीने का वेतन दिया जायेगा।

इस विज्ञापन के उत्तर में कुल २४ अर्जियां थीं, जिनमें से केवल आठ को अलग-अलग समय पर इंटरव्यू के लिए बुलाया गया।

शंकर गुप्ता ने सब उम्मीदवारों के सामने अलग-अलग धंधे की योजना प्रस्तुत की और कहा कि इसमें अपनी भविष्य निधि में जमा पैसा लगाओ। काम वह खुद करेंगे और पांच हजार रुपये महीने आप को मिलते रहेंगे। इससे ज्यादा अगर आमदनी होगी, तो वह उनका होगा।

शंकर गुप्ता की इस योजना में तीन उम्मीदवार धन लगाने को सहमत हो गये। उन तीनों ने पचास-पचास हजार रुपये अलग-अलग धंधों में लगाये और दस महीने तक पांच-पांच हजार रुपये पाते रहे। इसके बाद शंकर गुप्ता ने तीनों को एक-एक लाख रुपये देकर यह धंधा बंद कर दिया। इसके बाद भी शंकर गुप्ता के पास साढ़े तीन लाख रुपये बच गये थे।

ऐसी पैनी व्यावसायिक बुद्धिवाले शंकर गुप्ता से जब 'माया' की २६ अगस्त को दूसरी मुलाकात हुई, तो उन्होंने कहा कि 'अखबार वालों' से मिल कर क्या करूंगा?

इसके जवाब में छूटते ही मैंने कहा—"कुछ भी तो नहीं। न मैं आपको कोई फायदा पहुंचा सकता हूं और न ही आप से माल खरीद सकता हूं।"

"नहीं मेरा मतलब यह नहीं था।" (फिर कुछ रुक कर) "आखिर आप मुझसे चाहते क्या हैं?"

० लोग कहते हैं कि आपने जयपुर के जवाहरात मार्केट पर कब्जा कर रखा है?

"कहते होंगे। मैंने न तो कब्जा किया है, न कब्जे की नीयत है। अलबत्ता जिस दिन से यह धंधा शुरू किया है सैकड़ों लोगों की मदद की है, सहयोग दिया है। अगर मेरे सहयोग को कब्जा समझा जाता है, तो मुझे क्या आपत्ति है?"

० इस बीच चाय आ गयी थी। मीठी चाय की एक घूंट लेने के बाद मेरा एक कड़वाहट भरा सवाल था—"इधर कुछ अखबारों में छपा है कि आप तस्करी करते हैं?"

"गलत, बिलकुल झूठ। तस्करी न कभी की है, न कर रहा हूं, और न करूंगा। आज तक मेरे खिलाफ तस्करी का कोई मुकदमा नहीं बना। हां, आरोप लगाये गये जो सिद्ध नहीं हुए। इमरजेंसी में मैंने सरकार पर मुकदमा किया था कि तुम्हारे आरोप झूठे हैं। मैं जीता और हर्जाने के साथ जीता। लेकिन मैंने सरकार से हर्जाना वसूल नहीं किया।"

थोड़ा तैश में आकर शंकर गुप्ता ने कहा—"अगर कोई आदमी अपनी बुद्धि और अवसर का लाभ उठाकर किसी ट्रेड में सफलता की चोटी पर पहुंचता है और पैसे वाला बन जाता है, तो वह तस्कर कैसे हो गया?"

० कुछ बड़े लोगों का कहना है कि आपने मार्केट खराब कर दिया है?

"जी हां, मैंने मार्केट खराब कर दिया है।" (एक व्यंग्य पूर्ण मुस्कान) अगर जरूरतमंद कारीगरों, छोटे और मझौले व्यवसायियों को उदार शर्तों पर कच्चा माल देना मार्केट खराब करना है, तो मैंने जरूर खराब किया है।"

० आपने जवाहरात का धंधा कब से शुरू किया?

"मैं जवाहरात का नहीं, मूल्यवान और अर्द्ध मूल्यवान पत्थरों का व्यवसायी हूं। बाहर से रफ (कच्चा माल) लाता हूं और बेचता हूं। मैं पहला आदमी हूं, जिसने दुनिया के कुछ देशों में वहां के लोगों को रत्नों से परिचित कराया। "१९५३ से मैं इस धंधे में हूं। मैं बहुमूल्य पत्थरों को तलाशता हुआ ब्राजील पहुंच गया। वहां मैंने खनिजों की खोज की। वहां के लोगों को जब बताया कि उनके यहां बढ़िया पन्ना है, तो वे चौंक उठे। इस रत्न के बारे में उन्हें जानकारी ही नहीं थी। मुझे वहां 'माइन्स' मिल गयीं। वहां से मैं कच्चा माल भारत लाने लगा। मेरी कोशिश अच्छे-अच्छे रत्न भारत लाने की रही है। मैंने वही किया। मैं कोलंबिया, जिम्बाब्वे, जाम्बिया और रोडेशिया भी गया। वहां भी जो बहुमूल्य चीजें मिलीं, उन्हें भारत लाया। इसी का परिणाम है कि जयपुर का जवाहरात व्यवसाय विदेशों में फैला। अगर किसी से पूछिए कि शंकर गुप्ता ने क्या-क्या नुकसान पहुंचाया, तो कोई जवाब नहीं मिलेगा। विदेशों से पन्ने का खनिज लाना कोई चोरी या तस्करी नहीं है। इसका लाइसेंस भी सहज में मिल जाता है और ड्यूटी भी नहीं लगती।"

० आपके किन-किन नेताओं से संबंध हैं? कौन-कौन नेता आपसे पैसे मांगने आये?"

"अब कुछ बातों की चर्चा आप जाने दीजिए। यहां उनका जिक्र करना मुसीबत मोल लेना है। नेताओं के क्या हाल हैं, आप मुझसे ज्यादा जानते हैं। वे पैसा लेकर भी सफेदपोश बने रहते हैं। पैसा तो देना ही पड़ता है, इसलिए सब को देता हूं। सभी राजनीतिक पार्टी को। मैं सोचता हूं, चलो कुछ लोग तो शर्म करेंगे।" —बजेन्द्र रेही

28

राजनीतिज्ञ पैसा लेकर भी सफेदपोश बने रहते हैं– शंकर गुप्ता

(अक्टूबर, 1982)

शंकर गुप्ता (55 वर्ष) जयपुर के सबसे बड़े जौहरी कहे जाते हैं। यह अलग बात है कि तस्कर के रूप में उनका नाम पहले उछला, जौहरी के रूप में बाद में। अरबपति शंकर गुप्ता 'अखबार वालों' से दूर भागते हैं। लेकिन इस पत्र प्रतिनिधि से उनकी दूसरी मुलाकात पिछले दिनों फिर हुई। पहली तब जब उनके यहां कस्टम ने छापा मार कर 21 क्विंटल खरड़ें (मूल्यवान पत्थर) बरामद की थीं।

आज के इस अरबपति जौहरी ने 14 साल की उम्र में एक सेठ की दुकान पर 15 रूपये मासिक वेतन पर अपनी जिंदगी शुरू की थी। शंकर गुप्ता ने अपना खुद का व्यवसाय पाकिस्तान से माल मंगा कर शुरू किया था। तब कुछ समय पहले देश का बंटवारा हुआ था। उस समय बहुत–सी चीजों के आयात पर प्रतिबंध नहीं था। इन्होंने पाकिस्तान से दो लाख मन नमक मंगाया। लेकिन इसी बीच आयात के नये कानून बन जाने के कारण भारतीय अधिकारियों ने नमक पर कब्जा कर लिया।

शंकर गुप्ता ने अदालत का दरवाजा खटखटाया। उनके पक्ष में फैसला होते–होते नमक की कीमत बेतहाशा बढ़ गयी और अनचाहे ही इस धंधे में उन्हे भारी मुनाफा हुआ।

इसी तरह 1948 में शंकर गुप्ता ने मात्र जहाज का भाड़ा अदा कर विदेशों से कई टन आलू मंगाये। उन दिनों विदेशों में आलू इतना पैदा हुआ था कि वहां के लोग उसे जला रहे थे, जबकि भारत में भाव उन दिनों 60 रूपये मन था। शंकर गुप्ता ने पांच दिन के भीतर ही सारा आलू बेच दिया। फिर जब उन्होंने दुबारा आलू मंगाने का आर्डर दिया, तो देखा–देखी कुछ अन्य व्यापारियों ने भी आलू मंगाये। लेकिन इसी बीच गोदी कर्मचारियों की हड़ताल हो गयी और सारा आलू सड़ गया। संयोग से शंकर गुप्ता का माल नहीं सड़ा और 110 रूपये मन के हिसाब से आलू बेच कर उन्होंने भारी मुनाफा कमाया।

ऐसा नहीं कि शंकर गुप्ता हर बार मुनाफा ही कमाते रहे। एक बार तो ऐसा घाटा हुआ कि उन्हें अपना धोती–कुरता तक बेचना पड़ा। लेकिन अपनी व्यवसायिक बुद्धि से उन्होंने दूसरे की पूंजी से लाखों रूपये कमा लिये।

हुआ यह कि शंकर गुप्ता ने 'टाइम्स आफ इंडिया' में इस आशय का विज्ञापन दिया कि उन्हें अपनी फर्म के लिए एक बड़े रिटायर अफसर की जरूरत है, जिसे पांच हजार रूपये महीने का वेतन दिया जायेगा।

इस विज्ञापन के उत्तर में कुल 24 अर्जियां थीं, जिनमें से केवल आठ को अलग–अलग समय पर इंटरव्यू के लिए बुलाया गया।

शंकर गुप्ता ने सब उम्मीदवारों के सामने अलग–अलग धंधे की योजना प्रस्तुत की और कहा कि इसमें अपनी भविष्य निधि में जमा पैसा लगाओ। काम वह खुद करेंगे और पांच हजार रूपये महीने आप को मिलते रहेंगे। इससे ज्यादा अगर आमदनी होगी, तो वह उनका होगा।

शंकर गुप्ता की इस योजना में तीन उम्मीदवार धन लगाने को सहमत हो गये। उन तीनों ने पचास–पचास हजार रूपये अलग–अलग धंधो में लगाये और दस महीने तक पांच–पांच हजार रूपये पाते रहे। इसके बाद शंकर गुप्ता ने तीनों को एक–एक लाख रूपये देकर यह धंधा बंद कर दिया। इसके बाद भी शंकर गुप्ता के पास साढ़े तीन लाख रूपये बच गये थे।

ऐसी पैनी व्यवसायिक बुद्धिवाले शंकर गुप्ता से जब इस पत्रकार की 26 अगस्त को दूसरी मुलाकात हुई, तो उन्होंने कहा कि 'अखबार वालों से मिल कर क्या करूँगा?

शंकर गुप्ता

इसके जवाब में छूटते ही मैंने कहा--"कुछ भी तो नहीं। न मैं आपको कोई फायदा पहुंचा सकता हूं और न ही आप से माल खरीद सकता हूं।"

"नहीं मेरा मतलब यह नहीं था।" (फिर कुछ रूक कर) "आखिर आप मुझसे चाहते क्या हैं?"

लोग कहते हैं कि आपने जयपुर के जवाहरात मार्केट पर कब्जा कर रखा है?

"कहते होंगे। मैंने न तो कब्जा किया है, न कब्जे की नीयत है। अलबत्ता जिस दिन से यह धंधा शुरू किया है सैकड़ो लोगों की मदद की है, सहयोग दिया है। अगर मेरे सहयोग को कब्जा समझा जाता है, तो मुझे क्या आपत्ति है? – शंकर गुप्ता ने कहा।

इसी बीच चाय आ गयी थी। मीठी चाय की एक घूंट लेने के बाद मेरा एक कड़वाहट भरा सवाल था–

"इधर कुछ अखबारों में छपा है कि आप तस्करी करते है?"

"गलत, बिलकुल झूठ। तस्करी न कभी की है, न कर रहा हूं और न करूँगा। आज तक मेरे खिलाफ तस्करी का कोई मुकदमा नहीं बना। हां आरोप लगाये गये जो सिद्ध नहीं हुए। इमरजेंसी में मैंने सरकार पर मुकदमा किया था कि तुम्हारे आरोप झूठे हैं। मैं जीता और हर्जाने के साथ जीता। लेकिन मैंने सरकार से हर्जाना वसूल नहीं किया।"

थोड़ा तैश में आकर शंकर गुप्ता ने कहा– "अगर कोई आदमी अपनी बुद्धि और अवसर का लाभ उठाकर किसी ट्रेड में सफलता की चोटी पर पहुंचता है और पैसे वाला बन जाता है, तो वह तस्कर कैसे हो गया?"

कुछ बड़े लोगों का कहना है कि आपने मार्केट खराब कर दिया है?" मैंने पूछा।

"जी हां, मैने मार्केट खराब कर दिया है।" (एक व्यंग्य पूर्ण मुस्कान) अगर जरूरतमंद कारीगारों, छोटे और मझौले व्यवसायियों को उदार शर्तो पर कच्चा माल देना मार्केट खराब करना है, तो मैंने जरूर खराब किया है।"

आपने जवाहरात का धंधा कब से शुरू किया? फिर मैंने सवाल किया।

मैं जवहारात का धंधा नहीं, मूल्यवान और अर्द्ध मूल्यवान पत्थरों का व्यवसायी हूं। बाहर से रफ (कच्चा माल) लाता हूं और बेचता हूं। मैं पहला आदमी हूं, जिसने दुनिया के कुछ देशों में वहां के लोगों को रत्नों से परिचित कराया। ''1953 से मैं इस धंधे में हूं। मैं बहुमूल्य पत्थरों को तलाशता हुआ ब्राजील पहुंच गया। वहां मैंने खनिजों की खोज की। वहां के लोगों को जब बताया कि उनके यहां बढ़िया पन्ना है, तो वो चौंक उठे। इस रत्न के बारे में उन्हें जानकारी ही नहीं थी। मुझे वहां 'माइन्स' मिल गयी। वहां से मैं कच्चा माल भारत लाने लगा। मेरी कोशिश अच्छे–अच्छे रत्न भारत लाने की रही है। मैंने वही किया। मैं कोलंबिया, जिम्बाब्वे, जाम्बिया और रोडेशिया भी गया। वहां भी जो बहुमूल्य चीजें मिलीं, उन्हें भारत लाया। इसी का परिणाम है कि जयपुर का जवाहरात व्यवसाय विदेशों में फैला। अगर किसी से पूछिए कि शंकर गुप्ता ने क्या–क्या नुकसान पहुंचाया, तो कोई जवाब नहीं मिलेगा। विदेशों से पन्ने का खनिज लाना कोई चोरी या तस्करी नहीं है। इसका लाइसेंस भी सहज में मिल जाता है और ड्यूटी भी नहीं लगती।''

आपके किन–किन नेताओं से संबंध हैं? कौन–कौन पैसे मांगने आये?''

''अब कुछ बातों की चर्चा आप जाने दीजिए। यहां उनका जिक्र करना मुसीबत मोल लेना है। नेताओं के क्या हाल हैं, आप मुझसे ज्यादा जानते हैं। वे पैसा लेकर भी सफेदपोश बने रहते हैं। पैसा तो देना ही पड़ता है, इसलिए सब को देता हूं। सभी राजनीतिक पार्टियों को। मैं सोचता हूं, चलो कुछ लोग तो शर्म करेंगे।'' शंकर गुप्ता ने गहरी सांस खींचकर कहा। घड़ी की सुइयां अपनी रफ्तार से बढ़ रही थीं। मुझे दिल्ली लौटना था। मैंने फिर मिलने का वादा करके श्री शंकर गुप्ता से विदाई ली।

▼ ▼ ▼

29

गोडावण के शिकार की अनुमति : देश की सीमा–सुरक्षा का मखौल

(अप्रैल, 1979)

बहुचर्चित, दुर्लभ भारतीय महासारंग ('ग्रेट इंडियन बस्टर्ड') पक्षी को प्रचलित भाषा में गोडावण, सोहन चिड़िया, तूगदार, धूप चिड़िया, मारघौंक, मोरार आदि नामों से पुकारा जाता है। सारंग वर्ग के अन्य पक्षी हैं तिलोर ('ग्रेट बस्टर्ड') और छोटा तिलोर ('लिटिल बस्टर्ड')। गोडावण जहां पूर्णतः भारतीय है, वहीं तिलोर परिव्राजक पक्षी है।

भारत अपनी तेल की आवश्यकताओं की पूर्ति के लिए अरब देशों का मोहताज है। जहां के तेल–शहंशाहों, शेखों को इन दुर्लभ कद्दावर और सुन्दर पक्षियों का मांस बहुत प्रिय है और 1973 से ही उन्हें इनके शिकार की अनुमति दी जाती रही है। आपातकाल के पूर्व तत्कालीन प्रधानमंत्री श्रीमती इन्दिरा गांधी ने अरब देशों के इन शासकों को न केवल शिकार के लिए अनुमति दी, बल्कि उनकी अगवानी भी की। उनके शिकार–कार्यक्रम के दौरान देश की सुरक्षा–व्यवस्था का बुरी तरह मजाक उड़ाया गया। देश के सीमावर्ती क्षेत्र एक प्रकार से इन शिकार–प्रेमी तेल–शहंशाहों को सौंप दिए गए।

गोडावण के शिकार की अनुमति : देश की सीमा-सुरक्षा का मखौल

–ब्रजेन्द्र रेही

बहुचर्चित, दुर्लभ भारतीय महासारंग ('ग्रेट इंडियन बस्टर्ड') पक्षी को प्रचलित भाषा में गोडावण, सोहन चिड़िया, तुगदार, धूप चिड़िया, मारघीक, मोरार आदि नामों से पुकारा जाता है। सारंग वर्ग के अन्य पक्षी हैं तिलोर ('ग्रेट बस्टर्ड') और छोटा तिलोर ('लिटिल बस्टर्ड')। गोडावण जहां पूर्णतः भारतीय पक्षी है, वहीं तिलोर परिव्राजक पक्षी है।

भारत अपनी तेल की आवश्यकताओं की पूर्ति के लिए अरब देशों का मुहताज है। वहां के तेल-शहंशाओं, शेखों को इन दुर्लभ कद्दावर और सुन्दर पक्षियों का मांस बहुत प्रिय है और १९७३ से ही उन्हें इनके शिकार की अनुमति दी जाती रही है। आपातकाल के पूर्व तत्कालीन प्रधान मंत्री श्रीमती इन्दिरा गांधी ने अरब देशों के इन

अरबी शिकारी और शिकारी जीप

शासकों को न केवल शिकार के लिए अनुमति दी, बल्कि उनकी अगवानी भी की। उनके शिकार-कार्यक्रम के दौरान देश की सुरक्षा-व्यवस्था का बुरी तरह मजाक उड़ाया गया। देश के सीमावर्ती क्षेत्र एक प्रकार से इन शिकार-प्रेमी तेल-शहंशाहों को सौंप दिये गये।

सन् १९७५ के पहले सप्ताह में संयुक्त अरब अमीरात के राष्ट्राध्यक्ष शिकार के लिए राजस्थान के जैसलमेर बाडमेर जिलों के सीमांत क्षेत्र में आये। इसकी सूचना आकाशवाणी के राष्ट्रीय प्रसारण में ८ जनवरी, १९७५ को दी गयी।

११ जनवरी, १९७६ को सऊदी अरब के प्रिंस बदर एवं उनके साथ ३४ व्यक्तियों का एक काफिला जोधपुर सड़क मार्ग से जैसलमेर पहुंचा। इनको तिलोर के शिकार के लिए रामगढ़, देवा, मोकल, खुई माल्रा, बान्धा, असुतार, शाहगढ़ एवं किशनगढ़ क्षेत्रों में अनुमति दी गयी। अधिकृत सरकारी सूत्रों के अनुसार इस यात्रा में अरब शहंशाहों ने १६२ पक्षियों का शिकार किया। इन सरकारी सूत्रों ने श्रीमती इन्दिरा गांधी के जमाने में गृह विभाग को यह भी सूचित किया कि शिकार किये गये पक्षियों की संख्या अधिक हो सकती है। इतना ही नहीं, अधिकारियों ने यह भी बता दिया कि न केवल तिलोर बल्कि प्रतिबंधित गोडावण के शिकार से भी इनकार नही किया जा सकता। लेकिन, श्रीमती गांधी की सरकार ने अरब के शहंशाहों से नाममात्र का भी विरोध नहीं किया। यहां तक कि अरब के इन शहंशाहों ने भारतीय खुफिया अधिकारियों को भी शिकार के दौरान साथ नही रहने दिया।

अभी १५ दिन भी नही बीते थे कि ११ फरवरी, १९७६ को अबूधाबी के राष्ट्राध्यक्ष अपना शिकार का शौक पूरा करने के लिए दल-बल सहित पश्चिमी राजस्थान के रेगिस्तानी क्षेत्र में आ धमके। इनके साथ जोर्डन, संयुक्त अरब अमीरात, अलकारक, अल-एन-दुगाल, मकजान, शाहजब, दोलमी जैसे देशों और शहरों के ६२ शेखों और शिकारियों का काफिला आया।

इन तेल-पतियों ने भारी संख्या में शिकार किया। प्राप्त सूचना के अनुसार राष्ट्राध्यक्ष ने भारत सरकार या राज्य सरकार से कोई निर्देश या अनुमति प्राप्त नहीं

सन् 1975 के पहले सप्ताह में संयुक्त अरब अमीरात के राष्ट्राध्यक्ष शिकार के लिए राजस्थान के जैसलमेर–बाड़मेर जिलों के सीमांत क्षेत्र में आये। इसकी सूचना आकाशवाणी के राष्ट्रीय प्रसारण में 8 जनवरी 1975 को दी गयी।

11 जनवरी, 1976 को सऊदी अरब के प्रिंस बदर एवं उनके साथ 34 व्यक्तियों का एक काफिला जोधपुर सड़क मार्ग से जैसलमेर पहुंचा। इनको तिलौर के शिकार के लिए रामगढ़, देवा, मोकल, खुर्द माला, बान्वा, असुतार, शाहगढ़ एवं किशनगढ़ में अनुमति दी गयी। अधिकृत सरकारी सूत्रों के अनुसार इस यात्रा में अरब शहंशाहों ने 163 पक्षियों का शिकार किया। इन सरकारी सूत्रों ने श्रीमती इन्दिरा गांधी के जमाने में गृह विभाग को यह भी सूचित किया कि शिकार किये गये पक्षियों की संख्या अधिक हो सकती है। इतना ही नहीं, अधिकारियों ने यह भी बता दिया कि न केवल तिलोर बल्कि प्रतिबंधित गोडावण के शिकार से भी इनकार नहीं किया जा सकता। लेकिन, श्रीमती गांधी की सरकार ने अरब के शहंशाहों से नाजायज़ कृत्य का भी विरोध नहीं किया। यहां तक कि अरब के इन शहंशाहों ने भारतीय खुफिया अधिकारियों को भी शिकार के दौरान साथ नहीं रहने दिया।

अभी 15 दिन भी नहीं बीते थे कि 11 फरवरी, 1976 को अबूधाबी के राष्ट्राध्यक्ष अपने शिकार का शौक पूरा करने के लिए दल–बल सहित पश्चिमी राजस्थान के रेगिस्तानी क्षेत्र में आ धमके। इनके साथ जोर्डन, संयुक्त अरब अमीरात, अलकारक, अल–एन–दुगाल, मखजान, शाहजब, दालगोह जैसे देशों और शहरों के 69 शेखों और शिकारियों का काफिला आया।

इन तेल–पतियों ने बड़ी संख्या में शिकार किया। प्राप्त सूचना के अनुसार राष्ट्राध्यक्ष ने भारत सरकार या राज्य सरकार से कोई निर्देश या अनुमति प्राप्त नहीं की। इतना ही नहीं, राजस्थान में वन्य जीव संरक्षण आन्दोलन के एक प्रमुख नेता श्री हर्षवर्धन ने जब तत्कालीन वन मंत्री श्री परसराम मदेरणा से 'बस्टर्ड' का शिकार रोकने की अपील की, तो उन्होंने कहा, "जो होता है, होने दो।" ये भी पाकिस्तान के रास्ते ही लौट गये।

सारंग वर्ग के इन पक्षियों का मांस इन लोगों को इतना स्वादिष्ट लगा कि अबुधाबी के ये राष्ट्राध्यक्ष 15 शिकारियों और साथियों के साथ पुनः पाकिस्तान के रास्ते 16 नवम्बर 1976 को भारतीय सीमा में प्रवेश कर पश्चिमी राजस्थान में आ गये। भारत सरकार ने उन्हें 270 पक्षियों के शिकार की अनुमति दी, किन्तु भारतीय अधिकारियों ने उन दिनों केन्द्र सरकार को जो रिपोर्ट दी, उसमें कहा गया कि शिकार निर्धारित संख्या से अधिक

मात्रा में किया गया है। इनका दल 26 दिसम्बर 1976 को पुनः पाकिस्तान के रास्ते लौट गया।

रेगिस्तान की शान 'गोडावण'

इस दल के लौटने के पहले 20 दिसम्बर, 1976 को सऊदी अरब के प्रिंस बदर–बिन–मोहम्मद बिन अबूल 63 व्यक्तियों के दल के साथ पाकिस्तान के रास्ते जैसलमेर जिले में आ धमके। भारत सरकार ने इन्हें 140 गोडावणों के शिकार की अनुमति दी। इसके अलावा शिकार के लिए केवल 6 दिन की अवधि दी गयी। शिकार के लिए ये लोग अपने साथ 80 शिकारी बाज लेकर आये। भारतीय अधिकारियों ने पुनः सरकार को जो गोपनीय रिपोर्ट दी उसमें अनुमति से अधिक पक्षी मारने की बात कही गयी। प्रिंस बदर 18वें दिन 7 जनवरी, 1976 को पाकिस्तान के रास्ते ही लौट गये।

4 फरवरी, 1977 को संयुक्त अरब अमीरात के प्रधानमंत्री श्री शेख मकदूम एवं उनके दल के 48 साथियों ने पाकिस्तान के रास्ते जैसलमेर जिले की सीमा में प्रवेश किया। केन्द्र सरकार ने उन्हें 6 फरवरी, 1977 तक 200 पक्षियों के शिकार की अनुमति दी। यह दल 7 फरवरी, 1977 को प्याजलर के मार्ग से पाकिस्तान की सीमा में प्रवेश कर गया।

श्रीमती गांधी सत्ता में नहीं रहीं, जनता पार्टी के नेता सत्ता पर आसीन हो गये किन्तु अरबी तेल–सम्राटों के शौक में खलल नहीं पड़ा। 2 दिसम्बर, 1977 को अरब के शाह अपने 65 सदस्यों के दल के साथ जैसलमेर जिले में आये और 11 जनवरी, 1978 तक रहे। इस दल को शिकार की इजाजत नहीं दी गयी, किन्तु आधिकारिक सूत्रों का कहना है कि 40 दिन तक काफिला पड़ा रहा और एक तिलौर या गोडावण न मारा हो, यह कैसे सम्भव है? इन्हीं के साथ–साथ सीमाक्षेत्र में एक अन्य स्थान पर 9 दिसम्बर से 20 दिसम्बर 1977 तक अबुधाबी के राष्ट्राध्यक्ष पड़ाव डाले रहे। इन्हें भी शिकार की अनुमति नहीं मिली। संयुक्त अरब अमीरात के प्रधानमंत्री भी अपने 50 साथियों के साथ जैसलमेर सीमा पर 1 जनवरी से 8 जनवरी, 1978 तक डेरा डाले रहे, किन्तु सरकार ने शिकार की इजाजत नहीं दी।

तेल–सम्राटों के शिकार का शौक पूरा नहीं हुआ। केन्द्र सरकार पर इन देशों द्वारा बार–बार दबाव डाला जाता रहा। अन्ततोगत्वा सऊदी अरब के राष्ट्राध्यक्ष शेख बिन जायद 85 सदस्यों के काफिले के साथ 8 दिसम्बर, 1978 को पाकिस्तान के रास्ते जैसलमेर जिले में आये। इन्होंने 7 दिन में लगभग 75 तिलौर का शिकार किया और ये 15 दिसम्बर, 1978 को भारतीय सीमा पार कर पाकिस्तान में प्रवेश कर गये।

10 दिसम्बर 1978 को राजस्थान के सिंचाई आयुक्त श्री भीमसिंह ने प्रिंस से भेंट की और उन्हें राजस्थान के मुख्यमंत्री श्री भैरोंसिंह शेखावत का सन्देश दिया। श्री शेखावत ने केन्द्र सरकार के दबाव के बावजूद प्रिंस से शिकार न करने की अपील की। राजस्थान के गावं–गांव में शिकार का विरोध होने लगा। प्रिंस जायद 15 दिसम्बर, 1978 को लौट गया।

प्रश्न उठता है कि निर्बाध गति से अरब के शासकों की शिकार की इच्छा पूरी किये जाने से क्या भारत की सीमा सुरक्षा को खतरा नहीं? क्या इससे हमारे सामरिक महत्व के ठिकानों की जानकारी दुश्मनों को नहीं होगी?

क्या इससे भारत के सीमांत क्षेत्र के दुर्लभ पक्षी विलुप्त होने की कगार पर नहीं पहुंच गए हैं ? क्या इस प्रकार के कृत्य को राष्ट्रविरोधी कहना उचित नहीं होगा ? समय आयेगा कि इसका उत्तर कोई तो देगा...

▼ ▼ ▼

संस्मरण

'भगवान' रजनीश कुंडलिनी कैसे जगाते हैं?

विख्यात जादूगर आनंद भगवान रजनीश के आश्रम में स्वामी आनंद परमहंस बनकर करीब दो वर्षों तक रहे थे. प्रस्तुत हैं, आश्रम के बारे में उनके कुछ चौंका देने वाले संस्मरण.

मैं दो साल तक संन्यासी रहा हूं, 1969 से 1971 तक. यह उन दिनों की बात है, जब **'आध्यात्मिक बाजार'** में दो बड़े व्यापारी थे—**आचार्य रजनीश** और **सत्य साईं बाबा.** महेश योगी ने उन दिनों भारत में दिलचस्पी लेनी शुरू नहीं की थी. अध्यात्म के इन दोनों ही व्यापारियों में एक प्रकार की स्पर्धा थी. इसलिए रजनीश दूर की कौड़ी लेकर आये. उन्होंने सोचा कि यह जो चमत्कार दिखा रहा है (साईं बाबा) उससे ज्यादा अच्छा तो मेरा शिष्य (यानी मैं) दिखा सकता है. इसी ख्याल से रजनीश जी ने मुझे अपने पास रख लिया.

उन्हीं दिनों जादूगरी का सामान खरीदने और प्रभावशाली लोगों से मिलने के उद्देश्य से मैं बंबई गया था. अपने मित्र विट्ठल भाई पटेल (फिल्म गीतकार और अब मध्यप्रदेश में एक मंत्री) की बहन के यहां मैं ठहरा हुआ था. चूंकि अब तक मैं जादूगरी के कुछ करिश्मे दिखा चुका था, इसलिए थोड़ा थोड़ा नाम भी होने लगा था. रजनीश मेरे शहर जबलपुर के रहने वाले हैं. अतः मैंने मिलने के इरादे से उन्हें फोन किया. जब वे जबलपुर में थे तो मेरी कभी कभी उनसे मुलाकात हो जाया करती थी. आशंका थी कि रजनीश पता नहीं मिलेंगे या नहीं. क्योंकि उनकी प्रसिद्धि काफी बढ़ गयी थी और उनसे मिल लेना आसान नहीं था.

जब मैं उनसे मिलने **फ्लैट नं. ए-वन 'वुडलैंड्स' पेंडर रोड** गया और खबर भिजवायी तो उन्होंने मुझे फौरन बुला लिया. पूछा, 'कब आये? कहां ठहरे हो? कैसे आये?'

मैंने कहा, 'सामान वगैरह खरीदना है, इसलिए आया हूं. विट्ठल भाई की बहन के यहां ठहरा हूं.'

'क्यों? क्या यह घर नहीं है?'

उनका यह वाक्य सुनकर मैं चक्कर खा गया. मैं तो कहां यह सोच रहा था कि पता नहीं मिलेंगे भी या नहीं और कहां वह यह कह रहे हैं कि 'यहां क्यों नहीं ठहरे'.

इस समय तक मैं रजनीश के 'पाखंड संसार' को नहीं जानता था. इसलिए मैंने सोचा कितना महान व्यक्ति है यह. अपने शहर से आये व्यक्ति का कितना स्वागत कर रहा है. मैं इन्हीं विचारों में खोया हुआ था कि रजनीश बोले, 'यहीं ठहरो, कोई असुविधा नहीं होगी.'

मैंने कहा, 'मुझे कमरे में अकेले रहने की आदत है.'

रजनीश बोले, 'ठीक है, अलग कमरा दिया जायेगा.'

उन दिनों इनकी एक पी.ए. थीं, एक अमेरिकी युवती मां योगलक्ष्मी. यही रजनीश की सफेद इंपाला कार भी चलाती थीं. हाथी दांत के बने इंटरकाम से रजनीश ने योगलक्ष्मी से कहा, 'आनंद जी का सब सामान ले आओ, और इनके लिए कमरे की व्यवस्था करो.' मेरे लिए यह सब कल्पनातीत था.

जादूगर आनंद : मैं कहता आंखन देखी

रजनीश के आदेश से मां योगलक्ष्मी और मैं विट्ठल भाई की बहन के यहां पहुंचे. जब मैंने बहन को बताया कि मैं रजनीश जी के यहां जा रहा हूं तो वे बोलीं, 'तू कहां जा रहा है रे. यहीं रह. पता नहीं तेरे को फाड है बुड्ढा.'

अब मैं कैसे समझाता कि मैं क्यों जा रहा हूं. खैर, मैं 'रजनीश आश्रम' पहुंच गया.

मेरा मन शुरू में वहां कुछ ऊब गया. वहां सबकी लंबी लंबी दाढ़ी थी. सब दिन भर एक दूसरे का मुंह ताकते रहते. मुझे इन सब बातों में कोई रुचि नहीं थी. संन्यास और योग में मेरा तनिक भी विश्वास नहीं था.

एक दिन मैंने रजनीश से कहा, 'मुझे सिगरेट पीने की आदत है. मैं साधू-संन्यासी बनने नहीं आया हूं.'

रजनीश जी बोले, 'किसी ने टोका?'

'टोका तो नहीं,' मैंने कहा.

'फिर करो, जो करना हो.' रजनीश बोले.

मैं पर्याप्त रुपये लेकर गया था, किंतु मुझे एक पैसा भी खर्च नहीं करने दिया गया. जो चीज मुझे चाहिए थी, वही मिल जाती. एक दिन रजनीश जी ने हमारे लिए एक टीम बना दी. उसमें सात-आठ खूबसूरत विदेशी लड़कियां थीं. मुझ जैसे छोटे शहर से गये आदमी को इस समय इतनी सुविधा और सुख दिया जाने लगा कि मैं बावला हो गया. मुझे यूं लगता जैसे मैं 'स्वप्नलोक' में हूं.

एक दिन रजनीश बोले, 'आश्रम में रहने वाले सभी लोग एक जैसे कपड़े पहनते हैं. चाहो तो तुम भी गेरुए वस्त्र पहन लो.'

'मैं साधू बाबा वाले कपड़े नहीं पहनूंगा.'

'जिस डिजाइन का, जैसा चाहो पहन लो. बस कलर वही रहे.' रजनीश जी ने प्यार से कहा. फिर लक्ष्मी को बाजार भेजा गया और उच्च कोटि का ढेर सारा कपड़ा आ गया. एक दिन मुझे माला भी पहना दी गयी.

'यहां सब लोगों के दूसरे नाम हैं. तुम्हारा भी नामकरण कर दें?' रजनीश जी बोले. मैंने कोई आपत्ति नहीं की. उन्होंने प्रिय शिष्यों के बीच अपना शाल मुझे ओढ़ाया और इस प्रकार मेरा नामकरण हो गया—**स्वामी**

भगवान रजनीश : देह का अध्यात्म

आनंद परमहंस. मेरे वहां आश्रम में आने के बीस दिन बाद ही मुझे 'न्यू संन्यास इंटरनेशनल' का उपाध्यक्ष बना दिया गया. इसकी अध्यक्षा एक अमेरिकी महिला थीं—मां योगभक्ति.

रजनीश जी मेरे मनोविज्ञान को समझते थे इसलिए एक दिन बोले, 'आप जादूगरों की एक टीम बनाइए और विश्वयात्रा पर निकलिए. संन्यास का भी प्रचार करिए.' इसके बाद एक दिन उन्होंने बताया कि बंबई के ताजमहल होटल में एक पत्रकार सम्मेलन रखा है. वहां मुझे चमत्कार दिखाने हैं.

'ये जो साईं बाबा वगैरह हैं, उनके चमत्कारों के बारे में आप क्या सोचते हैं?'

'मामूली जादूगरी है, और क्या'. मैंने कहा.

'तो इस तरह के लोगों को चैलेंज करिए. चमत्कार दिखाइए पर किसी का नाम मत लीजिए. इसलिए कि उन लोगों पर यह सीधा

पृष्ठ : 17, दिनमान : 19–25 दिसंबर '82

30

'भगवान' रजनीश कुंडलिनी कैसे जगाते हैं?

(19–25 दिसम्बर, 1982)

विख्यात जादूगर आनन्द भगवान रजनीश के आश्रम में स्वामी आनन्द परमहंस बनकर करीब दो वर्षो तक रहे थे, प्रस्तुत है, आश्रम के बारे में उनके कुछ चौंका देने वाले संस्मरण...

मैं दो साल तक सन्यासी रहा हूँ, 1969 से 1971 तक, यह उन दिनों की बात है, जब 'आध्यात्मिक बाज़ार' में दो बड़े व्यापारी थे– आचार्य रजनीश और सत्य सांई बाबा। महेश योगी ने उन दिनों भारत में दिलचस्पी लेनी शुरू नहीं की थी। आध्यात्म के इन दोनों ही व्यापारियों में एक प्रकार की स्पर्धा थी। इसलिए रजनीश दूर की कौड़ी लेकर आए। उन्होंने सोचा कि यह जो चमत्कार दिखा रहा है (सांई बाबा) उससे अच्छा तो मेरा शिष्य (यानी मैं) दिखा सकता है। इसी ख्याल से रजनीश जी ने मुझे अपने पास रख लिया।

उन्हीं दिनों जादूगरी का सामान खरीदने और प्रभावशाली लोगों से मिलने के उद्देश्य से मैं बंबई गया था। अपने मित्र विट्ठल भाई पटेल (फिल्म गीतकार और अब मध्यप्रदेश में एक मंत्री) की बहन के यहां मैं ठहरा हुआ था। चूंकि अब तक मैं जादूगरी के

कुछ करिश्मे दिखा चुका था, इसलिए थोड़ा–थोड़ा नाम भी होने लगा था। रजनीश मेरे शहर जबलपुर के रहने वाले हैं। अतः मैंने मिलने के इरादे से उन्हें फोन किया। जब वे जबलपुर में थे तो मेरी कभी–कभी उनसे मुलाकात हो जाया करती थी। आशंका थी कि रजनीश मिलेंगे या नहीं। क्योंकि उनकी प्रसिद्धि काफी बढ़ गई थी और उनसे मिल लेना आसान नहीं था।

जब मैं उनसे मिलने मुम्बई में फ्लैट नंम्बर ए–वन 'वेडलैंड्स', पैडर रोड गया और खबर भिजवाई तो उन्होंने मुझे फौरन बुला लिया। पूछा, 'कब आये? कहां ठहरे हो? कैसे आये?' मैंने कहा, 'सामान वगैरह खरीदना है, इसलिए आया हूं। विट्ठल भाई की बहन के यहां ठहरा हूं।

'क्यों ? क्या यह घर नहीं है ?

उनका यह वाक्य सुन कर मैं चक्कर खा गया। मैं तो कहां यह सोच रहा था कि पता नहीं मिलेंगे भी या नहीं और कहां वह कह रहे हैं कि 'यहां क्यों नहीं ठहरे'।

इस समय तक मैं रजनीश के 'पाखंड संसार' को नहीं जानता था। इसलिए मैंने सोचा कितना महान व्यक्ति है यह। अपने शहर आए व्यक्ति का कितना स्वागत कर रहा है। मैं इन्हीं विचारों में खोया हुआ था कि रजनीश बोले, 'यहीं ठहरो, कोई असुविधा नहीं होगी।'

मैंने कहा, 'मुझे कमरे में अकेले रहने की आदत है।'

रजनीश बोले, 'ठीक है, अलग कमरा दिया जायेगा।'

उन दिनों इनकी एक पी.ए. थीं, एक अमेरिकी युवती मां योगलक्ष्मी। यही रजनीश की सफेद इंपाला कार भी चलाती थीं। हाथी दांत के बने इंटरकाम से रजनीश ने योगलक्ष्मी से कहा, 'आनंद जी का सब सामान ले आओ, और इनके लिए कमरे की व्यवस्था करो।' मेरे लिए यह सब कल्पनातीत था।

रजनीश के आदेश से मां योगलक्ष्मी और मैं विट्ठल भाई की बहन के यहां पहुंचे। जब मैंने बहन को बताया कि मैं रजनीश जी के यहां जा रहा हूं तो वे बोलीं, 'तू कहां जा रहा है रे। यहीं रह। पता नहीं तेरे को, फ्राड है बुड्ढा।'

अब मैं कैसे समझाता कि मैं क्यों जा रहा हूं। खैर, मैं 'रजनीश आश्रम' पहुंच गया।

मेरा मन शुरू में वहां कुछ ऊब गया। वहां सबकी लंबी–लंबी दाढ़ी थी। सब दिन भर एक दूसरे का मुंह ताकते रहते थे। मुझे इन सब बातों में कोई रुचि नहीं थी। सन्यास और योग में मेरा तनिक भी विश्वास नहीं था।

जादूगर आनंद : मैं कहता आंखन देखी

भगवान रजनीश : देह का अध्यात्म

एक दिन मैंने रजनीश से कहा, 'मुझे सिगरेट पीने की आदत है। मैं साधू–सन्यासी बनने नहीं आया हूँ।'

रजनीश जी बोले, 'किसी ने टोका ?'

'टोका तो नहीं,' मैंने कहा।

'फिर करो, जो करना हो।' रजनीश बोले।

मैं पर्याप्त रुपये लेकर गया था, किंतु मुझे एक पैसा भी खर्च नहीं करने दिया गया। जो चीज़ मुझे चाहिए थी, वहीं मिल जाती। एक दिन रजनीश जी ने हमारे लिए एक टीम बना दी। उसमें सात–आठ खूबसूरत विदेशी लड़कियां थीं। मुझ जैसे छोटे शहर से गये आदमी को इस समय इतनी सुविधा और सुख दिया जाने लगा कि मैं बावला हो गया। मुझे यूं लगता जैसे मैं 'स्वप्नलोक' में आ गया हूं।

एक दिन रजनीश बोले, 'आश्रम में रहने वाले सभी लोग एक जैसे कपड़े पहनते हैं। चाहो तो तुम भी गेरुए वस्त्र पहन लो।'

'मैं साधू बाबा वाले कपड़े नहीं पहनूंगा।'

'जिस डिजाइन का, जैसा चाहो पहन लो। बस कलर वही रहे।' रजनीश जी ने प्यार से कहा। फिर लक्ष्मी को बाजार भेजा गया और उच्च कोटि का ढेर सारा कपड़ा आ गया। एक दिन मुझे माला भी पहना दी गयी।

'यहां सब लोगों के दूसरे नाम हैं। तुम्हारा भी नामकरण कर दें ?' रजनीश जी बोले। मैंने कोई आपत्ति नहीं की। उन्होंने प्रिय शिष्यों के बीच अपना शाल मुझे ओढ़ाया और

इस प्रकार मेरा नामकरण हो गया– **स्वामी आनंद परमहंस।** मेरे वहां आश्रम में आने के बीस दिन बाद ही मुझे 'न्यू संन्यास इंटरनेशनल' का उपाध्यक्ष बना दिया गया। इसकी अध्यक्षा एक अमेरिकी महिला थी– मां योगभक्ति।

रजनीश जी मेरे मनोविज्ञान को समझते थे इसलिए एक दिन बोले, 'आप जादूगरों की एक टीम बनाइए और विश्वयात्रा पर निकलिए। सन्यास का भी प्रचार करिए।' इसके बाद एक दिन उन्होंने बताया कि बंबई के ताजमहल होटल में एक पत्रकार सम्मेलन रखा है। वहां मुझे चमत्कार दिखाने हैं।

'ये जो साईं बाबा वगैरह हैं, उनके चमत्कारों के बारे में आप क्या सोचते हैं?'

'मामूली जादूगरी है, और क्या', मैंने कहा।

'तो इस तरह के लोगों को चैलेंज करिए, चमत्कार दिखाइए पर किसी का नाम मत लीजिए, इसलिए कि उन लोगों पर यह सीधा हमला माना जायेगा।' रजनीश ने कहा।

यह बात है मई 1971 के अंतिम सप्ताह की। इसके बाद प्रेस के बीच मैंने कई चमत्कार दिखाये। हवा में से घड़ियां, भभूत, मूर्तियां पैदा कीं। यानी जितने करतब मैं सन्यासी की पोशाक में दिखा सकता था, दिखाये। इस प्रकार मैं एक महत्वपूर्ण सन्यासी बना दिया गया। मेरी हालत यह थी कि मैं जिन लोगों से मिलने बंबई गया था, वे अब मेरे प्रति श्रद्धा समर्पित थे – यानी **मनोज कुमार, आई.एस. जौहर, विजय आनंद**। इनमें एक भूतपूर्व मंत्री परमानन्द पटेल भी थे। मैं यह सब देख–सोच कर हतप्रभ था। यहां तक कि जो पत्रकार मुझसे मिलना चाहे, उसे भी मुश्किल से वक्त दिया जाता था। इस प्रकार रजनीश ने 25–30 सभाओं में मुझे चमत्कार दिखाने का अवसर दिया।

तीन माह बाद मैंने चुनौती वाली बात उन्हें याद दिलायी तो रजनीश जी बोले, ''चुप हो जाओ, दक्षिण की तरफ पैर करके कभी मत सोना।'' मैं खामोश हो गया। इसलिए कि जब इनकी ही रुचि नहीं तो मेरी ही साईं बाबा से कौन सी दुश्मनी है। फिर उन्होंने प्रयत्न किया कि मैं एक ऐसी करोड़पति लड़की से शादी कर लूं जो उनके प्रति समर्पित हो। कुल मिलाकर मुझे यह अहसास होने लगा कि रजनीश मुझे अपनी व्यक्तिगत सम्पत्ति बनाना चाहते हैं।

मैं अपने उद्देश्य की प्राप्ति के लिए मन ही मन छटपटाने लगा। इस मनःस्थिति में मैंने जब आश्रम की गतिविधियों को नज़दीक से देखना शुरू किया तो पाया कि यहां पाखण्ड का जाल बिछा हुआ है। एक तो रजनीश ने यहां सेक्स की खुली छूट दे रखी थी।

मुझे यह छूट कुछ ज़्यादा ही थी किन्तु मैं वहां के 'मैकेनिकल प्रोसेस' में इसका लाभ उठा नहीं पाया।

एक बार हम लोग अपने कमरे में बैठे बातें कर रहे थे। इस बीच रजनीश जी के कमरे से तड़ाक जैसे भरपूर थप्पड़ लगने की आवाज़ आई। हम सब चौंक गये, क्योंकि भगवान जैसा व्यक्ति किसी को थप्पड़ मारे, यह हो नहीं सकता था और भगवान को कोई मारे, इसकी भी कल्पना नहीं की जा सकती थी।

उस थप्पड़ की आवाज़ सुनकर सभी लोग दौड़ पड़े। देखा तो एक बहुत ही सुन्दर स्त्री रजनीश जी के कमरे में तमतमायी हुई खड़ी थी। वह दनादन गालियां दिये जा रही थी, शायद उसी ने यह थप्पड़ मारा था।

उससे पूछा तो वह बोली, "यह बदमाश है, फ्रॉड है, यह कपड़े उतारने को बोल रहा था। इसने पहले भी यह कोशिश की थी। यह कोई सन्यासी नहीं है।" खैर उस औरत को समझा–बुझा कर वहां से बाहर कर दिया गया।

इस तरह के कई उदाहरण हैं। जैसे फिनलैण्ड के दम्पत्ति आये थे। पति के दाढ़ी थी, इसलिए हम उसे मुल्ला के नाम से पुकारते थे, उसकी बीवी बहुत सुन्दर थी। मुल्ला और उसकी बीवी से मेरी मित्रता हो गयी। एक दिन मैंने मुल्ला को चिंतित मुद्रा में बैठे देखा। उससे पूछा तो पता चला कि उसकी बीवी तो मां बनने वाली है। मैंने उससे कहा कि "इसमें चिंता की क्या बात है ?" मुल्ला ने बताया कि "वह बहुत दिनों का हिसाब रखता है। विदेश यात्रा के दौरान सावधानी के साधन भी इस्तेमाल करता है।"

जब मैंने उसकी पत्नी से पूछा तो वह बोली, "यह प्रभु का आशीर्वाद है।"

वस्तुतः रजनीश यह मानते हैं कि सब के शरीर में असीमित संभावनाएं हैं। उसके अलग–अलग केंन्द्र हैं। यह केन्द्र अचेतन मन–फलक पर रहते हैं। उसको चेतन करने की विधियां हैं। यदि वे चेतन हो जाती हैं तो संभावनाएं विस्तार पाती हैं। व्यक्तित्व मुखरित होता है। इन सबका मूल केन्द्र है 'कुंडलिनी'। उस कुंडलिनी को जगाने के लिए हर व्यक्ति व्याकुल रहता है। यह कुंडलिनी नाभि के नीचे होती है।

इसलिए हर आगन्तुक रजनीश के समक्ष पूर्ण समर्पण को व्याकुल रहता है कि कब उस पर कृपा हो। कब उसकी कुंडलिनी का जागरण हो। फिर वे उस नारी को बुलाते। सेक्स वगैरह की बातें करते। मनोवैज्ञानिक ढंग से उसे प्रभावित करते। फिर जब वह उनसे सम्मोहित हो जाती तो 'कुंडलिनी जागरण' का दिन तय कर देते। भक्त के मानस पर इस

प्रभाव का असर होता कि यदि उसे आत्म हत्या करने के लिए भी कहा जाए तो वह कर ले।

फिर जब मुल्ला की बीवी इनके पास गयी तो उसको समझाया कि कुंडलिनी नाभि के नीचे होती है। उसे जागृत करना होगा, "द्वार नॉक करना होगा। उसे कोई आपत्ति नहीं हुई। रजनीश जी ने यह भी कहा कि तुम्हारे लिए मैं कितना बड़ा त्याग कर रहा हूँ। उस विदेशी महिला ने आगे बताया कि किस प्रकार रजनीश जी ने उसे निर्वस्त्र होने के लिए कहा और किस प्रकार भगवान भी निर्वस्त्र हुए।

इस प्रकार कई बार वह स्त्री 'कुंडलिनी जागरण' के लिए भगवान के पास गई। इस घटना से आश्रम में हड़कम्प मच गया। फिर मुल्ला ने मुझे गुस्सा दिखाते हुए कहा, "यहां जितने हैं, सब पाखण्डी हैं। मैं सत्य की खोज में भारत आया था, पर यहां मुझे हर तरफ तबाही ही तबाही देखने को मिली।"

इन घटनाओं ने मुझे बुरी तरह झकझोर दिया और मैं वहां से बाहर खिसक आया। सच बात यह है कि रजनीश प्रतिभाशाली आदमियों को इस्तेमाल करते हैं। जैसे अब विनोद खन्ना को ही लीजिए। वह मेरा दोस्त है। उसे स्वामी विनोद भारती बनाकर अमेरिका ले गये, यह कहकर कि हालीवुड का स्टार बनायेंगे। पर क्या हो रहा है उसका? एक प्रतिभा सम्पन्न कलाकार की हत्या ही कर दी।

भगवान का फैलता हुआ साम्राज्य

1 जून 1981 को स्वास्थ्य संबंधी कारणों से अमेरिका चले जाने के बाद आचार्य रजनीश को लेकर भारतीय प्रेस में तरह–तरह की बातें होने लगीं। मगर पिछले दिनों रजनीश की राजनैतिक हिस्सेदारी और नये कार्यक्रमों की घोषणा ने उनसे सम्बन्धित संदेह को दूर कर दिया। अमेरिका के ऑरेगन में रजनीशपुरम का निर्माण हो चुका है। 100 वर्ग मील में फैले रजनीश के इस शहर में प्रशासन भी उन्हीं का चलता है। बाकी सारी सुविधाएं रेस्त्रां से लेकर यात्रा एजेंसी आदि तो हैं ही। इसके अलावा स्वीडन, जर्मनी, हालैण्ड, इटली, फ्रांस, जापान, आस्ट्रेलिया, न्यूजीलैण्ड तथा केन्या आदि देशों में रजनीश के लगभग 250 केन्द्र अस्तित्व में आ चुके हैं। भारत में पुणे का रजनीश आश्रम अपनी तरह का अकेला आश्रम माना जाता रहा है।

रजनीश के बारे में कुछ वर्ष पूर्व एक भक्त ने कहा था, "भगवान अपनी जिन्दगी में केवल एक ही बात चाहते हैं कि दुनिया के हर हिस्से का आदमी उन्हें जान जाए।" इस खबर के साथ कि "साम्यवादी रूस में रजनीश के "अंडरग्राउंड सन्यासी" मौजूद हैं। भगवान की यह इच्छा भी पूरी होती दिख रही है।

सन् 1975 से 1980 के बीच रजनीश की 220 पुस्तकें छपीं। एक ही वर्ष (1980) में केवल प्रकाशनों द्वारा उन्हें 1 करोड़ पन्द्रह लाख रुपये की आमदनी हुई और 4 करोड़ 74 लाख 7 हजार रुपये दान के रूप में मिले। इन आंकड़ों से भगवान का ''भारी मतलब'' सामने आ जाता है।

यह है कहानी भगवान रजनीश के चमत्कारों की जिसमें भोग तो है किन्तु योग नहीं है।

राजनीति

31

महाराणा और पदयात्रा की राजनीति

(अक्टूबर, 1971)

मेवाड़ के महाराणा श्री भगवतसिंह की उदयपुर से चित्तौड़ तक की गई 80 मील लम्बी पदयात्रा को राजस्थान के राजनीतिक क्षेत्रों में काफी महत्व दिया गया है। महाराणा और उनके समर्थकों ने इसे विशुद्ध रूप से धार्मिक घोषित किया है तथापि घोषणाएं निस्संदेह झूठी और भुलावे में डालने वाली हैं। यात्रा समाप्ति के पश्चात् चित्तौड़गढ़ में आयोजित आमसभा में इस बात के पुष्ट प्रमाण मौजूद थे कि यह यात्रा राजनीतिक उद्देश्यों की पूर्ति के लिए ही की गई है क्योंकि सभा मंच पर जनसंघ और स्वतंत्र पार्टी के संसद सदस्य, प्रांतीय नेता और विधायक मौजूद थे। मंच से जनसंघ के विधानसभा दल के नेता श्री भैरोंसिह शेखावत और स्वतंत्र पार्टी के प्रदेश महामंत्री श्री कल्याण सिंह कालवी ने जो भाषण दिए वह विरोधी दलों की व्यूह–रचना ही कही जा सकती है, किसी भक्त द्वारा किया गया कीर्तन नहीं।

राजनीति के पंडितों का ऐसा मानना है कि महाराणा ने पदयात्रा के माध्यम से अपने उस प्रभाव का पुनर्मूल्यांकन किया है जो कि उन्हें विरासत में मिला और जिसका उपयोग उन्होंने गत मध्यावधि चुनावों में किया। देश की राजनीति में छलावे के आधार पर

महाराणा और पदयात्रा की राजनीति

ब्रजेन्द्र रेही

मेवाड़ के महाराणा श्री भगवतसिंह की उदयपुर से चित्तौड़ तक की की गई ८० मील लम्बी पदयात्रा को राजस्थान के राजनीतिक क्षेत्रों में काफी महत्व दिया गया है। महाराणा और उनके समर्थकों ने इसे विशुद्ध रूप से धार्मिक घोषित किया है, तथापि घोषणाएं निस्संदेह झूठी और भुलावे में डालने वाली हैं। यात्रा समाप्ति के पश्चात् चित्तौड़गढ़ में आयोजित आमसभा में इस बात के पुष्ट प्रमाण मौजूद थे कि यह यात्रा राजनीतिक उद्देश्यों की पूर्ति के लिए ही की गई है क्योंकि सभा मंच पर जनसंघ और स्वतंत्र पार्टी के संसद सदस्य, प्रांतीय नेता और विधायक मौजूद थे। मंच से जनसंघ के विधानसभा दल के नेता श्री भैरोंसिंह शेखावत और स्वतंत्र पार्टी के प्रदेश महामंत्री श्री कल्याणसिंह कालवी ने जो भाषण दिए वह विरोधी दलों की व्यूह-रचना ही कही जा सकती है, किसी भक्त द्वारा किया गया कीर्तन नहीं।

राजनीति के पंडितों का ऐसा मानना है कि महाराणा ने पदयात्रा के माध्यम से अपने उस प्रभाव का पुनर्मूल्यांकन किया है जो कि उन्हें विरासत में मिला और जिसका उपयोग उन्होंने गत मध्यावधि चुनावों में किया। देश की राजनीति में छलावे के आधार पर भोली जनता का लाभ उठाने वाले राजनीतिज्ञों की कोई कमी नहीं है। इसका प्रमाण एक दो को छोड़कर सभी दलों में देखा जा सकता है, चाहे वह नई कांग्रेस को या पुरानी, स्वतंत्र हो या जनसंघ। महाराणा ने भी परिस्थितियों का लाभ लेने में अपने को पीछे नहीं रखा और चित्तौड़गढ़ की आमसभा में जब उन्होंने यह कहा कि "अभी एक दो दिन पहले ही मैंने कालिका माता से प्रार्थना की थी और आज संपूर्ण मेवाड़ क्षेत्र में वर्षा हो गई"—यह इस बात को सिद्ध करता है कि इच्छाएं किस धरातल से जुड़ी हुई है।

महाराणा के इस कथन को ग्रामीण जनता ने कहां तक गले उतारा यह तो नहीं कहा जा सकता, किन्तु बुद्धिजीवी वर्ग के लोगों ने महाराणा के इस कथन को आत्म प्रवचना का प्रतीक अवश्य बताया।

उदयपुर और चित्तौड़ क्षेत्र में पद यात्रा का आगामी विधान सभा के चुनावों की दृष्टि से ग्रामीण क्षेत्रों में प्रभाव को अस्वीकार नहीं किया जा सकता; लेकिन एक राजपूत नेता का यह कथन निस्संदेह वजनदार है कि जैसा वातावरण बना है यदि वह इसी प्रकार बनाए रखा जा सका तो विधानसभा के चुनावों में लाभ लिया जा सकता है, लेकिन यह स्वतंत्र पार्टी और जनसंघ के रुख पर भी निर्भर करता है। वस्तुत: राणाजी के पास ये दो एजेंसियां ही है जो इनकी आवाज को जनमानस तक पहुंचाती है लेकिन ये दोनों ही दल एक दूसरे के वर्चस्व को चुनौती दिए बैठे हैं। इस बात से कोई इन्कार नहीं कर सकता कि ग्रामीण क्षेत्रों में कांग्रेस द्वारा किए गए विकास कार्य और महाराणा द्वारा निरंतर किये जाने वाला संपर्क अभियान (यदि हो) का समीकरण बराबर ही बैठता है।

इन सारे संदर्भों में सबसे ज्यादा महत्वपूर्ण तथ्य यह है कि महाराणा किस राजनीतिक दल की सदस्यता ग्रहण करते हैं या किसी एक दल को अपने संपूर्ण विश्वास समर्पित करते हैं। यही स्थिति महाराणा के राजनीतिक जीवन और वर्चस्व के लिए भी महत्वपूर्ण साबित होगी कि वे जनता में टिकते या डिगते है। हालांकि महाराणा का यह प्रयत्न बराबर जारी है कि स्वतंत्र पार्टी और जनसंघ की आपसी खीचातानी समाप्त हो; लेकिन दो घोड़ों की सवारी की यह चाल अब शायद ही सफल हो पाए।

सत्ता परिवर्तन की शतरंज के खिलाड़ी : डूंगरपुर के महारावल लक्ष्मणसिंह, उदयपुर महाराणा भगवत सिंह तथा ग्वालियर की राजमाता श्रीमती विजया राजे सिंधिया

भोली जनता का लाभ उठाने वाले राजनीतिज्ञों की कोई कमी नहीं है। इसका प्रमाण एक दो को छोड़कर सभी दलों में देखा जा सकता है, चाहे वह नई कांग्रेस हो या पुरानी, स्वतंत्र हो या जनसंघ। महाराणा ने भी परिस्थितियों का लाभ लेने में अपने को पीछे नहीं रखा। चित्तौड़गढ़ की आमसभा में जब उन्होंने यह कहा ''अभी एक दो दिन पहले ही मैंने कालिका माता से प्रार्थना की थी और आज संपूर्ण मेवाड़ क्षेत्र में वर्षा हो गई''—यह इस बात को सिद्ध करता है कि इच्छाएं किस धरातल से जुड़ी हुई हैं।

महाराणा के इस कथन को ग्रामीण जनता ने कहां तक गले उतारा यह तो नहीं कहा जा सकता, किन्तु बुद्धिजीवी वर्ग के लोगों ने महाराणा के इस कथन को आत्म प्रवंचन का प्रतीक अवश्य बताया।

उदयपुर और चित्तौड़ क्षेत्र में पद यात्रा का आगामी विधान सभा के चुनावों की दृष्टि से ग्रामीण क्षेत्रों में प्रभाव को अस्वीकार नहीं किया जा सकता, लेकिन एक राजपूत नेता का यह कथन निस्संदेह वजनदार है कि जैसा वातावरण बना है यदि वह इसी प्रकार बनाए रखा जा सका तो विधानसभा के चुनावों का लाभ लिया जा सकता है, लेकिन यह स्वतंत्र पार्टी और जनसंघ के रुख पर भी निर्भर करता है। वस्तुतः राणाजी के पास ये दो एजेंसियां ही हैं जो इनकी आवाज को जनमानस तक पहुंचाती हैं लेकिन ये दोनों ही दल एक दूसरे के वर्चस्व को चुनौती देते रहते हैं। इस बात से कोई इंकार नहीं कर सकता कि ग्रामीण क्षेत्रों में कांग्रेस द्वारा किए गए विकास कार्य और महाराणा द्वारा निरंतर किए जाने वाला संपर्क अभियान (यदि हो) का समीकरण लगभग बराबर ही बैठता है।

मेवाड़ के महाराणा श्री भगवतसिंह पदयात्रा के दौरान जनसभा को संबोधित करते हुए

इन सारे संदर्भों में सबसे ज्यादा महत्वपूर्ण तथ्य यह है कि महाराणा किस राजनीतिक दल की सदस्यता ग्रहण करते हैं या किसी एक दल को अपना संपूर्ण विश्वास समर्पित करते हैं। यही स्थिति महाराणा के राजनीतिक जीवन और वर्चस्व के लिए भी महत्वपूर्ण साबित होगी कि वे जनता में टिकते या डिगते हैं। हालांकि महाराणा का यह प्रयत्न बराबर जारी है कि स्वतंत्र पार्टी और जनसंघ की आपसी खींचातानी समाप्त हो, लेकिन दो घोड़ों की सवारी की यह चाल अब शायद ही सफल हो पाए।

32

नेता पहले ही तय हो गया था?

(जुलाई, 1980)

राजस्थान में विधानसभा चुनाव के बाद कांग्रेस (इ) विधायक दल का नेता कौन होगा, इसका फैसला विधानसभा चुनावों से पहले ही कर लिया गया था।

मई के पहले सप्ताह में जब श्रीमती गांधी ने राज्यों के चुनावों के संबंध में कुछ निर्णय लेकर वरिष्ठ नेताओं के साथ विचार–विमर्श किया, तभी यह संकेत दे दिया था कि राजस्थान में कोई हरिजन युवक ही विधायक दल का नेता होगा। फिर 10 मई के आसपास संजय गांधी ने जगन्नाथ पहाड़िया को बुलाकर राजस्थान की जिम्मेदारी सौंप दी। हालांकि प्रधानमंत्री श्रीमती गांधी का राजस्थान कांग्रेस (इ) के अध्यक्ष वयोवृद्ध नेता रामकिशोर व्यास के प्रति सम्मानजनक रुख है, किन्तु वह सत्ता हस्तांतरण की प्रक्रिया के दौर में युवकों की

चुनाव से पहले ही चुनाव : जगन्नाथ पहाड़िया को मुख्यमंत्री पद की शपथ दिलाते हुए राज्यपाल

राजस्थान

नेता पहले ही तय हो गया था?

चुनाव से पहले ही चुनाव : जगन्नाथ पहाड़िया को मुख्यमंत्री पद की शपथ दिलाते हुए राज्यपाल

राजस्थान में विधानसभा चुनाव के बाद कांग्रेस (इ) विधायक दल का नेता कौन होगा, इसका फैसला विधानसभा चुनावों से पहले ही कर लिया गया था।

मई के पहले सप्ताह में जब श्रीमती इन्दिरा गांधी ने राज्यों के चुनावों के संबंध में कुछ निर्णय लेकर वरिष्ठ नेताओं के साथ विचार-विमर्श किया, तभी यह संकेत दे दिया था कि राजस्थान में कोई हरिजन युवक ही विधायक दल का नेता होगा। फिर १० मई के आसपास संजय गांधी ने जगन्नाथ पहाड़िया को बुलाकर राजस्थान की जिम्मेदारी सौंप दी। हालांकि प्रधानमंत्री श्रीमती गांधी का राजस्थान कांग्रेस (इ) के अध्यक्ष वयोवृद्ध नेता रामकिशोर व्यास के प्रति सम्मानजनक रुख है, किन्तु वह सत्ता हस्तांतरण की प्रक्रिया के दौर में युवकों की उपेक्षा कैसे कर सकती थीं। विधानसभा चुनावों के दौरान इस बात पर मुहर भी लग गयी। श्रीमती गांधी अपने चुनाव दौरे में जहां-जहां भी गयीं श्री पहाड़िया को साथ ले गयीं तथा चुनाव सभाओं की समाप्ति के बाद उम्मीदवारों के नामों की सूची उन्हीं से पढ़वातीं।

फिर मई के तीसरे तथा चौथे सप्ताह में राज्य के कांग्रेस 'इ' उम्मीदवारों को चुनाव के लिए भी रुपया श्री पहाड़िया के द्वारा बंटवाया गया। यह अलग बात है कि श्री पहाड़िया ने रुपया बांटने का खंडन कर दिया, लेकिन जयपुर के राजभवन में उम्मीदवारों को पहली किस्त में १० हजार रुपये तथा दूसरी बार १५ हजार रुपये दिये जाने की बात छिपी नहीं है।

श्री पहाड़िया के इस प्रकार सक्रिय होने से श्री व्यास को गहरा धक्का लगा। श्री व्यास के निकटवर्ती सूत्र ने रुपया बांटने की बात राज्य के एक प्रमुख दैनिक पत्र के संवाददाता को बता दी और यह प्रचारित करा दिया कि ४० लाख रुपये बांटे गये हैं।

श्री पहाड़िया के सूत्रों ने इस बात का पता लगा लिया और उन्होंने दिल्ली को यह जानकारी दे दी। विवश होकर श्री व्यास को भी रुपया बांटने के समाचार का खंडन करना पड़ा।

चुनावों के परिणाम आते ही पुराने कांग्रेसी नेताओं, जिनमें ब्रजसुन्दर शर्मा तथा चन्दनमल बैद का नाम लिया जाता है, श्री व्यास के साथ दिल्ली गये। ये लोग यह शिकायत करने गये कि श्री व्यास को पहाड़ियाजी ने रुपया बांट कर हरवा दिया। इससे ये नेता केन्द्रीय हाई कमान के सामने अपनी 'छवि' को और धूमिल बना गये।

भूतपूर्व मुख्यमंत्री तथा सांसद मोहनलाल सुखाड़िया भी दिल्ली में सक्रिय रहे, किन्तु वह पहाड़िया-विरोधी लॉबी नहीं बना सके। जाट नेता परसराम मदेरणा ने भरसक कोशिश की कि पहाड़िया मुख्यमंत्री नहीं बनें किन्तु उनके भी हाथ कुछ नहीं आया। श्री पहाड़िया सारे माहौल को जानने के बाद भी श्री सुखाड़िया से संपर्क में रहे। उन्होंने जयपुर में मौन साधकर निर्लिप्त बैठे भू० पू० मुख्यमंत्री हरिदेव जोशी को फोन कर बुलवाया। प्रधानमंत्री श्रीमती इन्दिरा गांधी ने ५ जून को दिल्ली में कार्यकर्त्ताओं को तथा ४ जून को बहुत बड़े नेताओं को स्पष्ट बता दिया कि श्री पहाड़िया ही नेता होंगे। फिर कौन बोलने वाला था? . . . और श्री पहाड़िया ५ जून को दिल्ली में राजस्थान कांग्रेस 'इ' विधायक दल के नेता चुन लिये गये। ●

- ब्रजेन्द्र रेही

८६

उपेक्षा कैसे कर सकती थीं। विधानसभा चुनावों के दौरान इस बात पर मुहर भी लग गयी। श्रीमती गांधी अपने चुनाव दौरे में जहां–जहां भी गयीं पहाड़िया को साथ ले गयीं तथा चुनाव सभाओं की समाप्ति के बाद उम्मीदवारों के नामों की सूची उन्हीं से पढ़वातीं।

संजय गांधी ने जगन्नाथ पहाड़िया को राजस्थान की जिम्मेदारी सौंपी

फिर मई के तीसरे तथा चौथे सप्ताह में राज्य के कांग्रेस 'इ' उम्मीदवारों को चुनाव के लिए भी रुपया पहाड़िया के द्वारा बंटवाया गया। यह अलग बात है कि पहाड़िया ने रुपया बांटने का खंडन कर दिया, लेकिन जयपुर के राजभवन में उम्मीदवारों को पहली किस्त में 10 हजार रुपये तथा दूसरी बार 15 हजार रुपये दिये जाने की बात छिपी नहीं है।

पहाड़िया के इस प्रकार सक्रिय होने से श्री व्यास को गहरा धक्का लगा। श्री व्यास के निकटवर्ती सूत्र ने रुपया बांटने की बात राज्य के एक प्रमुख दैनिक पत्र के संवाददाता को बता दी और यह प्रचारित करा दिया कि 40 लाख रुपये बांटे गए हैं।

पहाड़िया के सूत्रों ने इस बात का पता लगा लिया और उन्होंने दिल्ली को यह जानकारी दे दी। विवश होकर श्री व्यास को भी रुपया बांटने के समाचार का खंडन करना पड़ा।

चुनावों के परिणाम आते ही पुराने कांग्रेसी नेताओं, जिनमें ब्रजसुन्दर शर्मा तथा चन्दनमल वैद का नाम लिया जाता है, व्यास के साथ दिल्ली गये। ये लोग यह शिकायत करने गये कि व्यास को पहाड़ियाजी ने रुपया बांट कर हरवा दिया। इससे ये नेता केन्द्रीय हाईकमान के सामने अपनी 'छवि' को और धूमिल बना गए।

भूतपूर्व मुख्यमंत्री तथा सांसद मोहनलाल सुखाड़िया भी दिल्ली में सक्रिय रहे, किन्तु वह पहाड़िया विरोधी लॉबी नहीं बना सके। जाट नेता परसराम मदेरणा ने भरसक कोशिश की कि पहाड़िया मुख्यमंत्री नहीं बनें किन्तु उनके भी हाथ कुछ नहीं आया।

पहाड़िया सारे माहौल को जानने के बाद भी सुखाड़िया से संपर्क में रहे। उन्होंने जयपुर में मौन साधकर निर्लिप्त बैठे भू.पू. मुख्यमंत्री हरिदेव जोशी को फोन कर बुलवाया। प्रधानमंत्री इन्दिरा गांधी ने 5 जून को दिल्ली में कार्यकर्त्ताओं को तथा 4 जून को बड़े नेताओं को स्पष्ट बता दिया कि पहाड़िया ही राजस्थान में विधायक दल के नेता होंगे। फिर कौन बोलने वाला था?..... और पहाड़िया 5 जून को दिल्ली में राजस्थान कांग्रेस 'इ' विधायक दल के नेता चुन लिये गए।

▼ ▼ ▼

33

जगन्नाथ पहाड़िया कितने दिन?

(अगस्त, 1980)

संजय गांधी की मृत्यु के साथ ही यह बात एक सुलगते हुए प्रश्न की तरह से उभर रही है कि श्री जगन्नाथ पहाड़िया अब कितने दिन मुख्यमंत्री–पद पर बने रह सकेंगे?

विधानसभा चुनावों से पूर्व टिकट वितरण से लेकर मंत्रिमंडल के गठन तक श्री पहाड़िया ने लीक से हटकर संजय गांधी के पृष्ठ–बल के कारण कांग्रेस के पुराने तथा वजनदार नेताओं की भरपूर उपेक्षा की। मंत्रिमंडल के गठन के साथ ही श्री पहाड़िया के विरुद्ध कांग्रेस खेमे में एक सशक्त लॉबी की तैयारी शुरू हो गई थी और संजय की मृत्यु ने इस काम को और अधिक ताकत दे दी है।

प्रदेश कांग्रेस (इ) के अध्यक्ष श्री रामकिशोर व्यास भी उन लोगों में हैं, जो श्री पहाड़िया को मुख्यमंत्री पद के लिए उपयुक्त नहीं मानते हैं। इसीलिए जयपुर ग्रामीण निर्वाचन क्षेत्र से पराजित हो जाने के बाद श्री व्यास के समर्थकों ने अनेक आरोप प्रचारित किए। इनमें एक प्रमुख आरोप यह भी था कि श्री पहाड़िया ने अपने स्वजातीय 'खटीकों' को श्री व्यास के पक्ष में वोट देने से रोका।

राजस्थान

जगन्नाथ पहाड़िया कितने दिन ?

संजय गांधी की मृत्यु के साथ ही यह बात एक सुलगते हुए प्रश्न की तरह से उभर रही है कि श्री जगन्नाथ पहाड़िया अब कितने दिन मुख्यमंत्री-पद पर बने रह सकेंगे ?

विधानसभा चुनावों से पूर्व टिकट वितरण से लेकर मंत्रिमंडल के गठन तक श्री पहाड़िया ने लीक से हटकर संजय गांधी के पृष्ठ-बल के कारण कांग्रेस के पुराने तथा वजनदार नेताओं की भरपूर उपेक्षा की। मंत्रिमंडल के गठन के साथ ही श्री पहाड़िया के विरुद्ध कांग्रेस खेमे में एक सशक्त लाबी की तैयारी शुरू हो गई थी और संजय की मृत्यु ने इस काम को और अधिक ताकत दे दी है।

प्रदेश कांग्रेस (इ) के अध्यक्ष श्री रामकिशोर व्यास भी उन लोगों में हैं, जो श्री पहाड़िया को मुख्यमंत्री-पद के लिए उपयुक्त व्यक्ति नहीं मानते हैं। इसीलिए जयपुर ग्रामीण निर्वाचन क्षेत्र से पराजित हो जाने के बाद श्री व्यास के समर्थकों ने अनेक आरोप प्रचारित किये। इनमें एक प्रमुख आरोप यह भी था कि श्री पहाड़िया ने अपने स्वजातीय 'खटिकों' को श्री व्यास के पक्ष में वोट देने से रोका।

बहरहाल जो भी हो, संजय की

फूल कांटे न बन जाएं : मुख्यमंत्री जगन्नाथ पहाड़िया

मंत्रिमंडल का विस्तार क्यों नहीं ?: मुख्यमंत्री अपने मंत्रिमण्डलीय सहयोगियों के साथ।

मौत ने राजनीतिक समीकरणों को बिल्कुल ही बदल दिया है। श्री रामकिशोर व्यास १४-१५ जून को दिल्ली जाकर प्रधानमंत्री श्रीमती इन्दिरा गांधी से मिले और पहाड़िया की शिकायत करते हुए अध्यक्ष पद से त्यागपत्र दे दिया। श्रीमती गांधी, जो श्री व्यास को बुजुर्ग-नेता मानती हैं तथा इज्जत की नजर से देखती हैं, कहा—"अभी आप काम करिए।" श्री व्यास जयपुर लौट आए, किन्तु स्थितियां अब बिल्कुल ही बदल गई हैं।

मंत्रिमंडल में शामिल नहीं किए जाने के कारण परसराम मदेरणा, जनार्दन सिंह गहलोत, हीरालाल देवपुरा, रामदेव सिंह, शिवचरण माथुर जैसे नेता भीतर ही भीतर तथा कुछ बाहर भी अपनी नाराजगी जाहिर कर चुके हैं। श्री हरिदेव जोशी हालांकि चर्चा में नहीं आये किन्तु, मुख्यमंत्री-पद की पुनः प्राप्ति के लिए प्रयत्नशील जरूर हुए।

भूतपूर्व मुख्यमंत्री मोहनलाल सुखाड़िया और हरिदेव जोशी भी अब प्रदेश की राजनीति में प्रभावी भूमिका निभाने के लिए सक्रिय हो गए हैं। वे अपने समर्थकों से गुफ्तगू कर रहे हैं तथा पहाड़िया के प्रति विधायकों में व्याप्त असंतोष से लाभ उठाने की रणनीति तैयार कर रहे हैं।

इन सारी परिस्थितियों में अब वे-सब नेता जो श्री पहाड़िया से कटे हुए हैं, उन्हें हटाने के लिए एकजुट हो जाएंगे। इस काम में परसराम मदेरणा तथा जनार्दन सिंह गहलोत की भूमिका को प्रमुख माना जा रहा है। इन नेताओं ने विधायकों के साथ गोपनीय बैठकें भी शुरू कर दी हैं। दो वरिष्ठ नेताओं (जो पहले मंत्री रह चुके हैं) ने इस संवाददाता के एक प्रश्न के उत्तर में कहा—"पहाड़िया मंत्रिमंडल इन हालातों में ६ मांह भी चल जाय तो चमत्कार मानिये।"

—ब्रजेन्द्र रेही

बहरहाल जो भी हो, संजय की मौत ने राजनीतिक समीकरणों को बिल्कुल ही बदल दिया है। रामकिशोर व्यास 14–15 जून को दिल्ली जाकर प्रधानमंत्री श्रीमती इन्दिरा गांधी से मिले और पहाड़िया की शिकायत करते हुए अध्यक्ष पद से त्यागपत्र दे दिया। श्रीमती गांधी, जो श्री व्यास को बुजुर्ग–नेता मानती हैं तथा इज्जत की नजर से देखती हैं, कहा–' 'अभी आप काम करिए।'' श्री व्यास जयपुर लौट आए, किन्तु स्थितियां अब बिल्कुल ही बदल गईं हैं।

मंत्रिमंडल में शामिल नहीं किए जाने के कारण परसराम मदेरणा, जनार्दन सिंह गहलोत, हीरालाल देवपुरा, रामदेव सिंह, शिवचरण माथुर जैसे नेता भीतर ही भीतर तथा कुछ बाहर भी अपनी नाराजगी जाहिर कर चुके हैं। श्री हरिदेव जोशी हालांकि चर्चा में नहीं आए किन्तु, मुख्यमंत्री–पद की पुनः प्राप्ति के लिए प्रयत्नशील जरूर हुए।

भूतपूर्व मुख्यमंत्री मोहनलाल सुखाड़िया और हरिदेव जोशी भी अब प्रदेश की राजनीति में प्रभावी भूमिका निभाने के लिए सक्रिय हो गए हैं। वे अपने समर्थकों से गुफ्तगू कर रहे हैं तथा पहाड़िया के प्रति विधायकों में व्याप्त असंतोष से लाभ उठाने की रणनीति तैयार कर रहे हैं।

इन सारी परिस्थितियों में अब वे–सब नेता जो श्री पहाड़िया से कटे हुए हैं, उन्हें हटाने के लिए एकजुट हो जाएंगे। इस काम में परसराम मदेरणा तथा जनार्दन सिंह गहलोत की भूमिका को प्रमुख माना जा रहा है। इन नेताओं ने विधायकों के साथ गोपनीय बैठकें भी शुरू कर दी हैं। दो वरिष्ठ नेताओं (जो पहले मंत्री रह चुके हैं) ने इस संवाददाता के एक प्रश्न के उत्तर में कहा–''पहाड़िया मंत्रिमंडल इन हालातों में 6 माह भी चल जाए तो चमत्कार मानिए।''

34

क्या राजीव राजनीति में आएंगे?

(नवम्बर, 1980)

यह प्रश्न बहुत दिनों से भारतीय राजनीति में 'हां' या 'ना' की टिप्पणियों के साथ उछाला जा रहा है कि क्या राजीव गांधी सक्रिय राजनीति में आएंगे?

अब यह सवाल इसलिए भी पूछा जा रहा है कि राजनीति में प्रवेश की पुख्ता संभावनाओं के बावजूद राजीव 29 सितंबर को बोइंग विमान के 'को–पायलट' की ट्रेनिंग के लिए हैदराबाद पहुंच गए। इससे उन बातों पर विरामचिह्न सा लग गया लगता है, जो उनके राजनीति–प्रवेश के लिए उड़ायी जा रही थीं। राजीव के बारे में कहा यह जाता है कि वह नर्म दिल, ठंडे मिजाज और तनाव के बजाए समझौता–पसंद युवक हैं। क्या ऐसा आदमी, जो पूरी तरह पारिवारिक मानसिकता का हो वह राजनीति के ओछे हथकंडों वाली दलदली जमीन पर टिक सकेगा?

राजीव गांधी

जरूरत किसको है—देश को या श्रीमती गांधी को ? : राजीव छाया: क्रिएटिव आई

क्या राजीव राजनीति में आयेंगे ?

यह प्रश्न बहुत दिनों से भारतीय राजनीति में 'हां' या 'ना' की टिप्पणियों के साथ उछाला जा रहा है कि क्या राजीव गांधी सक्रिय राजनीति में आयेंगे ?

अब यह सवाल इसलिए भी पूछा जा रहा है कि २ अक्टूबर को सक्रिय राजनीति में प्रवेश की पुख्ता संभावनाओं के बावजूद राजीव २६ सितंबर को बोइंग विमान के 'को-पायलट' की ट्रेनिंग के लिए हैदराबाद पहुंच गये। इससे उन बातों पर विरामचिह्न-सा लग गया लगता है, जो उनके राजनीति-प्रवेश के लिए उड़ायी जा रही थीं। राजीव के बारे में कहा यह जाता है कि वह नर्म दिल, ठंडे मिजाज और तनाव के बजाय समझौता-पसंद युवक हैं। क्या ऐसा आदमी, जो पूरी तरह पारिवारिक मानसिकता से बंधा रहा हो, वह राजनीति के ओछे हथकंडों वाली दलदली जमीन पर टिक सकेगा ?

संजय की मृत्यु के बाद से ही श्रीमती गांधी के सही राजनीतिक उत्तराधिकारी की तलाश उसी तरह शुरू हो गयी थी, जैसा सामंतशाही में होता आया है। उन दिनों लोगों का यह मानना भी था कि संभव है श्रीमती गांधी मेनका को संजय की जगह दे दें, किन्तु शायद पुत्र-मोह और वंश-राज की ललक ने मेनका को राजनीतिक मंच के पार्श्व में धकेल दिया। राजीव बनाम मेनका के विवाद ने प्रधानमंत्री निवास में एक ऐसा धुआं भर दिया था, जिससे श्रीमती गांधी को भी एक अजीब तरह की घुटन होने लगी थी।

एक समझदार 'सास' और सत्ता की नकेल को चौकन्ने होकर संभाले रखने वाली राजनेता की तरह श्रीमती गांधी ने 'बहू मेनका' को बच्चे की देखभाल करने और दूसरे पारिवारिक कामों में लगे रहने की सलाह दी। मेनका ने भी हवा के रुख को भांप कर 'चुप' रहने में ही अपना हित समझा।

सवाल यह उठता है कि राजीव की जरूरत किसको है—देश को, कांग्रेस पार्टी को या केवल इंदिरा गांधी को ? सही मायने में यदि देखा जाय तो राजीव की जरूरत है केवल उस 'औरत' को, जिसके पास सर्वोच्च सत्ता होने के बाद भी वह अपने आपको 'अकेला' और 'असहाय' समझ रही है।

२३ जून के बाद से ही राजीव गांधी ने मां की मदद करनी शुरू कर दी थी, हालांकि अखबारों में तरह-तरह की बातें कही जाती रहीं। एक तरफ राजीव सक्रिय राजनीति में आने के बारे में सितंबर के अंत में फैसला करने की घोषणा करते रहे, दूसरी ओर वह, १ अकबर रोड में होने वाली गुप्त मंत्रणाओं और राजनीतिक फैसलों के सूत्रधार भी बनने लगे। यह बात सामने नहीं आती, मगर एक इटैलियन फर्म को ठेका देने का मामला इतना तूल पकड़ गया कि राजीव चौकन्ने हो गये।

आज देश की राजनीति महंगाई, चोर-बाजारी, अराजकता तथा काला धंधा करने वाले लोगों से बुरी तरह प्रभावित है। राज्यों में प्रशासन ठप-सा है और कांग्रेस पार्टी में 'भीतरी घात' का दौरदौरा जारी है। केन्द्र में निकम्मे मंत्रियों की मौजमस्ती और सत्ता के लाभ-लोभ में दिनरात जुड़े रहने वाले अवसरवादियों की हरकतों से श्रीमती गांधी गहरी चिंता में डूबी हुई हैं। सांप्रदायिक तथा हिंसात्मक दंगों ने सरकार की 'चमकदार कलई' पोंछ दी है। जनता में पुनः विश्वास पैदा करने के ठोस प्रयत्न शुरू नहीं किये जा सके हैं।

ऐसे संक्रमण-काल में श्रीमती गांधी को संजय की याद बुरी तरह कचोट रही है और उसकी पीड़ा को भूलने के लिए उन्हें राजीव के अलावा कोई दूसरा सहारा दिखायी नहीं देता। संजय गांधी जैसी तेज गति और दुस्साहसी प्रवृत्ति राजीव में नहीं है। संजय तो बिना किसी पद को संभाले या लोकसभा का चुनाव लड़े 'अत्यंत प्रभावशाली' हो गये थे, किन्तु कहा जाता है कि राजीव राजनीति में भी लोकसभा का चुनाव लड़कर आगे आना चाहते हैं।

इन परिस्थितियों में यदि राजीव गांधी राजनीति में आ भी गये, तो क्या कर लेंगे ? जब स्वयं इंदिरा गांधी

संजय की मृत्यु के बाद से ही श्रीमती गांधी के सही राजनीतिक उत्तराधिकारी की तलाश उसी तरह शुरू हो गयी थी, जैसा सामंतशाही में होता आया है। उन दिनों लोगों का यह मानना भी था कि संभव है श्रीमती गांधी, मेनका को संजय की जगह दे दें, किन्तु शायद पुत्र–मोह और वंश–राज की ललक ने मेनका को राजनीति मंच के पार्श्व में धकेल दिया। राजीव बनाम मेनका के विवाद ने प्रधानमंत्री निवास में एक ऐसा धुआं भर दिया था, जिससे श्रीमती गांधी को भी एक अजीब तरह की घुटन होने लगी थी।

एक समझदार 'सास' और सत्ता की नकेल को चौकन्ने होकर संभाले रखने वाली राजनेता की तरह श्रीमती गांधी ने 'बहू मेनका' को बच्चे की देखभाल करने और दूसरे पारिवारिक कामों में लगे रहने की सलाह दी। मेनका ने भी हवा के रुख को भांप कर 'चुप' रहने में ही अपना हित समझा।

सवाल यह उठता है कि राजीव की जरूरत किसको है–देश को, कांग्रेस पार्टी को या केवल इंदिरा गांधी को? सही मायने में यदि देखा जाए तो राजीव की जरूरत है केवल उस 'औरत' को है, जिसके पास सर्वोच्च सत्ता होने के बाद भी वह अपने आपको 'अकेला' और 'असहाय' समझ रही है।

23 जून के बाद से ही राजीव गांधी ने मां की मदद करनी शुरू कर दी थी, हालांकि अखबारों में तरह–तरह की बातें कही जाती रहीं। एक तरफ राजीव सक्रिय राजनीति में आने के बाद सितंबर के अंत में फैसला करने की घोषणा करते रहे, दूसरी ओर वे, 1 अकबर रोड में होने वाली गुप्त मंत्रणाओं और राजनीतिक फैसलों के सूत्रधार भी बनने लगे। यह बात सामने नहीं आती, मगर एक इटेलियन फर्म को ठेका देने का मामला इतना तूल पकड़ गया कि राजीव चौकन्ने हो गए।

देश की राजनीति आज महंगाई, चोरबाजारी, अराजकता तथा काला धंधा करने वाले लोगों से बुरी तरह प्रभावित है। राज्यों में प्रशासन ठप्प–सा है और कांग्रेस पार्टी

में 'भीतरी घात' का दौर–दौरा जारी है। केन्द्र में निकम्मे मंत्रियों की मौजमस्ती और सत्ता के लाभ–लोभ में दिनरात जुटे रहने वाले अवसरवादियों की हरकतों से श्रीमती गांधी गहरी चिंता में डूबी हुई हैं। सांप्रदायिक तथा हिंसात्मक दंगों ने सरकार की 'चमकदार कलई' पोंछ दी है। जनता में पुनः विश्वास पैदा करने के ठोस प्रयत्न शुरू नहीं किए जा सके हैं।

ऐसे संक्रमण–काल में श्रीमती गांधी को संजय की याद बुरी तरह कचोट रही है और उसकी पीड़ा को भूलने के लिए उन्हें राजीव के अलावा कोई दूसरा सहारा दिखायी नहीं देता। संजय गांधी जैसी तेज गति और दुस्साहसी प्रवृत्ति राजीव में नहीं है। संजय तो बिना किसी पद को संभाले या लोकसभा का चुनाव लड़े 'अत्यंत प्रभावशाली' हो गए थे, किन्तु कहा जाता है कि राजीव राजनीति में भी लोकसभा का चुनाव लड़कर आगे आना चाहते हैं।

इन परिस्थितियों में यदि राजीव गांधी राजनीति में आ भी गए, तो क्या कर लेंगे? जब स्वयं इंदिरा गांधी हालात पर काबू पाने के लिए चिंतित हों। इन परिस्थितियों से राजीव गांधी अनभिज्ञ नहीं हैं। लगता है, उन्हें यह अहसास होने लगा है कि ऐसे हालात में राजनीति में आना आत्मघात के सिवा और कुछ नहीं होगा। इन्हीं बातों को ध्यान में रखकर संभवतः राजीव ने राजनीति में प्रवेश फिलहाल स्थगित कर दिया हो। फिर, इंदिरा गांधी भी ऐसे समय में उन्हें राजनीति के कीचड़ में क्यों फेंकेंगी, जबकि रास्ता भी साफ न दिखाई देता हो।

इन सारे सुलगते हुए सवालों के साये में श्रीमती गांधी ने हो सकता है कि राजीव को हैदराबाद जाने की इजाजत दे दी हो। जाने से पहले वह प्रधानमंत्री निवास में अपने नये दरबारियों से सलाह–मशविरा करते रहे हैं, ऐसा जानकार सूत्रों का कहना है। उनका हैदराबाद जाना मात्र 'खिचड़ी को ठंडा करके किनारे से खाने वाली' समझदारी से अधिक कुछ नहीं है।

▼ ▼ ▼

35

प्रशासन मात्र फाइलों में

(जनवरी, 1981)

राजस्थान में सरकार चल रही है, पर किसी को यह अहसास नहीं हो रहा है? क्यों नहीं हो रहा है, इसके लिए पिछले लगभग एक वर्ष के सरकार के काम–काज करने के तरीके पर नज़र दौड़ाने से समझ में आ जाएगा।

पिछले वर्ष सरकार के गठन के साथ ही राजनीति के पंडितों ने भविष्यवाणी की थी कि जिस प्रकार दिल्ली से भेजे गए मुख्यमंत्री ने अपने साथियों का मंत्रिमंडल के लिए चयन किया, उसको देखते हुए सरकार भले ही कांग्रेस (इ) की हो, पर जनता के घावों पर मरहम लगाने वाला शायद ही कोई मिले। यह भविष्यवाणी तब सच जान पड़ी, जब सितंबर–अक्तूबर में राज्य के 26 में से 21 जिले सूखे की काली छाया के शिकार हो गए। इन जिलों में पानी बूंद भर भी नहीं था। खेतों में फसलें खड़ी थीं पर उनमें दाने नहीं थे। गांवों में और खासकर आदिवासी बहुल इलाकों में सूद–खोरों की चांदी हो रही थी।

जयपुर में सचिवालय में हर अफसर के सिर पर स्थानांतरण की तलवार लटकी हुई थी। अधिकारी वर्ग सोचने के नाम पर, यही सोच रहा था कि यदि उसका तबादला हो गया तो वह किस 'पहुंच' वाले आसामी को पकड़ेगा। फिर सरकार ने तबादले करने शुरू

राजस्थान

प्रशासन मात्र फाइलों में

क्या राजस्थान में मंत्रियों पर सचिव रौब गाठते हैं?

दिल्ली कब तक दौड़ते रहेंगे? : पहाड़िया

राजस्थान में सरकार चल रही है, पर किसी को यह अहसास नहीं हो रहा है? क्यों नहीं हो रहा है, इसके लिए पिछले लगभग एक वर्ष के सरकार के काम-काज करने के तरीके पर नजर दौड़ाने से समझ में आ जायेगा।

पिछले वर्ष सरकार के गठन के साथ ही राजनीति के पंडितों ने भविष्यवाणी की थी कि जिस प्रकार दिल्ली से भेजे गये मुख्यमंत्री ने अपने साथियों का मंत्रिमंडल के लिए चयन किया, उसको देखते हुए सरकार भले ही कांग्रेस (इ) की हो, पर जनता के घावों पर मलहम लगाने वाला कोई शायद ही मिले। यह भविष्यवाणी तब सच जान पड़ी, जब सितंबर-अक्तूबर में राज्य के २६ में से २१ जिले सूखे की काली छाया के शिकार हो गये। इन जिलों में पानी बूंद भर भी नहीं था। खेतों में फसलें खड़ी थीं पर उनमें दाने नहीं थे। गांवों में और खासकर आदिवासी बहुल इलाकों में सूदखोरों की चांदी हो रही थी।

जयपुर में सचिवालय में हर अफसर के सिर पर स्थानांतरण की तलवार लटकी हुई थी। अधिकारी वर्ग सोचने के नाम, यही सोच रहा था कि यदि उसका तबादला हो गया तो वह किस 'पहुंच' वाले आसामी को पकड़ेगा। फिर सरकार ने तबादले करने शुरू किये। सबसे अधिक तबादले शिक्षा विभाग में हुए। विपक्षी दल के नेता भैरोंसिंह शेखावत ने सरकार को 'तबादला सरकार' की संज्ञा दे दी।

विश्व बैंक के अधिकारियों का एक प्रतिनिधि मंडल जयपुर में आया किंतु मंत्रियों में से कोई उनसे नहीं मिला। इसका एक ही कारण था वह यह कि उन दिनों जितने मंत्री थे, वे नाम मात्र के कनिष्ठ मंत्री ही थे। उनका प्रशासन चलाने का ज्ञान 'अज्ञान' की सीमा-रेखा के आस-पास था। परिणाम यह हुआ कि कुछ जी-हजूरिये अफसर येन-केन-प्रकारेण मंत्रियों को अपनी मुट्ठी में बंद करने में कामयाब हो गये। मंत्रियों के प्रशासनिक दबदबे का अनुमान इसी से होता है कि एक कैबिनेट मंत्री से जब यह संवाददाता बातचीत कर रहा था तभी उनके विभाग का सचिव आ गया। मंत्री महोदय घबराकर कुर्सी पर न केवल खड़े हो गये, बल्कि उससे 'सर', 'सर' करके बातें करते रहे। जब प्रशासन के सफेद हाथियों के लिए जन प्रतिनिधियों का अंकुश भोंतरा हो जायेगा, तो व्यवस्था ठीक कैसे रह सकेगी?

इन हालातों में जनता की समस्याएं सुरसा के मुंह की तरह फैलती जा रही है। जिलों और दूर-दराज इलाकों में अफसरशाही इस बुरी कदर हावी हो गयी कि क्षेत्र के जन-प्रतिनिधि शिकायतें ले-लेकर जयपुर पहुंचने लगे। जयपुर आकर उनकी हालत सांप-छछूंदर जैसी हो गयी। कांग्रेस (इ) के ही एक प्रदेश महामंत्री ने हालातों का वर्णन यूं किया —"जिलों में अफसर सुनते नहीं। न तो सहकारी ऋण समय पर बंट रहे हैं, न बिजली की लाइनें कार्यक्रम के अनुसार खिच रही हैं। जिला मुख्यालयों में कागजों के ढेर जमा हैं। जिलों के पदाधिकारी मंत्रियों से मिलने जयपुर आते हैं, तो मंत्रीगण तथा मुख्यमंत्री दिल्ली में जमे रहते हैं। अब कौन किससे शिकायत करे?"

सूखे की भयंकर स्थिति के बाद भी दो महीने तक जिलों में राहत के काम शुरू नहीं किये गये। मुख्यमंत्री के अनुसार "वह लोगों से दिन रात मिलते हैं, फिर भी न जाने लोगों को यह शिकायत क्यों बराबर बनी रहती है कि मैं मिलता नहीं हूं?" मुख्यमंत्री के सचिव के हाल बेहाल हैं। उनसे न तो मुख्यमंत्री के बारे में कोई सूचना मिल पाती है, न कोई खबर। हर वक्त वह 'अत्यंत व्यस्त' की मुद्रा बनाये रखते हैं। सूखे से उत्पन्न कठिनाइयों के कारण जब दक्षिणी राजस्थान के आदिवासी मध्य प्रदेश तथा गुजरात में पलायन करने लगे और कानून तथा व्यवस्था की स्थिति प्रभावित होने लगी, तब जाकर 'राजधानी जयपुर' में अफसरों के कान पर जूं रेंगी।

लूटपाट, डकैती और चोर बाजारी की घटनाएं निरंतर बढ़ रही हैं। जयपुर से दिल्ली आने वाली डीलक्स बस को नवंबर के दूसरे सप्ताह में शाम के ७ बजे राष्ट्रीय राजमार्ग पर लूट लिया गया, तब जाकर सरकार को ध्यान आया कि 'विशेष गश्त' की व्यवस्था की जानी चाहिए।

राज्य के मंत्रियों के काम की समीक्षा की जाये, तो केवल दो कैबिनेट मंत्री अपने काम को अंजाम देने में लगे हैं, बाकी दौरों और उद्घाटनों में व्यस्त हैं। —ब्रजेन्द्र रेही

किए। सबसे अधिक तबादले शिक्षा विभाग में हुए। विपक्षी दल के नेता भैरोसिंह शेखावत ने सरकार को 'तबादला सरकार' की संज्ञा दे दी।

विश्व बैंक के अधिकारियों का एक प्रतिनिधि मंडल जयपुर में आया किन्तु मंत्रियों में से कोई उनसे नहीं मिला। इसका एक ही कारण था, वह यह कि उन दिनों जितने मंत्री थे, वे नाम मात्र के कनिष्ठ मंत्री ही थे। उनका प्रशासन चलाने का ज्ञान 'अज्ञान' की सीमा–रेखा के आस–पास था। परिणाम यह हुआ कि कुछ जी–हुजूरिये अफसर येन–केन–प्रकारेण मंत्रियों को अपनी मुट्ठी में बंद करने में कामयाब हो गए। मंत्रियों के प्रशासनिक दबदबे का अनुमान इसी से होता है कि एक कैबिनेट मंत्री से जब यह संवाददाता बातचीत कर रहा था तभी उनके विभाग का सचिव आ गया। मंत्री महोदय घबराकर कुर्सी पर न केवल खड़े हो गए, बल्कि उससे 'सर', सर' करके बातें करते रहे। जब प्रशासन के सफेद हाथियों के लिए जन प्रतिनिधियों का अंकुश भोंतरा हो जाएगा, तो व्यवस्था ठीक कैसे रह सकेगी?

इन हालातों में जनता की समस्याएं सुरसा के मुंह की तरह फैलती जा रही हैं। जिलों और दूर दराज इलाकों में अफसरशाही इस बुरी कदर हावी हो गयी कि क्षेत्र के जनप्रतिनिधि शिकायतें ले–लेकर जयपुर पहुंचने लगे। जयपुर आकर उनकी हालत सांप–छछूंदर जैसी हो गयी। कांग्रेस (इ) के ही एक प्रदेश महामंत्री ने हालातों का वर्णन यूं किया–"जिलों में अफसर सुनते नहीं। न तो सहकारी ऋण समय पर बंट रहे हैं, न बिजली की लाइनें कार्यक्रम के अनुसार खिंच रही हैं। जिला मुख्यालयों में कागजों के ढेर जमा हैं। जिलों के पदाधिकारी मंत्रियों से मिलने जयपुर आते हैं, तो मंत्रीगण तथा मुख्यमंत्री दिल्ली में जमे रहते हैं। अब कौन किससे शिकायत करे?"

सूखे की भयंकर स्थिति के बाद भी दो–दो महीने तक जिलों में राहत के काम शुरू नहीं किये गये। मुख्यमंत्री के अनुसार "वह लोगों से दिन रात मिलते हैं, फिर भी न जाने लोगों को यह शिकायत क्यों बराबर बनी रहती है कि मैं मिलता नहीं हूं?" मुख्यमंत्री के सचिव के हाल बेहाल हैं। उनसे न तो मुख्यमंत्री के बारे में कोई सूचना मिल पाती है, न कोई खबर। हर वक्त वह 'अत्यंत व्यस्त' की मुद्रा बनाये रखते हैं। सूखे से उत्पन्न कठिनाइयों के कारण जब दक्षिणी राजस्थान के आदिवासी मध्यप्रदेश तथा गुजरात में पलायन करने लगे और कानून तथा व्यवस्था की स्थिति प्रभावित होने लगी, तब जाकर 'राजधानी जयपुर' में अफसरों के कान पर जूं रेंगी।

लूटपाट, डकैती और चोर बाजारी की घटनाएं निरंतर बढ़ रही हैं। जयपुर से दिल्ली आने वाली डीलक्स बस को नवंबर के दूसरे सप्ताह में शाम के 7 बजे राष्ट्रीय राजमार्ग पर लूट लिया गया, तब जाकर सरकार को ध्यान आया कि 'विशेष गश्त' की व्यवस्था की जानी चाहिए।

राज्य के मंत्रियों के काम की समीक्षा की जाए, तो केवल दो कैबिनेट मंत्री अपने काम को अंजाम देने में लगे हैं, बाकी दौरों और उद्घाटनों में व्यस्त हैं।

▼ ▼ ▼

36

मेनका व अमतेश्वर पर दावा :

क्या श्रीमती गांधी से पूछकर किया गया?

(फरवरी, 1981)

"जिसके खिलाफ लिखा गया है, वो अपील करेगा। गलत है, तो जिसने गलत लिखा होगा, उसको सजा मिलेगी। आप क्यों परेशान हो रहे हैं? यह सब मेरे देखने का काम है।"

ये दो टूक बातें कहीं 26 दिसम्बर, 1980 को सवेरे 9 बजे प्रधानमंत्री श्रीमती इंदिरा गांधी ने। उस दिन राजस्थान के दो उपमंत्री तथा कुछ विधायक 1, सफदरजंग गये थे, श्रीमती इंदिरा गांधी से यह कहने कि उपमंत्री नरेन्द्र सिंह भाटी द्वारा श्रीमती मेनका गांधी पर मुकदमा करने से कांग्रेस जनों के दिलों को गहरा आघात लगा है। भाटी को मंत्री–पद से हटाया जाना चाहिए।

इस दिन श्रीमती गांधी से मिलने जो लोग गए थे, वे थे उपमंत्री मांगीलाल आर्य तथा श्रीमती भगवती देवी। इनके अलावा विधायक थे, राम प्रसाद, कालू खां, हर सहाय, राम रघुनाथ, बी.डी.कल्ला, रामकिशोर मीणा तथा तेजपाल। लेकिन, सभी हाथ मलते हुए आ गए।

मेनका व अमतेश्वर पर दावा : क्या श्रीमती गांधी से पूछकर किया गया ?

"जिसके खिलाफ लिखा गया है, वो अपील करेगा। गलत है, तो जिसने गलत लिखा होगा, उसको सजा मिलेगी।

"आप क्यों परेशान हो रहे हैं? यह सब मेरे देखने का काम है।"

ये दो टूक बातें कहीं २६ दिसम्बर, १६८० को सवेरे ६ बजे प्रधानमंत्री श्रीमती इंदिरा गांधी ने। उस दिन राजस्थान के दो उपमंत्री तथा कुछ विधायक १, सफदरजंग गये थे, श्रीमती इंदिरा गांधी से यह कहने कि उपमंत्री नरेन्द्र सिंह भाटी द्वारा श्रीमती मेनका गांधी पर मुकदमा करने से कांग्रेस जनों के दिलों को गहरा आघात लगा है। भाटी को मंत्री-पद से हटाया जाना चाहिए।

इस दिन श्रीमती गांधी से मिलने जो लोग गए, वे थे उपमंत्री मांगीलाल आर्य तथा श्रीमती भगवती देवी। इनके अलावा विधायक थे, राम प्रसाद, कालू खां, हर सहाय, राम रघुनाथ, बी० डी० कल्ला, रामकिशोर मीणा तथा तेजपाल। लेकिन, सभी हाथ मलते हुए आ गए।

इन विधायकों ने जब जयपुर शहर से निर्वाचित एक कांग्रेस (इ) विधायक के साथ चलने के लिए कहा, तो उसने राजस्थानी का यह दोहा कह दिया :

कांई जाणे बापड़ी,
बड़ा घरां की रीत।

खाती आई राबड़ी,
गाती आई गीत।

(छोटे लोग बड़े लोगों की रीति क्या समझें)

बाद में यह विधायक भी श्रीमती गांधी से कुछ क्षणों के लिए मिला। सवाल यह उठता है कि क्या नरेन्द्र सिंह भाटी ने श्रीमती मेनका गांधी, उनकी मां श्रीमती अमतेश्वर आनंद तथा दो अन्य पर मुकदमा श्रीमती गांधी और राजीव गांधी से पूछकर किया? इस बात को सब जानते हैं कि भाटी ने २३ दिसम्बर, '८० को जो जोधपुर के जिला एवं सत्र न्याया-धीश श्यामसुन्दर व्यास की अदालत में ३ लाख ६५ हजार रुपए हरजाने का दीवानी दावा दायर किया। न्यायाधीश व्यास के उस दिन अदालत नहीं आने के कारण दावे के कागजात अतिरिक्त जिला एवं सत्र न्यायाधीश एन० के० अग्रवाल के समक्ष पेश किये गए।

भाटी ने यह दावा 'सूर्य इंडिया' अंग्रेजी के नवम्बर, १६८० के अंक में 'आफ दि एयर' स्तंभ में 'दबाये गये आरोप' शीर्षक के अंतर्गत प्रकाशित ६७ शब्दों की खबर पर किया है। दावे में कोर्ट फीस के रूप में भाटी ने १५ हजार ६५ रुपये दिये हैं।

सवाल यह उठता है कि क्या यह मुकदमा उपमंत्री होने के नाते भाटी ने मुख्यमंत्री पहाड़िया से पूछ कर किया था? विश्वस्त जानकारी के अनुसार न तो पहाड़िया ने इस बारे में कोई राय दी, न पहाड़िया से पूछा गया। उन दिनों यानी दिसम्बर के अंतिम सप्ताह में दिल्ली आये हुए राजस्थान के विधायकों तथा नेताओं में से एक युवक नेता ने इतना कहा : "चाहे मुकदमा श्रीमती गांधी से ही पूछ कर किया हो, अच्छा नहीं किया। एक विधवा पर ऐसा 'अत्याचार' करने का क्या अर्थ?"

आखिर कौन हैं ये नरेन्द्र सिंह भाटी? किस तरह चुनाव जीते और फिर मंत्री बन गये?

मुकदमा किसकी शह पर : नरेन्द्र सिंह भाटी सोनल मानसिंह के साथ

इन विधायकों ने जब जयपुर शहर से निर्वाचित एक कांग्रेस (इ) विधायक को साथ चलने के लिए कहा, तो उसने राजस्थानी बोली का यह दोहा कह दिया :

कांई जाणे बापड़ी, बड़ा घरां की रीत।

खाती आई राबड़ी, गाती आइ गीत।

(छोटे लोग बड़े लोगों की रीत क्या समझें)

बाद में यह विधायक भी श्रीमती गांधी से कुछ क्षणों के लिए मिला। सवाल यह उठता है कि क्या नरेन्द्र सिंह भाटी ने श्रीमती मेनका गांधी, उनकी मां श्रीमती अमतेश्वर आनंद तथा दो अन्य पर मुकदमा श्रीमती गांधी से पूछकर किया? इस बात को सब जानते हैं कि भाटी ने 23 दिसम्बर, '80 को जोधपुर के जिला एवं सत्र न्यायाधीश श्यामसुन्दर व्यास की अदालत में 3 लाख 65 हजार रुपए हरजाने का दीवानी दावा दायर किया। न्यायाधीश व्यास के उस दिन अदालत नहीं आने के कारण दावे के कागजात अतिरिक्त जिला एवं सत्र न्यायाधीश एन.के. अग्रवाल के समक्ष पेश किए गए।

भाटी ने यह दावा 'सूर्य इंडिया' अंग्रेजी के नवम्बर, 1980 के अंक में 'आफ दि एयर' स्तंभ में 'दबाये गये आरोप' शीर्षक के अंतर्गत प्रकाशित 67 शब्दों की खबर पर किया है। दावे में कोर्ट फीस के रूप में भाटी ने 15 हजार 65 रुपए दिए हैं।

सवाल यह उठता है कि क्या यह मुकदमा उपमंत्री होने के नाते भाटी ने मुख्यमंत्री पहाड़िया से पूछ कर किया था? विश्वस्त जानकारी के अनुसार न तो पहाड़िया ने इस बारे में कोई राय दी, न पहाड़िया से पूछा गया। उन दिनों यानी दिसम्बर के अंतिम

सप्ताह में दिल्ली आए हुए राजस्थान के विधायकों तथा नेताओं में से एक युवक नेता ने इतना कहा : "चाहे मुकदमा श्रीमती गांधी से ही पूछकर किया हो, अच्छा नहीं किया। एक विधवा पर ऐसा 'अत्याचार' करने का क्या अर्थ है?"

आखिन कौन हैं ये नरेन्द्र सिंह भाटी? किस तरह चुनाव जीते और फिर मंत्री बन गए?

भाटी राजस्थान में जोधपुर जिले की ओसियां विधानसभा सीट से कांग्रेस (इ) के टिकट पर चुनाव जीते थे। इनके चुनाव–प्रचार में भाग लेने के लिए खुद स्व. संजय गांधी गये थे। उन दिनों लोगों को यों लगता था कि शायद भाटी संजय गांधी के दोस्त हों! बाद में पता चला कि भाटी राजीव गांधी के साथ देहरादून के स्कूल में पढ़ते थे। राजीव ने ही संजय को कहकर उन्हें टिकट दिलवाया तथा मंत्री बनवाया था। इसमें सोनल मानसिंह ने भी सहयोग दिया।

यह सच है कि उपमंत्री बनाये जाने के कारण भाटी मन ही मन खिन्न थे, पर संजय के जीवित रहते न तो वह मुख्यमंत्री जगन्नाथ पहाड़िया से उलझ सकते थे, न ही कोई और चाल चल सकते थे। जब संजय नहीं रहे, तो भाटी सक्रिय हो गए और उन्होंने बचपन की दोस्ती निभानी शुरू कर दी। बहुत कम लोग इस बात को जानते हैं कि नरेन्द्र सिंह भाटी इन दिनों राजीव गांधी के 'प्रमुख सहयोगियों' में एक हैं।

संजय की मृत्यु के बाद से ही भाटी का अधिकांश समय दिल्ली–दरबार में बीतता है। कभी–कभी तो वह सवेरे 8 बजे ही 1, सफदरजंग पहुंच जाते हैं। इन दिनों वह जगन्नाथ पहाड़िया को नाम का मुख्यमंत्री मानते हैं, बाकी सब अपनी मरजी से करते हैं। उनकी सरकारी गाड़ी 'डिफेंस कालोनी' से 1, सफदरजंग तक का चक्कर लगाते थकती नहीं है। डिफेंस कालोनी में सोनल मानसिंह रहती हैं। भाटी और सोनल की चर्चा पिछले दिनों समाचारपत्रों में खूब हुई है।

जो विधायक 26 दिसम्बर को सवेरे श्रीमती गांधी से मिलने गये थे, उन्होंने प्रधानमंत्री से यह भी कहा था कि देश के कुछ प्रमुख पत्रों तथा राजस्थान की एक पत्रिका ने 'सूर्य इंडिया' से ज्यादा बातें छापी हैं, पर उन पर मुकदमा नहीं किया। श्रीमती गांधी ने इसका कोई उत्तर नहीं दिया।

श्रीमती गांधी से भेंट करके आने के बाद विधायकों में से एक ने मुझसे कहा–"अमतेश्वर और मैडम के सम्बन्ध खराब हैं। सारा झगड़ा चाबी के गुच्छों का है। मेनका आजकल 'सूर्या' नहीं देख रही हैं।"

इस सारे संदर्भ में राजनीतिक समीक्षकों का कहना है कि श्रीमती गांधी ने राजस्थान से आये मेनका समर्थक विधायकों को जो दो–टूक बातें कहीं, उनका मतलब है कि वह राजीव के दोस्तों पर किए गए किसी भी हमले को पसंद नहीं करती हैं। चाहे वह 'हमला' मेनका गांधी और उनकी मां अमतेश्वर ने ही क्यों न किया हो।

▼ ▼ ▼

राजस्थान

पहाड़िया की "नासमझी"

जब श्रीमती महादेवी वर्मा ने आज की राजनीति के चरित्र को उजागर किया, तो पहाड़िया तमतमा कर क्या बोले?

सच हमेशा कड़वा होता है : जगन्नाथ पहाड़िया (माइक पर) और श्रीमतीमहादेवी वर्मा

देश में राजनीति जैसी भूमिका निभा रही है, उसके बारे में चिन्तकों और साहित्यकारों का चिंतित होना अस्वाभाविक नहीं। वह भी उन साहित्यकारों का, जिन्होंने स्वाधीनता संग्राम का आंदोलन भी जिया और जो अब राजनीति की निरंकुश उच्छृंखलता भी देख-भोग रहे हैं।

बस इसी चिन्ता को व्यक्त किया था उस दिन श्रीमती महादेवी वर्मा ने। जयपुर में 'आथर्स गिल्ड' के सातवें राष्ट्रीय सम्मेलन के उद्घाटन समारोह में श्रीमती वर्मा ने जो कुछ कहा, वह एक साहित्यकार की 'अंतरात्मा' के शब्द थे, जिन्हें वहां उपस्थित प्रबुद्ध जनों और लेखकों ने अपनी अभिव्यक्ति ही माना।

श्रीमती वर्मा ने राजनीतिज्ञों से क्षमायाचना सहित कहा—"राजनीति विक्षिप्त हो गयी है और उसने हमें विक्षिप्त कर दिया है। अगर हम उसकी तरह न बोलें, तो वे हमें पागलखाने में रख दें..."

जब वह भाषण दे रही थीं, राजस्थान के मुख्यमंत्री जगन्नाथ पहाड़िया टकटकी बांधे आग उगलती निगाहों से उन्हें घूर रहे थे। उन्हें शायद यह उम्मीद नहीं थी कि महादेवी वर्मा जैसी वयोवृद्ध साहित्यकार आधुनिक राजनीतिज्ञों के चरित्र को इस प्रकार उजागर करेंगी। वह शायद यह समझते थे कि राज्य सरकार ने 'आथर्स गिल्ड' को सम्मेलन के लिए आर्थिक सहायता दी है और अतिथि-लेखकों के लिए सारी सुविधाएं जुटाई हैं, इसलिए वह सरकार की प्रशस्ति में कुछ कसीदा पढ़ेंगी। लेकिन सुनने को मिला तबर्रा। इतना ही नहीं 'गिल्ड' की प्रेस कान्फ्रेन्स के निमंत्रण पत्र भी जनसम्पर्क निदेशालय ने निकलवाये थे।

श्रीमती वर्मा ने आगे यह भी कहा—"और अब ऐसा हो गया है कि, मैं समझती हूं, लेखक उनके साथ चलता है, वो हमारे साथ नहीं चलते।" और, "कोई आपत्ति देश के लिए इतनी बड़ी आपत्ति नहीं है, जितनी चरित्र की आपत्ति है, चरित्र का संकट है। पशुओं के लिए हम 'अभयारण्य' बना रहे हैं और मनुष्य के लिए 'भयारण्य'।"

जब श्रीमती वर्मा बोल चुकीं, तो कई मिनटों तक तालियों की गड़गड़ाहट होती रही। ऐसे लगा जैसे हजारों जुबानों की बात एक जुबान ने कह दी, किन्तु पहाड़िया का चेहरा तमतमा आया। वह गुस्से में उठे और बोले "मैं जानता हूं कि आप छायावाद की कविता लिखती हैं। लेकिन माफ कीजिए, आप जो लिखती हैं, वह मुझे न बचपन में समझ में आया और न आज आता है। आप जो लिख रही हैं, भाग्य से या दुर्भाग्य से, हम अपना सौभाग्य मानते हैं, लेकिन देश का और समाज का सौभाग्य हम नहीं मानेंगे।"

पहाड़िया गुस्से में यहां तक कह गये कि वह लेखकों के भले के लिए कुछ घोषणाएं करने वाले थे, लेकिन अब नहीं करेंगे। उन्होंने महादेवी वर्मा की ओर मुखातिब होकर कहा—"लेकिन आपके लिखने के बाद भी इंदिरा गांधी को तो देश का प्रधानमंत्री दुबारा देश की जनता ने बनाया

37

पहाड़िया की "नासमझी"

(मार्च, 1981)

देश में राजनीति जैसी भूमिका निभा रही है, उसके बारे में चिन्तकों और साहित्यकारों का चिंतित होना अस्वाभाविक नहीं। वह भी उन साहित्यकारों का, जिन्होंने स्वाधीनता संग्राम का आंदोलन भी जिया और जो अब राजनीति की निरंकुश उच्छृंखलता भी देख–भोग रहे हैं।

बस इसी चिन्ता को व्यक्त किया था उस दिन श्रीमती महादेवी वर्मा ने। जयपुर में 'आथर्स गिल्ड' के सातवें राष्ट्रीय सम्मेलन के उद्घाटन समारोह में श्रीमती वर्मा ने जो कुछ कहा, वह एक साहित्यकार की 'अंतरात्मा' के शब्द थे, जिन्हें वहां उपस्थित प्रबुद्धजनों और लेखकों ने अपनी अभिव्यक्ति ही माना।

श्रीमती वर्मा ने राजनीतिज्ञों से क्षमायाचना सहित कहा–"राजनीति विक्षिप्त हो गयी है और उसने हमें विक्षिप्त कर दिया है। अगर हम उसकी तरह न बोलें, तो वे हमें पागलखाने में रख दें....."

जब वह भाषण दे रही थीं, राजस्थान के मुख्यमंत्री जगन्नाथ पहाड़िया टकटकी बांधे आग उगलती निगाहों से उन्हें घूर रहे थे। उन्हें शायद यह उम्मीद नहीं थी कि महादेवी

बाएं से - श्रीमती महादेवी वर्मा, न्यायाधीश बेरी, माइक पर राज्यपाल रघुकुल तिलक तथा मुख्यमंत्री जगन्नाथ पहाड़िया

वर्मा जैसी वयोवृद्ध साहित्यकार आधुनिक राजनीतिज्ञों के चरित्र को इस प्रकार उजागर करेंगी। वह शायद यह समझते थे कि राज्य सरकार ने 'आथर्स गिल्ड' को सम्मेलन के लिए आर्थिक सहायता दी है और अतिथि–लेखकों के लिए सारी सुविधाएं जुटाई हैं, इसीलिए वह सरकार की प्रशस्ति में कुछ कसीदा पढ़ेंगी। लेकिन सुनने को मिला उल्टा। इतना ही नहीं 'गिल्ड' की प्रेस कान्फ्रेंस के निमंत्रण पत्र भी जनसम्पर्क निदेशालय ने निकलवाये थे।

श्रीमती वर्मा ने आगे यह भी कहा–"और अब ऐसा हो गया है कि, मैं समझती हूं, लेखन उनके साथ चलता है, वो हमारे साथ नहीं चलते।" और, "कोई आपत्ति देश के लिए इतनी बड़ी आपत्ति नहीं है, जितनी चरित्र की आपत्ति है, चरित्र का संकट है। पशुओं के लिए हम 'अभयारण्य' बना रहे हैं और मनुष्य के लिए 'भयारण्य'।"

जब श्रीमती वर्मा बोल चुकीं, तो कई मिनटों तक तालियों की गड़गड़ाहट होती रही। ऐसे लगा जैसे हजारों जुबानों की बात एक जुबान ने कह दी, किन्तु पहाड़िया का चेहरा तमतमा आया। वह गुस्से में उठे और बोले, "मैं जानता हूं कि आप छायावाद की कविता लिखती हैं। लेकिन माफ कीजिए, आप जो लिखती हैं, वह मुझे न बचपन में समझ में आया और न आज आता है। आप जो लिख रही हैं, भाग्य से या दुर्भाग्य से, हम अपना सौभाग्य मानते हैं, लेकिन देश का और समाज का सौभाग्य हम नहीं मानेंगे।"

पहाड़िया गुस्से में यहां तक कह गए कि वह लेखकों के भले के लिए कुछ घोषणाएं करने वाले थे, लेकिन अब नहीं करेंगे। उन्होंने महादेवी वर्मा की ओर मुखातिब होकर कहा–"लेकिन आपके लिखने के बाद भी इंदिरा गांधी को तो देश का प्रधानमंत्री

दुबारा देश की जनता ने बनाया ही।" पहाड़िया की 'नामसझी' और श्रीमती वर्मा की 'चिन्ता' इस वाक्य में तुरंत चरितार्थ होते वहां बैठे दर्शकों ने साफ–साफ देखा। पहाड़िया ने कहा–"साहित्य समाज का दर्पण होता है, यह साफ रहना चाहिए। इसलिए आपको हम सुविधा देना चाहते हैं। लेकिन आपका भाषण सुनने के बाद मैंने फैसला किया कि मैं कोई घोषणा नहीं करूंगा।"

आजादी के बाद से शायद ही किसी मुख्यमंत्री ने इतनी 'नासमझी' के साथ किसी सम्माननीय साहित्यकार के सम्बन्ध में टिप्पणी की हो। पहाड़िया की बेतुकी टिप्पणियों का वहां उपस्थित श्रोताओं में से भी कुछ ने तत्काल विरोध किया और अब राज्य भर में कहीं भी निन्दा का स्वर सुना जा सकता है। प्रदेश कांग्रेस (इ) कमेटी के एक वरिष्ठ पदाधिकारी ने इस संवाददाता से साफ–साफ कहा–"यदि इंदिरा गांधी ऐसे बकवास आदमी को मुख्यमंत्री बनायें रखेंगी, तो यही हाल होंगे।"

▼ ▼ ▼

क्या सुंदर डाकू की हत्या के मामले में श्रीमती गांधी को फंसाने की साजिश की गयी ?

ब्रजेंद्र रेही

सुंदर डाकू कांड में श्रीमती इंदिरा गांधी और स्व. संजय गांधी को फंसाने और तंग करने की धुन में जयपुर पुलिस के उच्च अधिकारियों ने जनता पार्टी के शासनकाल में शासकों के इशारे पर एक अतिरिक्त पुलिस अधीक्षक डालचंद गुप्त को अस्पताल की शैय्या पर ही किस कद्र तंग किया, झूठे-सच्चे बयान दिलाने की खातिर. अब अवकाश प्राप्त करने के बाद श्री गुप्त ने श्रीमती गांधी को एक पत्र लिख कर इन तथ्यों को उजागर किया है. यहां प्रस्तुत है उस पत्र के आधार पर एक खोजपूर्ण रपट :

शिवचरण माथुर

जगन्नाथ पहाड़िया

भैरों सिंह शेखावत

डालचंद गुप्ता

क्या सुंदर डाकू हत्याकांड के मामले में सरकार ने श्रीमती इंदिरा गांधी और स्व. संजय गांधी को फंसाने की साजिश की थी. पिछले दिनों अखबारों की सुर्खियों में यह सवाल कई तरह से उभरा था.

इस सवाल की सच्चाई जानने के लिए उन दिनों की घटनाओं पर एक नजर डालनी होगी. बात सितंबर 1976 की है. सुंदर डाकू को जयपुर में गिरफ्तार किये जाने के बाद दिल्ली पुलिस दिल्ली ला रही थी. उसे गिरफ्तार इसलिए किया गया क्योंकि वह देश के कुछ वरिष्ठ नेताओं की हत्या की योजना बना चुका था. दिल्ली लाते समय रास्ते में उसकी रहस्यमय ढंग से मृत्यु हो गयी थी.

जनता सरकार सत्ता में आयी तो इस मामले में तरह तरह की अटकलें लगायी जाने लगीं. यहां तक कहा गया कि इसके पीछे स्व. संजय गांधी का हाथ है. इतना ही नहीं संजय की जयपुर के सांगानेर हवाई अड्डे पर सुंदर से मुलाकात भी करायी गयी थी.

यूं इस रहस्यमय खबर पर से पर्दा उठाया जयपुर के एक अवकाश प्राप्त अपर पुलिस अधीक्षक श्री डालचंद गुप्ता ने. श्री गुप्ता ने इस वर्ष 10 अगस्त को प्रधानमंत्री श्रीमती इंदिरा गांधी के नाम एक सात पृष्ठ का पत्र भेजा.

प्रधानमंत्री को लिखे पत्र में गुप्ता ने कहा—'मैं जनता शासन के दौरान आपके और आपके परिवार के सदस्यों के प्रति राजस्थान पुलिस के कतिपय अधिकारियों के विरोधी रवैये की जानकारी दे रहा हूं.'

पत्र में गुप्ता ने लिखा कि '1976 में मैंने जयपुर में सुंदर डाकू को गिरफ्तार किया था और उससे प्रारंभिक पूछताछ की थी. उन दिनों पंजाब की पुलिस भी उसको खोज रही थी और दिल्ली पुलिस को भी कई मामलों में उसकी जरूरत थी. गुप्तचरों को यह सूचना मिली थी कि सुंदर ने कोई ऐसी योजना बनायी है जिससे कई बड़े नेताओं का जीवन खतरे में पड़ सकता है.'

पत्र में आगे लिखा गया: 'जनता शासन के दौरान 1977 में जबकि मैं अपनी आंखों के इलाज के लिए जयपुर के सवाई मानसिंह अस्पताल के नेत्र चिकित्सा वार्ड में भर्ती था, वरिष्ठ पुलिस अधिकारियों बलवंत सिंह और डी. पी. गुप्ता ने यह दबाव डाला कि मैं संजय गांधी के विरुद्ध बयान दूं. उन दिनों सुंदर कांड की जांच के लिए सी.बी. आई. के अधीक्षक श्री रविंदरसिंह, उप-अधीक्षक बैजल और इंस्पेक्टर विद्यासागर जयपुर आये थे. यह जांच जनता सरकार के इशारे पर हो रही थी. उक्त अधिकारियों ने मुझ से कहा कि मैं बयान दूं कि सुंदर डाकू को मैं 12 सितंबर 1976 को तत्कालीन पुलिस महानिरीक्षक श्री गणेशसिंह के कहने पर स्व. संजय गांधी से मिलाने के लिए जयपुर के सांगानेर हवाई अड्डे पर ले गया था. इसके अलावा मैं यह बयान भी दे दूं कि सुंदर डाकू को दिल्ली पुलिस के हवाले श्रीमती गांधी और संजय गांधी के इशारे पर किया गया.'

डालचंद गुप्ता ने एक भेंट में बताया कि 'मुझे उन दिनों अस्पताल से यह कहकर ले जाया गया था कि तत्कालीन मुख्यमंत्री श्री भैरोंसिंह शेखावत बुला रहे हैं. मैं वहां से सी.बी.आई के अधिकारियों के कहने पर चल पड़ा. मुझे एक जीप में मुख्यमंत्री निवास या सचिवालय ले जाने के बजाय वरिष्ठ पुलिस अधिकारी श्री जी. पी. गुप्ता के निवास पर ले जाया गया. वहीं सभी अधिकारियों ने मुझ पर दबाव डाला कि मैं उनके मन माफिक बयान दे दूं.

मैंने पहले तो मुख्यमंत्री का नाम लेकर बुलाये जाने के कारण नाराजगी जाहिर की और उनके दबाव की परवाह किये बिना गलत बयान देने से इंकार कर दिया तो मुझे 'गंभीर परिणाम' भुगतने की धमकी देकर अस्पताल भेज दिया गया.

इस घटना के बाद गुप्ता ने तत्कालीन मुख्यमंत्री श्री शेखावत तथा तत्कालीन गृह-सचिव श्री एल. एन. गुप्ता से भेंट की तथा उक्त घटना का ब्यौरा दिया. गुप्ता का कहना है कि न तो मेरी बात की जांच की गयी, न कोई आश्वासन दिया गया. बात आयी गयी हो गयी.

श्री गुप्ता ने इसी वर्ष एक फरवरी को अवकाश ग्रहण कर लिया. उन्हें जनवरी '82 में उत्कृष्ट सेवाओं के लिए राष्ट्रपति का पुलिस पदक और बाद में मुख्यमंत्री श्री शिवचरण

डालचंद गुप्त के प्रधानमंत्री के नाम पत्र के एक भाग की फोटो प्रति

and were inquiring into the causes of Sunder's death. This enquiry was initiated by Janta Government at the Centre. Shri Balwant Singh, IPS., and Shri D.P.Gupta, IPS., in a bid to gain favour of Janta Government, took it upon themselves to incriminate you and your son, late Shri Sanjay Gandhi by false evidence and for that and also exerted pressure on me through my statement to CBI.Investigators. Shri Balwant Singh, IPS, insisted that I should falsely state that -

i) Sunder was interviewed secretly by late Shri Sanjay Gandhi at the Jaipur Airport where he was taken by the then I.G.of Police Rajasthan, Shri Ganesh Singh, escorted by me.

ii) Sunder was transferred from the Jaipur Police to Delhi Police at the instance of Smt. Indira Gandhi and Shri Sanjay Gandhi.

It was also desired by these two officers that I should declare that during interrogation by me Sunder had repeatedly expressed a feeling that in case he was handed over to Delhi Police, he would be eliminated under the orders of Shri Sanjay Gandhi.

38

क्या सुंदर डाकू की हत्या के मामले में श्रीमती गांधी को फंसाने की साजिश की गयी?

(दिसम्बर, 1982)

सुंदर डाकू कांड में श्रीमती इंदिरा गांधी और स्व संजय गांधी को फंसाने और तंग करने की धुन में जयपुर पुलिस के उच्च अधिकारियों ने जनता पार्टी के शासनकाल में शासकों के इशारे पर एक अतिरिक्त पुलिस अधीक्षक डालचंद गुप्त को अस्पताल की शैय्या पर ही किस कद्र तंग किया, झूठे–सच्चे बयान दिलाने की खातिर। अब अवकाश प्राप्त करने के बाद श्री गुप्त ने श्रीमती गांधी को एक पत्र लिख कर इन तथ्यों को उजागर किया है। यहां प्रस्तुत है उस पत्र के आधार पर एक खोजपूर्ण रिपोर्ट :

क्या सुंदर डाकू हत्याकांड के मामले में सरकार ने श्रीमती इंदिरा गांधी और स्व. संजय गांधी को फंसाने की साजिश की थी। पिछले दिनों अखबारों की सुर्खियों में यह सवाल कई तरह से उभरा था।

इस सवाल की सच्चाई जानने के लिए उन दिनों की घटनाओं पर एक नजर डालनी होगी। बात सितंबर 1976 की है। सुंदर डाकू को जयपुर में गिरफ्तार किए जाने के बाद दिल्ली पुलिस दिल्ली ला रही थी। उसे गिरफ्तार इसलिए किया गया क्योंकि वह देश

के कुछ वरिष्ठ नेताओं की हत्या की योजना बना चुका था। दिल्ली लाते समय रास्ते में उसकी रहस्यमय ढंग से मृत्यु हो गयी थी।

डालचंद गुप्ता

जनता सरकार सत्ता में आयी तो इस मामले में तरह–तरह की अटकलें लगायी जाने लगीं। यहां तक कहा गया कि इसके पीछे स्व. संजय गांधी का हाथ है। इतना ही नहीं संजय की जयपुर के सांगनेर हवाई अड्डे पर सुंदर से मुलाकात भी करायी गयी थी।

यूं इस रहस्यमय खबर से पर्दा उठाया जयपुर के एक अवकाश प्राप्त अपर पुलिस अधीक्षक श्री डालचंद गुप्ता ने। श्री गुप्ता ने इस वर्ष 10 अगस्त को प्रधानमंत्री श्रीमती इंदिरा गांधी के नाम एक सात पृष्ठ का पत्र भेजा।

प्रधानमंत्री को लिखे पत्र में गुप्ता ने कहा–'मैं जनता शासन के दौरान आपके और आपके परिवार के सदस्यों के प्रति राजस्थान पुलिस के कतिपय अधिकारियों के विरोधी रवैये की जानकारी दे रहा हूं।'

पत्र में गुप्ता ने लिखा कि '1976 में मैंने जयपुर में सुंदर डाकू को गिरफ्तार किया था और उससे प्रारंभिक पूछताछ की थी। उन दिनों पंजाब की पुलिस भी उसको खोज रही थी और दिल्ली पुलिस को भी कई मामलों में उसकी जरूरत थी। गुप्तचरों को यह सूचना मिली थी कि सुंदर ने कोई ऐसी योजना बनायी है जिससे कई बड़े नेताओं का जीवन खतरे में पड़ सकता है।

पत्र में आगे लिखा गयाः 'जनता शासन के दौरान 1977 में जबकि मैं अपनी आंखों के इलाज के लिए जयपुर के सवाई मानसिंह अस्पताल के नेत्र चिकित्सा वार्ड में भर्ती था, वरिष्ठ पुलिस अधिकारियों बलवंत सिंह और डी.पी. गुप्ता ने यह दबाव डाला कि मैं संजय गांधी के विरुद्ध बयान दूं। उन दिनों सुंदर कांड की जांच के लिए सी.बी.आई. के अधीक्षक श्री रविंदरसिंह, उपअधीक्षक बैजल और इंस्पेक्टर विद्यासागर जयपुर आए थे। यह जांच जनता सरकार के इशारे पर हो रही थी। उक्त अधिकारियों ने मुझ से कहा कि मैं बयान दूं कि सुंदर डाकू को दिल्ली पुलिस के हवाले श्रीमती गांधी और संजय गांधी के इशारे पर किया गया।'

डालचंद गुप्त के प्रधानमंत्री के नाम पत्र के एक भाग की फोटो प्रति

and were inquiring into the causes of Sunder's death. This enquiry was initiated by Janta Government at the Centre. Shri Baluant Singh, IPS., and Shri D.P.Gupta, IPS., in a bid to gain favour of Janta Government, took it upon themselves to incriminate you and your son, late Shri Sanjay Gandhi by false evidence and for that end also exerted pressure on me through my statement to CBI.Investigators. Shri Baluant Singh, IPS, insisted that I should falsely state that -

i) Sunder was interviewed secretly by late Shri Sanjay Gandhi at the Jaipur Airport where he was taken by the then I.G.of Police Rajasthan, Shri Ganesh Singh, escorted by me.

ii) Sunder was transferred from the Jaipur Police to Delhi Police at the instance of Smt. Indira Gandhi and Shri Sanjay Gandhi.

It was also desired by these two officers that I should declare that during interrogation by me Sunder had repeatedly expressed a feeling that in case he was handed over to Delhi Police, he would be eliminated under the orders of Shri Sanjay Gandhi.

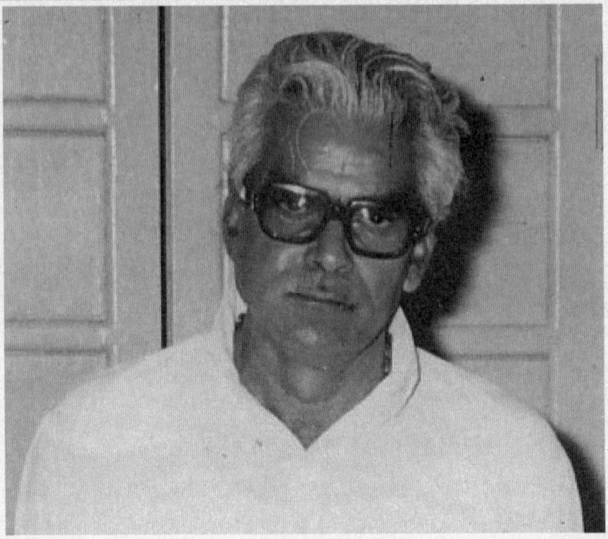

श्री भैरोंसिंह शेखावत

डालचंद गुप्ता ने एक भेंट में बताया कि 'मुझे उन दिनों अस्पताल से यह कहकर ले जाया गया था कि तत्कालीन मुख्यमंत्री श्री भैरोंसिंह शेखावत बुला रहे हैं। मैं वहां से सी.बी.आई. के अधिकारियों के कहने पर चल पड़ा। मुझे एक जीप में मुख्यमंत्री निवास या सचिवालय ले जाने के बजाए वरिष्ठ पुलिस अधिकारी श्री जी.पी. गुप्ता के निवास पर ले जाया गया। वहीं सभी अधिकारियों ने मुझ पर दबाव डाला कि मैं उनके मन माफिक बयान दे दूं।

मैंने पहले तो मुख्यमंत्री का नाम लेकर बुलाये जाने के कारण नाराजगी जाहिर की और उनके दबाव की परवाह किए बिना गलत बयान देने से इंकार कर दिया तो मुझे 'गंभीर परिणाम' भुगतने की धमकी देकर अस्पताल भेज दिया गया।

इस घटना के बाद गुप्ता ने तत्कालीन मुख्यमंत्री श्री शेखावत तथा तत्कालीन गृहसचिव श्री एल.एन. गुप्ता से भेंट की तथा उक्त घटना का ब्यौरा दिया। गुप्ता का कहना है कि न तो मेरी बात की जांच की गयी, न कोई आश्वासन दिया गया। बात आयी गयी हो गयी।

श्री गुप्ता ने इसी वर्ष एक फरवरी को अवकाश ग्रहण कर लिया। उन्हें जनवरी '82 में उत्कृष्ट सेवाओं के लिए राष्ट्रपति का पुलिस पदक और बाद में मुख्यमंत्री श्री

शिवचरण माथुर की सिफारिश पर सुंदर डाकू को गिरफ्तार करने के साहसिक कार्य के लिए छह वर्ष बाद 500 रु. का नकद पुरस्कार दिया। यह एक आश्चर्य की बात है कि गुप्ता द्वारा लगाये गये आरोपों की जांच नहीं की गयी।

इससे पूर्व गुप्ता ने जगन्नाथ पहाड़िया और शिवचरण माथुर दोनों से उक्त मामले की जांच कराने का अनुरोध किया था। इस वर्ष 11 जुलाई को उन्होंने मुख्यमंत्री को एक पत्र भी दिया जिसमें वरिष्ठ पुलिस अधिकारियों द्वारा उन्हें परेशान किए जाने की जानकारी दी गयी है। मुख्यमंत्री माथुर ने सितंबर के अंतिम सप्ताह में एक अंग्रेजी दैनिक के जयपुर स्थित संवाददाता के पूछने पर कहा कि उन्हें गुप्ता ने कोई पत्र नहीं दिया है। गुप्ता का कहना है कि जयपुर से निर्वाचित दो कांग्रेस (इ) विधायकों सर्वश्री शिवराम शर्मा और श्री भैरूलाल भारद्वाज की उपस्थिति में वह पत्र मुख्यमंत्री को सायंकाल 5 बजे दिया था। उस समय वहां खेतसिंह राठौड़ भी खड़े थे, जिन्हें हाल ही में माथुर मंत्रिमंडल में शामिल किया गया है।

आखिर क्या कारण है कि मुख्यमंत्री किसी कार्य का पुरस्कार देने के बाद भी उस मामले की जांच नहीं करा रहे हैं।

गुप्ता ने बताया : 'जब कई दिनों तक मुख्यमंत्री की ओर से कोई उत्तर नहीं मिला तो मैंने प्रधानमंत्री को तथ्य बताना उचित समझा।'

इस परिप्रेक्ष्य में एक सूत्र और हाथ लगा है। यह बात उन्हीं दिनों की है जब सी.बी.आई. की जनता शासन के दौरान जयपुर में सुंदर कांड के मामले में जांच चल रही थी।

उस दिन तत्कालीन मुख्यमंत्री श्री भैरोंसिंह शेखावत पत्रकार कालोनी में स्थानीय दैनिक के एक भूतपूर्व संपादक के घर बैठे हुए थे। उसी पत्रकार के घर से शेखावत ने तत्कालीन गृहमंत्री चरणसिंह से फोन पर बात की और कहा कि किसी भी प्रकार से संजय गांधी और इंदिरा गांधी के विरुद्ध सुंदर प्रकरण में मामला नहीं बनता है। बाद में शेखावत ने अपने एक निकटतम मित्र पत्रकार से यह भी कहा कि 'श्रीमती गांधी की तरफ से ऐसी कोई साजिश नहीं की गयी।'

यह भी उल्लेखनीय तथ्य है कि जनता शासन के दौरान चरणसिंह समर्थक कुछ विधायक श्रीमती गांधी और संजय गांधी को फंसाने के लिए कहानियां गढ़ रहे थे। उन्हीं लोगों ने राजस्थान विधानसभा में मामला भी उठाया था। इनमें सूर्यनारायण चौधरी का नाम अव्वल नंबर पर है। जब शेखावत ने चरणसिंह को साफ इंकार कर दिया तो

हो सकता है कि चरणसिंह ने अपने अनुयायी विधायकों द्वारा कुछ पुलिस अधिकारियों पर अवांछनीय दबाव डाल कर श्रीमती गांधी और संजय गांधी को फंसाने का प्रयत्न किया हो।

जो भी हो, गुप्ता का पत्र कम महत्व नहीं रखता और समय रहते अब जांच ही एक रास्ता है।

39

प्रधानमंत्री का फोटोग्राफर से जेन्टलमेन प्रोमिस!

वह 17 जून का दिन था। सवेरे के 10 बजे थे। प्रधानमंत्री निवास, 1, सफदरजंग रोड में कुछ लोग किसी खास मकसद से इकट्ठे हुए थे। इन लोगों के हाथों में मालाएं और फूलों के गुच्छे थे।

राजीव गांधी अभी–अभी बाहर लॉन में आए ही थे। कुछ नेता उनके गले में माला डालने के लिए जैसे ही आगे बढ़े, उन्होने माला पहनने से इंकार कर दिया। एक महिला ने उत्साह में नारा लगाया– 'राजीव गांधी..... जिन्दाबाद! राजीव का चेहरा तम तमा गया।

'नारा लगाने की जरूरत नहीं है, काम करने का वक्त है' – राजीव ने तैश में आकर कहा। नारे लगाने वालों का उत्साह ठंडा पड़ गया।

अचानक हुई फ्लैश की चमक ने राजीव को चौंका दिया। एक क्षण बाद ही उन्होंने पूछा – 'ये फोटो किसने खींचा?'

फोटोग्राफर– मैंने सर!

राजीव– आप फोटो मत खींचिए।

राजीव गांधी

फोटोग्राफर– नहीं खींचेंगे।

राजीव– आप फिल्म निकाल दीजिए।

फोटोग्राफर– निकाल देते हैं....

यह कहकर फोटोग्राफर दिनेश चंद्र शर्मा कुछ दूर जाकर खड़े हो गए। सफारी सूट पहने एक भारी–भरकम सुरक्षा कर्मचारी ने शर्मा से कहा कि भाई साहब, फिल्म निकाल कर दे दीजिए नहीं तो साहब नाराज़ हो जाएंगे। साहब से उसका अर्थ राजीव गांधी से था।

फोटोग्राफर– हम पत्रकारों की फिल्म यूं नहीं निकला करती, हमारी फिल्में छिनती हैं और जब फिल्म छिनती है तो उसकी कहानी भी छपती है।

सुरक्षा कर्मचारी वहाँ से चला गया और उसने राजीव गांधी से जाकर कुछ कहा।

राजीव– जेन्टलमैन, कम हीयर।

फोटोग्राफर– यस सर!

राजीव– आप फिल्म निकाल दीजिए।

फोटोग्राफर– एक्सक्यूज़ मी सर। आई एम ए पार्टी मेम्बर लास्ट ट्वेन्टी ईयर्स। आई हैव कम टू कांग्रेच्युलेट यू फॉर विनिंग इन दि इलेक्शन एज़ ए मेम्बर ऑफ पार्लियामेंट। आई एम ए प्रोफेशनल फोटोग्राफर एण्ड टी.वी. न्यूज कैमरामैन फॉर दिल्ली दूरदर्शन। आई हैव गॉट एवरी राइट टू टेक योअर फोटोग्राफ्स एण्ड पब्लिश इन द राइट मैनर्स। व्हिच आई हैव बीन डूईंग फॉर क्वाइट ए लॉंग टाइम।

राजीव– यू नो, दिस इज़ ए प्राइवेट हाउस।

फोटोग्राफर– (कुछ देर रुक कर) जेन्टलमैन, आई एम नॉट गोईंग टू कमिट क्राईम विथ माई जॉब। इफ यू आर सो मच एरोगेंट, यू टेक माई कैमरा, टेक आउट द फिल्म विथ योअर हैण्ड्स। आई एम नॉट गोईंग टू डू टेकन फॉर ग्रान्टेड।

और फोटोग्राफर शर्मा चुप हो गए। पास खड़े कुछ लोग फुस–फुसाने लगे। दो मिनट शांति रही फिर यकायक –

राजीव– आप फिल्म निकाल दीजिए।

फोटोग्राफर ने अपने झोले से कैमरा बाहर निकाला। रील रिवाइण्ड की। कैमरा खोला और फिल्म राजीव के हाथ में देते हुए कहा – जेन्टलमैन, दिस इज़ द फिल्म। यू हैव इट। गेट इट प्रोसेस टू ए गुड फोटोग्राफर। कट योअर नेगेटिव्ज़ इन व्हिच यू एपीयर। रिटर्न माई नेगेटिव्ज़ टू मी एट द एर्लियेस्ट पोसिबल। बिकाज़ दे आ वेरी मच इम्पोर्टेन्ट फोर माई प्रोफेशन।

राजीव– फ्रॉम व्हिच प्लेस यू कम ?

फोटोग्राफर– आई कम फ्रॉम भरतपुर।

राजीव– व्हेयर टू सेण्ड योअर नेगेटिव्ज़।

फोटोग्राफर– यू कैन सेण्ड माई नेगेटिव्ज़ टू श्रीमती पहाड़िया। हू इज इन डेल्ही। आइ हेव कलेक्ट फ्रोम हर ओन्ली।

राजीव– ओ. के.

फोटोग्राफर– ओ. के., दिस इज़ योअर जेण्टलमेन प्रोमिस।

राजीव– यस !

फोटोग्राफर– बाय बाय......।